法学理论与法学实践研究

赵新颖 李 鹏 王泳争 ◎ 著

线装書局

图书在版编目（CIP）数据

法学理论与法学实践研究 / 赵新颖，李鹏，王泳争著. -- 北京：线装书局，2024.5
ISBN 978-7-5120-6092-0

Ⅰ.①法… Ⅱ.①赵… ②李… ③王… Ⅲ.①法学－研究 Ⅳ.①D90

中国国家版本馆CIP数据核字(2024)第083192号

法学理论与法学实践研究
FAXUE LILUN YU FAXUE SHIJIAN YANJIU

作　　者：	赵新颖　李　鹏　王泳争
责任编辑：	曹胜利
出版发行：	线装书局
地　　址：	北京市丰台区方庄日月天地大厦B座17层（100078）
电　　话：	010-58077126（发行部）010-58076938（总编室）
网　　址：	www.zgxzsj.com
经　　销：	新华书店
印　　制：	廊坊市广阳区九洲印刷厂
开　　本：	710mm×1000mm　1/16
印　　张：	16.25
字　　数：	250千字
版　　次：	2024年5月第1版第1次印刷
定　　价：	88.00元

线装书局官方微信

前　言

　　法学，作为人类社会文明进步的重要产物，承载着维护社会秩序、保障公平正义的神圣使命。在法学的发展长河中，法学理论与法学实践始终是相互影响、相互塑造的两大核心要素。理论为实践提供指导，实践又不断检验和丰富理论，二者共同推动着法学的不断前行。

　　法学理论，是法学研究的基础和灵魂。它通过对法律现象、法律关系和法律制度的深入剖析，揭示法律的本质和规律，为法律实践提供坚实的理论支撑。法学理论的发展，不仅丰富了法学的知识体系，更为法律实践提供了科学的指导，使法律能够更好地适应社会的发展变化。法学实践，则是法学理论的试金石和归宿。法律实践中的各种案例、经验和教训，都是检验法学理论真伪、优劣的重要标准。同时，法律实践也是法学理论创新的重要源泉，它为法学理论提供了丰富的素材和案例，推动着法学理论的不断发展和完善。法学理论与法学实践之间的紧密关系，在法学研究中，我们必须既要重视法学理论的建设，又要关注法学实践的发展。我们要通过深入的理论研究，为法律实践提供科学的指导；同时，我们也要密切关注法律实践中的新情况、新问题，及时总结和提炼实践经验，为法学理论的发展提供新的动力。

　　本书旨在深入探讨法学理论与法学实践之间的关系，分析二者相互促进、共同发展的内在机制。本书内容从法的一般原理入手，介绍了法社会学的相关研究、法与社会的关系辨析以及法的社会学问题与实践，并深入探讨了建构主义学习理论与法学实践教学、高校法学实践课程的设置、高校法学教育实践教学模式以及高校法学实践教学支撑体系与运行体系构建研究等，接着重点分析了法学学科递进式实践教学以及法学实践教学形式与更新等内容。

　　本书由三位作者共同完成，具体分工如下：
　　赵新颖（塔里木大学）负责6、7、8章。
　　李鹏（中铁十六局集团第一工程有限公司）负责5、9、10章。

王泳争（黄河科技学院）负责 1、2、3、4 章。

在写作本书的过程中，作者参考了国内同行们的一些研究成果，在此深表谢意！如有疏漏或未予注明之处，恳请见谅。

目 录

第一章　法的一般原理 ·· 1
第一节　法的概念 ·· 1
第二节　法的基本范畴 ·· 6
第三节　法的运行 ··· 20

第二章　法社会学的相关研究 ·· 35
第一节　法社会学的概况分析 ····································· 35
第二节　中国法社会学的研究发展 ································· 43
第三节　法社会学的研究方法 ····································· 45

第三章　法与社会的关系辨析 ·· 56
第一节　法与社会结构 ··· 56
第二节　法与社会变迁 ··· 61
第三节　法与现代化 ··· 62

第四章　法的社会学问题与实践 ······································ 79
第一节　法社会学与规范性问题的关联 ····························· 79
第二节　法社会学的中国化实践探索 ······························· 95

第五章　建构主义学习理论与法学实践教学 ··························· 101
第一节　建构主义学习理论概述 ·································· 101
第二节　建构主义学习理论对法学实践教学的应用 ·················· 103
第三节　基于建构主义学习理论的法学实践教学体系建设 ············ 106

第六章　高校法学实践课程的设置 …………………………… 109
第一节　法学实践课程的分类 ………………………………… 109
第二节　法学实践课程的参与主体 …………………………… 112
第三节　法学实践课程的设置原则与考核 …………………… 115

第七章　高校法学教育实践教学模式探索 …………………… 119
第一节　法学教育实践教学目标指引性设计 ………………… 119
第二节　法学教育实践教学模式系统化建设 ………………… 124
第三节　法学教育实践教学形式多元化发展 ………………… 149

第八章　高校法学实践教学支撑体系与运行体系构建研究 …… 190
第一节　中国法学教育实践教学的背景与现实 ……………… 190
第二节　高校法学实践教学支撑体系的构建 ………………… 196
第三节　高校法学实践教学运行体系的构建 ………………… 204

第九章　法学学科递进式实践教学 …………………………… 206
第一节　递进式法学实践教学的含义 ………………………… 206
第二节　构建递进式实践教学体系 …………………………… 219

第十章　法学实践教学形式与更新 …………………………… 228
第一节　实践性教学与法学教育目标反思 …………………… 228
第二节　法学实践教学形式的完善和更新 …………………… 236
第三节　社会实践与法科学生能力的培养 …………………… 241

参考文献 ………………………………………………………… 250

第一章 法的一般原理

有关法的理论的一个永恒命题：法的基本范畴，是构成法律理论体系的基本单位，是对法律现象及其基本问题的抽象和提炼。同样，法作为一种行为规则，从其确立到实现需要经过一系列复杂的程序和过程，这主要由立法、司法、执法、监督和守法等环节构成。基于此，本章主要探讨法的概念、法的基本范畴、法的运行。

第一节 法的概念

法是由国家制定或认可，以规范人们的权利义务为调整机制，并以国家强制力保证实施的规范体系。

一、法的本质

"法的本质问题是进行法律研究所要探讨的首要问题。"[1]法的本质深藏于法的现象背后，是法存在的基础和变化的决定性力量。

首先，法是国家意志的体现。法是国家意志的体现，意味着法是国家专门机关用"国家"的名义制定和颁布的，法和国家是相辅相成的共生物。由于统治阶级掌握着国家政权，法是国家意志的体现又意味着这个阶级可以通过国家专门机关将自己的意志上升为国家意志，这种意志转化的意义在于以"国家"的名义可以使本阶级的意志获得全社会一体遵循的效力，同时也可以借此获得国家强制力的保障。实际上，"国家意志"就是掌握国家政权的那个阶级的意志在法律上的体现。所以，法律是以国家意志表现出来的统治阶级的意志。

---

[1] 赵柳欣. 法的本质研究 [J]. 焦作大学学报, 2015, 29 (4): 87.

其次，法所反映的内容是由一定的物质生活条件决定的。与自然规则不同，法是人们有意识创造的产物，但是，人们却不能随心所欲地立法，这是因为人们的意识总是渗透了一定的物质生活条件的内容。法所体现的意志的内容是由统治阶级的物质生活条件决定的。统治阶级的物质生活条件主要指的是生产关系，在一定社会中占统治地位的生产关系，特别是所有制关系，决定着该社会统治阶级的根本利益和意志。任何立法都离不开其物质生活条件，否则，即使制定出法律，也必然由于违背了客观经济条件而在实际生活中无法实现。

最后，经济以外的因素对法具有影响。社会物质生活条件在根本上决定着法的内容，但是，法的形成与发展不仅反映着社会物质生活条件的要求，也反映着其他社会现象的影响和要求，因此，除了社会物质生活条件以外，思想、道德、文化、历史传统等都对法的形成和发展产生不同程度的影响。

二、法的特征

法是社会规范的一种，同时，法也是一种特殊的社会规范。

第一，法是出自于国家的社会规范。任何社会规范都具有不同程度的概括性、规范性和可预测性，但唯有法律所具有的概括性、规范性和可预测性是出自于国家。法是由国家制定或认可的社会规范。制定法律或认可法律是国家创制法律的两种方式：①制定法律是指，有权制定法律的国家机关依照法定程序制定具有不同效力的法律文件，国家制定的法律也称为成文法；②认可法律是指，有权国家机关对社会上业已存在的行为规范加以确认、赋予它们法的效力。国家认可的法律通常被称为习惯法。

第二，法是规定人们权利义务的社会规范。法以权利义务的双向规定为调整机制，在法的世界中，权利义务往往相互对应，彼此依存，法的这种调整机制使它区别于以义务或责任为重心的道德规范。

第三，法是以国家强制力保证实施的社会规范。任何一种社会规范的实施都需要有一定的强制力来保障，但是，强制的力量来源、强制的范围、程度和方式不同。由国家制定或认可的法，通过国家强制力保证实施，以暴力手段作为后盾。这种强制性表现为通过国家机关的法律适用活动，对违法行为予以制裁或强制人们履行法定义务，法的强制程度超过一切其他社会规范。

必须指出，国家强制力只是法实施的最后保障手段，或者是备用手段。同时，法以国家强制力为保障也不等于国家强制力是保证法律实施的唯一力量。

第四，法是具有普遍适用性的社会规范。法的普遍适用性具有两层含义：①法作为一个整体，在一国主权范围和法所规定的界限内，具有普遍的效力；②法为社会上的一切人提供行为模式，法的普遍适用性也是要求平等地对待一切人的普遍性，要求法律面前人人平等。而其他社会规范由于不具有法所具有的高度统一性，因此，在适用上也无法做到普遍性。

三、法的作用

法的作用，一般来说，是指法律对人们的行为、社会关系、社会生活发生的影响。法的生命在于其实施，法的实施必然对个人和社会产生这样或那样的影响，正是在这一过程中，法实现着它对社会的调整与控制。

（一）法的一般作用

首先，法律提供了自然资源、社会资源的分配方案。相对于人的需求和愿望而言，资源是稀缺和有限的，法律产生的最初目标就是要解决这个问题：把社会中的财富、机会、待遇等资源在不同的社会主体中进行分配和调剂，以避免无谓的争斗，正是在这个意义上，人们把立法称为资源的第一次分配。

其次，法律提供了社会交往和国家管理的行动指南。我们的行动受到诸多社会规范的调整，包括法律、道德、习惯、政策、纪律等，法律无疑是最重要的，它是国家制定或认可的，体现了国家的意志并由国家强制力保障实施，为社会交往和国家管理提供了最基本的行动指南。对于个人来说，法律指导人们依法行使权利并履行义务，以此保证社会互动的正常进行；对于国家来说，法律约束国家机关及其工作人员依法行使权力进行社会管理，以此保障国家职能正常实现。

最后，法律提供了权威的纠纷解决机制。在远古时代，每当人们发生矛盾和纠纷时，往往采用复仇和战争的方式来解决。随着社会的不断进步，法律逐步成为权威而文明的纠纷解决机制。这种纠纷解决机制以法律的名义代表国家对争端作出裁判，纠纷各方必须遵守。现代社会，针对不同类型的社会纠纷，法律提供了与其相适应的纠纷解决方式，可以分为三类；一是行政主导的解决机制；二是司法诉讼解决机制，是现代社会最重要的纠纷解决机制；三是替代诉讼的纠纷解决机制，西方称之为 ADR（AlternativeDisputeResolution），指法院之外的往往带有民间性质的纠纷解决方式，包括谈判、和解、仲裁调解等。

（二）法的规范作用

法的规范作用，是由法作为特殊的社会规范的规范属性所决定的，是法的内部诸要素和独特的逻辑结构所决定的，是法的固有属性。

1. 法的指引作用

法的指引作用，是指法所具有的能够为人们的行为提供一个既定的模式，从而引导人们在法允许的范围内从事某种社会活动的作用。法的指引作用是通过规定人们的权利和义务以及违反法的规定应承担的责任来实现的，它为人们提供了以下三种行为模式：

（1）授权性指引，即允许人们可以这样行为的指引，而人们是否这样行为则由行为人自行决定，允许自由选择，从而保护和鼓励人们从事法律所提倡以及至少是允许的行为。

（2）义务性指引，这是法确定的人们必须这样行为或者禁止这样行为的行为模式，在行为方式上表现为作为的义务和不作为的义务。对法所确定的这种义务，人们必须服从，不容许自由选择，其目的在于防止人们作出或不作出某种行为。

（3）职权性指引，是规定国家机关及其工作人员职务上的职权和职责的指引。

法的指引作用引导人们在法律所许可范围内开展活动，从而把社会主体的活动引入可调控的、有利于社会稳定的社会秩序之中。

2. 法的预测作用

法的预测作用，是指根据法的规定，人们可以预先知晓、估量相关主体（包括国家机关）之间将会怎样行为以及行为的后果，从而对自己的行为作出合理的安排。法的预测作用与法的指引作用紧密相关，两者的区别在于，法的指引作用是针对自己的行为，法的预测作用则针对人际之间的互动关系。

法的预测作用是建立在法的确定性、稳定性和连续性的基础之上，正是法这种确定性、稳定性和连续性为人们进行相互间的行为预测提供了可能。法的预测作用可以使人们相互之间建立一种基本的信任，加强对自己行为和合法权益的安全感。正是人与人之间的这种基本信任，降低了社会运作成本，提高了社会运作效率。

3. 法的教育作用

法的教育作用是指法的实施对人们的认识和行为产生的影响。这种作用一般是针对更广泛的社会成员。法律作为一种重要的社会规范，包含和体现了国家认可和鼓励的价值标准和行为模式，法律在实施过程中必然会对公众产生影响。这种教育通过两个方面实现：一是通过对违法行为的制裁，在教育违法者本人的同时，对其他人可以起到威慑和警示的作用；二是通过对合法行为的保护、赞许或鼓励，可以起到表率和示范的作用，促使人们效仿，进而达成社会的稳定和发展。

4. 法的强制作用

法具有国家意志性和国家强制性的特点，因而自然地具有强制作用。这种作用在于以国家的名义制裁违法行为，也是其他作用的重要保障。通过制裁加强法的权威性，保护人们的正当权利，增强人们的安全感。

5. 法的评价作用

法的评价作用，是指法作为一种行为规则，具有判断和衡量人们行为是否合法的作用，即法是评价人们行为的准则。在现实生活中，任何社会规范都具有一定的评价作用，但法的评价作用具有统一性、公开性和客观性等特点，所以这种评价更加权威并具有决定性的作用，是现代社会最重要的评价标准。当然，法只能评价人们的行为是否合法或有无法律效力。

（三）法的社会作用

一般认为，法的社会作用是指法对社会产生的影响和意义。

第一，建立和维护掌握国家政权阶级所需要的经济基础。法根源于经济又反作用于经济，成为服务与调整经济关系的重要手段。这种作用主要表现在确认和维护有利于掌握国家政权阶级所需要的经济基础，反映经济规律，发展生产力方面。

第二，建立和维护掌握国家政权阶级所需要的政治秩序。就政治领域而言，掌握国家政权阶级通过法律确立国家的政治格局，即确认和维护国家政权的性质和组织形式，规定国家机关的组织和活动的原则等，以保证国家的正常运行。法所关注的政治秩序，既要考虑协调统治阶级内部对权利要求的矛盾和冲突，还要考虑统治阶级与同盟阶级的分权关系，更要考虑有效地防止被统治阶级对现有秩序的破坏和反抗。

第三，执行社会公共事务。所谓社会公共事务，是指由一定的社会性质所决定的具有全社会意义的事务。在社会发展的不同阶段，社会公共事务的内容和范围会有所不同，但可以肯定的是，随着社会生产的发展和社会制度的变革，这类执行社会公共事务方面的法必然会日益增多，其在一国法律体系中所占的比重会越来越大，地位也会越来越重要。

第二节　法的基本范畴

一、法律渊源

法律渊源从字面讲是一个多义词，可以指法律的历史渊源、法律的本质渊源、法律的理论渊源、法律的效力渊源和法律的形式渊源等。在国内法学界，法律渊源一词主要指的是法律的形式渊源，也就是法律的各种具体表现形式。法律渊源是指有立法权的国家机关所创制的具有不同法律效力和法律位阶的各种规范性法律文件的总和。

法律渊源在理论上可以区分为正式法律渊源和非正式法律渊源：法律的正式渊源是指经由国家立法程序而被确认具有直接法律效力或约束力的规范性法律文件；法律的非正式渊源是指虽未经由国家立法程序确认其具有法律效力，但在司法实践中却具有一定实际影响和参考价值的裁判依据，比如，政策、习俗、道德和法理等。

（一）法律渊源的表现形式

在不同的历史时期或不同的国家或地区，法律渊源有着各种不同的表现形式，概括讲，有以下五种主要形式：

第一，习惯法。习惯法是人类社会早期法律的主要形式渊源，在现代社会的某些国家和地区，习惯法依然是一种重要的法律渊源。所谓习惯法，即指那些被国家赋予了法律上强制执行效力的习惯规则。这些习惯规则是人们在长期的生产和生活中自发形成并被社会广泛认可的，其原本就存在于社会中，经由国家对其的认可取得了法律上的约束力而从习惯成为习惯法。

第二，制定法。制定法是指享有立法权的国家机关创制的，系统的、条文化的、书面形式的具有普遍约束力的行为规范。制定法是大陆法系国家主要的法律渊源。制定法在中国一直是主要的法律渊源，在古代有律、令、格、式等不同种类。

第三，判例法。判例是指司法机关对案件所作的裁判典例，其本身仅对该个案具有拘束力。但该判决内含的裁判规则如果被以后同类案件所援引或适用，该判例即转化为判例法。从判决到判例再到判例法，使原判决具有了普遍的约束力。判例法是英美法系国家主要和正式的法律渊源。

第四，协议法。协议法是指通过双方或多方协商产生的，对参与达成协议的各方都有约束力的法律形式。协议法在当代是国际法的主要法律渊源，随着全球化的步伐不断加快，协议法的数量也将逐年增加。

第五，学理法。学理法是存在于古代社会和国家的一种正式的法律渊源，指的是赋予法学家对法律问题所表达的权威性主张、见解或学说观点以法律效力的一种法律形式。现代世界各国都普遍否定法学理论和学说具有直接的法律效力。

（二）当代中国的法律渊源

1. 宪法

宪法是我国最主要的法律渊源，在法律渊源体系中处于最高的核心地位，具有最高的法律效力。宪法是制定其他一切法律、法规的依据，一切其他法律、法规等都应具有合宪性，不得与宪法原则和规定相违背。

2. 法律

法律是由全国人民代表大会及其常委会经过特定的立法程序制定的规范性法律文件。其地位和效力仅次于宪法。法律分为基本法律和一般法律。

基本法律是指由全国人民代表大会制定和修改的，规定或调整国家和社会生活中某一方面具有根本性和全面性关系的规范性法律文件，如，民法、刑法、诉讼法等。

一般法律指基本法律以外的其他法律，是指由全国人民代表大会常务委员会制定和修改的，规定和调整除基本法律调整以外的、关于国家和社会生活某一方面较具体问题和关系的法律，如，食品卫生法、产品质量法等。

3.行政法规

行政法规，是由国务院根据宪法和法律，在其职权范围内制定的有关国家行政管理活动的规范性法律文件，其地位和效力仅次于宪法和法律。国务院所属各部门根据宪法、法律和行政法规制定的规范性法律文件称为行政规章或者部门规章，它也是我国重要的法律渊源。

4.地方性法规和地方规章

地方性法规是指省、自治区、直辖市以及省级人民政府所在地的市、国务院已经批准的较大的市、设区的市的人民代表大会及其常委会制定的，适用于本地方的规范性法律文件。其中，设区的市仅对本辖区城乡建设与管理、环境保护、历史文化保护等方面的事项可以制定地方性法规。地方性法规的效力低于宪法、法律和行政法规。地方性法规仅在本行政区域内有效。

此外，地方规章是指省、自治区、直辖市人民政府以及省、自治区、直辖市人民政府所在地的市、经济特区所在地的市和国务院批准的较大的市的人民政府，根据法律、行政法规所制定的规范性法律文件。具体表现形式有：规程、规则、细则、办法、纲要、标准、准则等。

5.自治法规

自治法规，是指民族自治地方的自治机关根据宪法和法律制定的自治条例和单行条例。自治条例是指规定关于本自治区实行民族区域自治的基本组织原则、机构设置、自治机关的职权、工作制度以及其他重大问题的规范性法律文件。单行条例是根据自治权制定的调整自治区某一方面事项的规范性法律文件。

6.国际条约

国际条约，是指两个或者两个以上的国家，关于政治、经济、文化、贸易、法律以及军事等方面，规定其相互之间权利和义务的各种协议的总称。国际条约的名称很多，除条约之外，还有公约、协定、和约、宪章、盟约、议定书、换文、宣言、声明等。这些国际条约经我国最高权力机关批准和我国政府申明承认、参加后，即在我国国内具有法律效力，从而成为我国的法律渊源之一。

7. 其他法律渊源

除上述主要法律渊源外，我国还有这些正式的法律渊源：一是军事法规，是指中央军事委员会制定的调整和规定关于我国国防建设和军事方面关系的规范性法律文件；二是特别行政区的法，即在"一国两制"之下的特别行政区的规范性法律文件；三是经济特区法规，是指我国经济特区根据授权立法所制定的规范性法律文件。

二、法律效力

法律效力，从广义讲是指一切法律文件所具有的法律上的约束力和强制力；从狭义讲则是指规范性法律文件的生效范围或适用范围，即规范性法律文件在什么时间、什么空间范围内对什么人、什么事适用。以下主要阐述的是狭义的法律效力。

法律在一定的范围内适用并且具有约束力，这是法与其他社会规范的根本区别，也是法作为一种特殊社会规范的构成条件之一。从这种意义上来说，法律效力表现着法的权威性，它为社会秩序的建立提供权威的指引，也为这种秩序的实现提供强有力的保护。同时，法律效力也体现了法存在的形式正当性，即其约束力或强制力来源于合法立法程序的认可。

（一）法律效力的位阶

法律效力的位阶，即指法律效力的等级层次。由于制定法律的主体、时间和适用范围的不同，导致法律呈现出效力级别高低的不同，从而形成了法的效力的等级体系。

我国以及大陆法系国家由于以成文法为法的主要渊源形式，因而形成了一个以宪法为最高地位，以其他法律为基层的金字塔型的法律位阶体系。而在以判例法为主要法律渊源形式的英美法系国家，其审判等级对法律效力位阶的影响则更为重要。

我国的法律，以宪法为核心，以制定法（成文法）为主要渊源。在这种法律体系中，法律效力的位阶，主要由制定法律的立法主体的地位、法律的适用范围和法律制定的时间这三个因素来决定。

我国确定法律效力位阶的基本原则如下：

第一，宪法至上的原则。宪法是我国的根本大法，在我国的法律体系中具有至高无上的法律地位，其法律的效力级别最高。一切法律、法规都不得与宪法相抵触，其法律效力也都在宪法之下。

第二，上位法优于下位法的原则。这是根据立法主体地位的不同来确认法律效力等级的原则。具体讲就是宪法的效力在所有法的效力之上，对其他法律法规来说，上一级立法主体制定的法律效力，均高于下一级立法主体制定的法律的效力。同位阶的法律具有同等的法律效力。

第三，特别法优于一般法的原则。特别法是指根据特殊情况和需要，适用于调整某种特殊社会关系，或在特别的时间范围和空间范围适用的法律规范。特别法和一般法的划分是相对而言的。适用特别法优于一般法的原则有一个前提，即所指的特别法和一般法必须是同一机关制定的法律或处于同等效力级别的法律。

第四，新法优于旧法的原则。在具有同样的内容和同等效力级别的法律之间，后制定的法律的效力优于先前制定的法律，即后法应予优先适用。这一原则同时也说明，在具有传承关系的新旧两个法律之间，新法生效便自然取代了先前旧法的法律效力。

第五，国际法优先的原则。国际法优先原则是指对一个主权国家承认或加入的国际条约或国际惯例来说，该国的国内法律规范不得与此国际条约或国际惯例相抵触，且该国际条约或国际惯例相对于国内法来说应予优先适用。

（二）法律的效力范围

法律的效力范围，指法对什么人、在什么时间和什么空间范围发生约束力和强制力的问题。法律的效力范围，包括法的时间效力范围、法的空间效力范围、法对人的效力范围三方面的内容。

1.法律的时间效力范围

法律的时间效力，包括了法律生效的时间、效力终止的时间以及法律的溯及力问题。

（1）法律生效的时间。法律生效的时间就是制定法何时起发生法律效力的问题，主要有以下两种情况：

第一，自法律公布之日起生效。这分为两种情况：一是该法律中没有规定其开始生效时间，而由其他法律文件宣告自公布之日起生效；二是由该法律明文规定自公布之日起生效。

第二，明文规定该法律颁布后达到一定期限后生效。这也分为两种情况：一是该法明文规定达到一定期限后生效；二是由其他法律文件规定该法的具体生效时间。

（2）法律效力终止的时间。法律效力终止是指法律由于被废止，其效力消灭。法律废止一般有明示废止和默示废止两种情况。明示废止，是指在新法或其他法令中，明文对某一法律予以废止。默示废止，是指不以明文规定废止原有的法律，而是在司法实践中确认旧法与新法相冲突而适用新法，这种方法实际上废止了原有法律的效力。一般来讲，法律制定后必须公布施行，废止某项法律时，也应该是明确而清楚的，所以，当今各国普遍采用立法方式来明示废止某项法律。

在我国，法律效力终止的时间，主要有五种情况：一是新法公布施行后，原有的法律即自动丧失效力；二是在新法中明文规定废止旧法；三是由有关机关颁布专门的决议、决定，宣布废止某些法律，从宣布废止之日起该法即停止生效；四是法律本身自行规定有效时期，至时限届满又无延期规定时，即自行停止生效；五是有些法律由于已经完成历史任务而不再被适用。

（3）法律的溯及力问题。法律的溯及力是指法律溯及既往的效力，即指新法颁布以后对其生效以前所发生的事件和行为是否适用的问题。如果适用，该法就有溯及力；如果不适用，该法就不具有溯及力。

人们遵守或执行法律的前提是人们行为时知道或者应当知道法律的存在和内容，不能要求人们遵守还没有制定出来的法律。现代社会的法治原则要求，法只能调整和约束其生效后的行为，因此，世界各国普遍认为，法律不应具有溯及既往的效力。

由于刑法调整对象的特殊性和连续性，世界大多数国家在刑法中都有条件地保留了刑法的溯及力。确认刑法的溯及力通常适用以下原则：

第一，从旧原则，即认定新法没有溯及力。

第二，从新原则，即肯定新法有溯及力。

第三，从新兼从轻原则，即在原则上肯定新法有溯及力，但如果旧法的处罚较新法轻，就按旧法处理。

第四，从旧兼从轻原则，即首先认为新法没有溯及力，但如果新法不认为是犯罪或新法对行为人的处罚较轻时就适用新法。从旧兼从轻原则是现代各国刑法普遍采用的原则，我国刑法也采用这一原则。

2. 法律的空间效力范围

法律的空间效力，是指法律生效的地域范围，即法律在哪些地方具有拘束力。根据国家主权原则，一国的法律在其主权管辖的全部领域内都具有拘束力。

法律效力的地域范围，首先，包括一个国家的领陆、领水、领空及其底土在内的全部领域。此外，还包括延伸意义上的领土，即本国驻外大使馆、领事馆及在本国领域外的本国船舶和飞行器。

3. 法律对人的效力范围

法律对人的效力，是指法对哪些人适用或有效。世界各国在确认法对人的效力范围时，通常采用以下原则：

（1）属人主义原则，即法只对具有本国国籍的公民和在本国登记注册的法人适用，而不论他们在本国领域内或在本国领域外。外国人即使在本国境内犯法，也不适用本国法。

（2）属地主义原则，又称领土主义原则，即凡在本国领域内的所有人都适用本国法，而不论是本国人还是外国人，本国人如不在本国领域内也不受本国法的约束和保护。

（3）保护主义原则，即以保护本国利益为基础，任何人只要损害了本国利益，不论损害者的国籍和所在地域在哪里，均受该国法的追究。

（4）以属地主义为主、以属人主义和保护主义为补充的折中主义原则。这是近代大多数国家所采用的原则。我国法律在确认对人的效力时也采用"以属地主义为主、以属人主义和保护主义为补充"的原则。依据这一原则我国法律对人的效力具体表现为以下两个方面：

一方面，对我国公民的效力。有两种情况：①我国公民在我国领域内一律适用中国法律；②中国公民在中国领域外原则上仍受中国法律的保护和约束，但在适用法律时必须满足一定的条件。

另一方面，对外国人的效力。也有两种情况：①我国领域内的外国人和无国籍人，除法律另有规定外（如享有外交特权和豁免权应通过外交途径解决），一律适用我国法律，即我国法既保护其合法权益，也追究其违法责任；②我国领域外的外国人，如果侵害了我国国家或公民的权益，或者与我国公民产生法律关系，原则上也应适用我国法律规范，但也必须满足一定的条件。

三、法律关系

法律关系，是指法律规范在调整人们行为或社会关系的过程中所形成的人们之间的权利与义务关系。法律关系首先是社会关系，即人与人之间的关系。但法律关系却不是一般的社会关系，而是一种特殊的社会关系，其特殊性就表现在它是一种人与人之间的权利与义务关系。法律关系根据不同标准可以划分为不同的类别，如一般法律关系和具体法律关系、绝对法律关系和相对法律关系、平权性法律关系和隶属性法律关系、调整性法律关系和保护性法律关系等。

法律关系是人与人之间的思想意志关系。社会关系可以划分为物质关系和思想意志关系，前者是不依赖于人的意志而产生和形成的关系，如生产关系；后者是人们有目的、有意识建立和形成的关系，如法律关系。法律关系之所以是思想意志关系是因为，法律关系是根据法律规范建立的，而法律规范又是国家意志的体现。此外，法律关系参加者的意志对于法律关系的建立和实现也有重要作用。

（一）法律关系的特征分析

第一，法律规范是法律关系产生的前提。没有相应的法律规范的存在，就不可能产生法律关系。法律关系是因法律调整，并根据法律规范规定而建立起来的社会关系。众多的社会关系并非都是法律关系，社会关系能否成为法律关系，取决于国家是否对其进行法律调整。被法律调整的社会关系就具有不同于一般社会关系的国家意志性和国家强制性等特点和属性而成为法律关系。由于法律只调整那些主要或重要的，即对社会秩序的确立和维护具有基本意义的社会关系，社会关系能否因法律的调整而成为法律关系，主要取决于该社会关系的重要性程度。

第二，法律关系是人们之间的权利与义务关系。法律关系区别于其他一般社会关系的另一个特点是，法律关系是以权利与义务的方式来确认人们关系的。法律关系中的权利与义务，是由法律规范规定的，但法律规范中规定的权利与义务只是一种抽象的可能性，是主体能够做或应该做的行为模式，它并不表明主体实际具有了这种权利和义务。只有当人们依照法律所规定的行为模式，做出或未做出一定行为或某种法律上规定的情况发生时，人们之间才可能形成某种现实具体的法律关系，此时法律规范为这种法律关系所预先设定的权利和义务才成为现实。现实生活中，人们实际所具有的权利和义务，是以法律规范所设定的可能的权利和义务为前提的。

第三，法律关系是以国家强制力作为保障手段的社会关系。国家对某种社会关系的法律调整，体现着国家对该行为的态度，由此所建立或形成的法律关系当然也是国家意志的体现，也是由国家政权的力量来保证实施的。事实上，社会关系上升为法律关系，其意义不仅在于它具有实现的必要性，而且更在于用法律手段调整这种关系的必要性，即需要以国家强制力来保证这种社会关系的确立和实现。

（二）法律关系的构成要素

1.法律关系的主体

法律关系的主体是指法律关系的参加者，即法律关系中权利的享有者和义务的承担者。法律关系的主体是法律关系必不可少的构成要素之一。法律关系的主体具有法定性，即什么人可以充当何种法律关系的主体，是由国家法律规定的，而不是自发和任意形成的。不同历史时期的不同国家，法律关系的主体因法律规定而有所不同。比如，在古代社会，奴隶是奴隶主所占有的财产，在法律上被作为法律关系的客体来对待，因而，不能充当法律关系的主体。法律关系的主体一般有三大类：自然人、法人、国家。

法律关系主体的权利能力和行为能力。行为人具有权利能力和行为能力，是成为法律关系主体的法定条件或资格，不具有这两个条件或资格的人，不能成为特定法律关系的主体。权利能力就是法律关系主体依法享有一定权利并承担相应义务的资格或能力。权利能力具有法定的专属性，其取得、限制和丧失都由法律规定之；行为能力是指法律关系主体能够依自己的意志，通过自己的行为享有权利和履行义务的能力。公民或自然人的行为能力，通常和年龄及精神健康状态有关，各国法律一般都把公民的行为能力划分为三种：完全行为能力人、限制行为能力人、无行为能力人。

法律关系主体的行为能力和权利能力有着密切联系，其行为能力必须以权利能力为前提。但法人和自然人的行为能力与权利能力却具有如下不同：自然人的行为能力与权利能力有时可能会分离，即具有权利能力时并不一定具有行为能力；而法人的权利能力和行为能力却不会分离，它们是同时产生、同时灭失的。法人一经依法成立，就同时具有权利能力和行为能力，依法撤销后，其权利能力和行为能力也同时灭失。

2. 法律关系的客体

法律关系的客体，就是法律关系主体的权利义务所指向的对象。法律关系的客体是法律关系的基本构成要素之一。法律关系客体须具有如下属性：

（1）客观性。作为法律关系的客体，必须是那些在现实物质世界真实存在的事物，而不能是虚构的。

（2）可控性。作为法律关系的客体，必须是人类能够认识和把握或控制的事物。人类不能认识和把握的事物当然也不可能被法律所规定和调控。

（3）法定性。作为法律关系的客体，必须是得到国家法律确认和保护的。

（4）价值性。作为法律关系的客体，必须对人类的生产、生活具有价值，对社会的法律调整具有意义；若没有一定的价值和意义就没有必要用法律来调整，也就不可能成为法律关系的客体。

我国法律关系的客体，主要包括物、智力成果、行为等。

3. 法律关系的内容

法律关系的内容，就是法律关系主体所享有的法律上的权利和义务。所谓法律权利，就是法律所保护的权利和自由，即国家通过法律规定对法律关系主体可以自主决定做出某种行为及可以要求他人做出某种行为的许可和保障。法律权利的定义表明其内容应当包括：一是权利人可以自主决定做出一定行为的权利；二是权利人要求他人履行一定法定义务的权利；三是权利人在自己的权利受到侵犯时请求国家机关予以保护的权利。

权利总是和义务紧密相关，离开了义务，权利既无法实现，同时也得不到保障。所谓法律义务，就是国家通过法律规定，对法律主体行为的一种约束，即国家通过法律规定要求法律关系主体必须做出一定行为或不得做出一定行为。由于权利表征利益，而义务表征负担，所以，权利人可以放弃法定权利，而义务人却不能放弃和拒绝履行法定义务。义务可以分为积极义务与消极义务：积极义务是指法律要求义务人必须做出某种行为；消极义务是指法律要求义务人不得做出某种行为。

4.法律关系的形成、变更和消灭

法律关系的产生，有赖于法律规定的存在这一前提条件，除此之外，还有赖于特定法律事实的出现。法律事实是法律规定的引起法律关系形成、变更和消灭的客观事实和情况。法律事实是法律使某一权利的取得、丧失或变更赖以发生的条件。相对于法律规定这个前提条件而言，法律事实对特定法律关系的形成、变更和消灭更为直接。

法律规定是一般抽象法律关系产生的间接原因，而法律事实则是特定具体法律关系形成、变更和消灭的直接原因。法律规定中的可能性，只有在法律事实出现之后才能成为现实。

法律事实可以分为这些类型：法律事件与法律行为、肯定的法律事实和否定的法律事实、单一的法律事实和复合的法律事实、一次性作用的法律事实和连续性作用的法律事实等。

四、法律责任

法律责任有广狭两义：广义的法律责任是指任何组织和个人都有遵守法律的义务，都应自觉维护法律的尊严；狭义的法律责任是指行为人由于违反法定义务而应承担的某种不利后果。法学理论和司法实践中所说的法律责任，通常是指狭义的法律责任。依据一定的标准，可以把法律责任分违宪责任、民事责任、行政责任、刑事责任。

（一）法律责任的本质

法律责任的本质是什么，社会缘何要追究违法者的法律责任以及怎样来追究他们的法律责任，这些问题关系到国家的责任以及立法、执法与司法的实践，也关系到我们对法律责任内部构成要素的理解和把握。要准确和全面把握法律责任的本质，就应该把法律责任放到整个法律制度和法律秩序中去进行分析。法律是在人类社会共同生活的需要中产生的事物,因此,法律责任的本质亦应源于人类共同生活的需要。在社会生活共同体中,每个人都会追求各自的特殊利益,但同时都必须维护和自己利益攸关的集体利益、社会利益、国家利益,因此,法律要求人们在追求自己利益的同时,尊重他人、社会和国家的利益,并且必须对危害他人和社会利益的行为进行纠正。法律责任制度设立的必要性和必然性即在于此。

首先,法律责任在本质上是一种利益责任,这种责任存在于社会共同体和社会成员的利益冲突之中。

其次,法律责任是国家对违法行为所给予的法律上的否定性评价,以及国家对合法利益的一种保护和修复。

最后,法律责任是国家促使法律主体合法行使权利、自觉履行义务的重要制度保障。通过对违法行为人追究法律责任,使被违法行为破坏的法律关系、法律秩序得以恢复,从而使社会有序发展。

法律责任的本质决定了法律责任具有法定性,它是由国家法律预先设定的,是国家对人们行为的一种规范性调整;法律责任同时还具有国家强制性,即法律责任的追究和执行必然得到国家强制力的保障,必须是国家机关依照法定职权和程序来实施和执行的。正确理解法律责任的本质,对构建科学合理的法律责任理论及立法体系具有十分重要的意义。

(二)法律责任的归结

法律责任的归结也称为法律责任的归责,是指由特定国家机关或授权机关依法对行为人的法律责任进行判断和确认的活动。这种活动是在特定的原则指导下进行的。这些原则体现着法律制度的价值取向,它既引导着法律责任的立法,也指导着法律实践中对法律责任的认定和归结。归责法律责任必须遵守下述原则:

第一,责任法定原则。责任法定原则是指作为一种否定性的法律后果,有关法律责任的一系列要件都应由法律预先设定,特定机关只能在法律预先设定的范围内认定行为人的法律责任。责任法定原则表明,什么人、在什么情况下、做出或未做出一定行为,应承担什么法律责任,以及什么机关依照什么程序和原则来归结、认定和追究行为人的法律责任,都应该由法律事先明文规定。任何人和组织都无权在法律规定之外认定和追究行为人的法律责任。

第二，责任相称原则。责任相称原则是指行为人应承担的法律责任的性质、种类以及程度，应该与行为人违法行为的性质及其造成的后果相适应。这一原则反对轻罪重罚，重罪轻罚。它要求有责当究，无责不究，轻罪轻罚，重罪重究，罚当其罪。

第三，责任自负原则。责任自负原则是指法律责任只能由违法行为人自己来承担，而与其他人无关。追究违法者法律责任时，不能无辜株连那些与违法行为无关的违法者的亲属、配偶、子女等，不能损害这些人的合法权益。法律责任自负原则是对古代连坐和株连制度的否定和批判，它不仅是一项归责原则，也是现代法治社会的一般原则。

第四，责任平等原则。责任平等原则是"法律面前人人平等"这一法治原则在法律责任制度中的体现。作为法治社会的一般原则，法律面前人人平等贯穿于执法、司法和守法的全过程，而责任平等原则就是法律面前人人平等原则在这一过程中的具体表现。它要求适用法律认定和追究法律责任时，应该对所有的人一律平等，任何机关和个人都不能享有法外特权，包括如果党和国家的领导人违法犯罪亦要追究其法律责任。同时，任何人也都不应受到法外追究，包括违法者的家属和亲属等。

（三）法律责任的免除

法律责任的免除也称为法律责任的免责，是指行为人应承担的法律责任因满足某种法定的免责条件而被部分或全部免除。免责并不是不应承担法律责任，它是以法律责任的成立为前提和基础的，是指本应承担法律责任，但在法律规定可以免除责任的事由出现时被免除而不再承担。

免责的法定事由主要有六种：时效免责、不诉免责、主体死亡免责、赦免免责、因履行不能而赦免、自首或立功免责。

五、法律制裁

法律制裁，是指特定国家机关依照法定职权和程序对责任主体依其应负的法律责任而实施的强制性惩罚措施。它是实现法律责任的重要和基本的方式。通过这种强制性惩罚措施的运用，使违法行为人的违法行为受到惩罚，使受到侵犯的权利和利益得到赔偿和补偿，同时教育违法者及其他社会成员，达到纠正违法和预防犯罪的目的。

（一）法律制裁的特点

法律制裁以法律责任为前提，它是追究法律责任的直接法律后果；没有法律责任就没有法律制裁，法律责任是由法律规定或授权的国家机关来实施的，其他任何机关、组织和个人均无权实施法律制裁；法律制裁必须依照法定的职权和程序进行，任何逾越法定程序的制裁都是无效的。

（二）法律制裁的类型

法律制裁可分为违宪制裁、刑事制裁、民事制裁与行政制裁。

违宪制裁，是责任主体依其所应承担的宪法法律责任而被施加的强制性惩罚措施。违宪制裁针对的是行为（如撤销、罢免等），实施违宪制裁的主体一般是宪法法院或最高法院，在我国则是由全国人大及其常委会来行使违宪审查权和违宪制裁措施的。

刑事制裁，是责任主体依照其所应当承担的刑事法律责任而被施加的强制性惩罚措施。刑事制裁也称为刑罚，其主要针对人身、生命和财产，制裁主体只能是法院。

民事制裁，是责任主体依照其所应承担的民事法律责任而被施加的强制性惩罚措施。民事制裁主要针对人身、财产和行为，制裁主体只能是法院。

行政制裁，是指责任主体依其所应承担的行政法律责任而被施加的强制性惩罚措施。行政制裁包括行政处分和行政处罚，其主要针对人身、财产和行为，制裁主体一般是行政机关。行政制裁必须以违反行政法规的义务为前提，但被施加行政处分的违法主体是国家机关工作人员，而被施加行政处罚的主体则是行政管理行为的相对人。

第三节 法的运行

一、法的设立

"法律是什么"这一基本问题的不同答案,涉及立法的内涵和外延的确定。在我国,教科书大多从广义和狭义两种意义上对立法进行界定:广义上的立法,泛指一切有关国家机关依照法定权限和法定程序制定具有法律效力的各种规范性法律文件的活动;狭义上的立法,专指国家最高权力机关依照法定职权和法定程序制定规范性法律文件的活动。立法的这两种含义实际上依然存在着上述不同观点中所透出的问题,即如果最高权力机关以下的其他国家机关制定的规则具有法律效力,属于法律渊源,那么立法必然要作广义的理解,反之则要作狭义的理解。

在我国,具有法律效力的规范性法律文件,既包括最高权力机关和它的常设机关所制定的各种法律文件,也包括中央国家行政机关和地方有关国家机关依照法定权限和程序制定的行政法规、地方性法规、自治条例及其他规范性决定、决议等。因此,对立法作广义上的理解,既体现了我国立法活动的实际状况,同时也与我们对"什么是法律"的学理解释相一致。

(一)立法活动的特征

立法活动作为实现依法治国、建立法治国家的前提和基础,它与行政、司法等其他国家活动具有不同的特征,具体如下:

首先,立法从性质上讲是国家的一项专门活动。立法是国家权力的运用,是由有关国家机关表达以人民意愿为基础的国家意志的活动,除宪法和法律赋予权力的法定机关以外的其他政党、社会团体和个人,均无权行使立法权和进行立法活动。

其次,立法从方式上讲具有程序性。立法必须依照法定的职权和程序进行,这不仅要求没有被赋权或授权的国家机关、社会团体和个人不能立法,也要求被赋权或授权的国家机关不能越权立法。同时,享有立法权或被授权的国家机关也只能在法定职权范围内依照法定程序和步骤进行立法，否则其所立之法就会被视为无效。

最后，立法从内容上讲包括创立、修改、解释、废止法律规范的活动。立法作为一种有关国家机关制定、认可法律规范的活动，其不仅要立新法、释现法，还要不断地改旧法、废旧法。法律的立、改、释、废其必要性自不待言，人们对法律的立、改、释、废互动也主要是由于社会关系的不断发展和变化所致。

总之，法律不断地立、改、释、废已经是现代社会法律发展变化的一个重要特征了。

（二）立法的基本原则

立法的原则，是指体现在各种立法活动中的指导思想和必须遵守的基本准则。自从人类社会有法律以来，每一个国家、每一个时代在立法时都会遵循一定的立法原则。实际上，立法活动不存在一劳永逸的普遍永恒原则，不同时代以及一个国家的不同历史时期都会有不同的立法原则。

1. 从实际出发的原则

实事求是、从实际出发是辩证唯物主义者的思想路线和基本立场，它要求立法者在制定法律时要反映客观规律及其要求，力求以法律形式准确、科学地表述客观存在和客观现实。

（1）立法要从中国的实际出发。我国是一个发展中国家，生产力发展的总体水平还不高，将长期处于社会主义初级阶段。立法时必须充分考虑中国的这一现实状况，深入实际地调查和研究社会关系中存在的各种实际问题，力图制定出符合生产力发展水平和生产关系状况的法律、法规，使立法在尊重客观规律的基础上推动和保障各项事业的顺利发展。

（2）立法要全面总结国内的立法实践经验和借鉴国外的有益经验。立法活动具有很强的经验性，立法者对自己国内的立法实践进行全面认真的经验总结，既可以发现存在的问题，也可以积累以往的有益经验。同时，外国立法的有益经验也是人类法律文化和法律认识的经验结晶，也要结合我们的实际需要进行借鉴和吸收。

（3）立法还要发挥引领和推动现实的作用。在立法活动中强调从实际出发并不意味着立法就是保守和被动的,在经济社会发展的不同阶段,立法发挥作用的重点和方式有所不同。

2.科学民主立法的原则

现代法治国家都是人民民主的国家,人民是国家的主人,一切权力属于人民。立法的目的就是要把人民的要求和意愿,以法律的形式肯定和表现出来。因此,立法工作就是要时刻把人民的利益放在第一位,使法律能够真正体现广大人民的意志。立法要实现人民当家作主、充分体现人民意志的立法目的,就需要在立法工作中广泛听取人民群众的意见,保障人民通过多种渠道参与立法活动,使立法活动和立法过程民主化、公开化。

一般来讲,人民群众参与立法工作主要是通过两种途径实现的:一是人民选举自己的代表,由人民代表参加立法工作,体现民意和保障民权;二是各级立法机关在立法过程中广泛吸收有关方面的专家参与法律、法规的起草工作,还可以通过各种形式的听证会、研讨会、座谈会和网络征询意见等方式来集中人民意愿。

3.合宪性和法制统一的原则

宪法是国家各种活动的根本准则,遵循宪法、维护法制统一是立法活动的一条重要原则和防止"立法之乱"的重要依据。宪法是国家的根本法,是一切法律的基础,具有最高的法律效力。在立法活动中遵循合宪性原则应注意两方面的问题:①享有立法权的国家机关应严格按照宪法所规定的立法权进行立法,不能超越立法权限;②一切立法不能与宪法相悖,否则将不具有法律效力。

与合宪性原则相联系的一项重要立法原则是法制统一原则。在立法活动中提倡法制统一原则就是要做到:①一切法律、法规、规章、条例等规范性法律文件不能与宪法相抵触;②在各种法律渊源中,下位阶的法不得与上位阶的法相抵触,同位阶的法之间也应保持协调一致。

4.针对性和可执行性原则

良法善治,不是简单的有法可依就可以实现的,它还要求法律具有针对性和可操作性。杜绝缺乏可操作性,执行性差、针对性差、有效性差的法律。这就要求立法要有效地适应经济社会发展和全面改革的要求,同时,法律规范要明确具体、具有针对性和有效性。同时,立法要能够精准,在立法中树立精细化思维，注重法律的可执行性和可操作性，使制定出来的法律发挥好法律的指引、评价、预测、教育、强制等功能。

（三）立法程序的步骤

立法程序，是指按照宪法和法律规定享有立法权的国家机关制定、修改、解释和废止规范性法律文件的步骤和方式。立法程序是通常意义上的法律程序（司法程序、行政程序、监督程序和立法程序）的组成部分之一，立法程序对于立法活动具有重要意义，它关系到立法活动的民主化、科学化和法治化，是法治国家的一个重要标志。

在现代国家，立法程序均以宪法和法律的形式明文规定，不允许任何违背立法程序的违法行为，否则在该活动中制定、修改、解释、废止的规范性法律文件当属无效。这也表明，立法程序要求一方面只有立法机关或被授权的机关或人员才可以行使立法权，另一方面立法机关或被授权的机关或人员不能越权立法。立法活动必须按照事先规定好的步骤或方式进行，这是现代立法的一个基本特征。

立法作为一种具有程序性的专门活动，其操作过程需要经过收集研究与此相关的各种资料、拟定立法草案、征求专家和民众的意见、反复进行论证及修改，并在此基础上提出法案、审议法案、表决法案、公布法案等环节，这一系列的环节大体上可以概括为三大阶段、四个步骤。其中，三大阶段包括：第一，立法的准备阶段，即进行立法预测、制定立法规划、收集研究与此相关的各种资料、拟定法律草案、征求专家和民众的意见、反复进行论证及修改等立法的前期准备过程；第二，立法的确立阶段，即提出法律案、审议法律草案、表决法律草案、公布法律等决定法律能否从法律案转变为生效法律的过程；第三，立法的完备阶段，即通过对已生效的规范性法律文件进行法律清理、法典编纂等活动，并以此修订、补充、完善和废止规范性法律文件的过程。

在这三个阶段中，立法的确立阶段是立法活动的核心环节，通常人们把这一环节概括为四个步骤，即提出法律案、审议法律草案、表决法律草案、公布法律。当然，立法的完备阶段也与这四个步骤密不可分，对规范性法律文件进行清理和编纂的过程也要经过这四个步骤才能最终得以完成。下面主要探讨立法程序的四个步骤：

1. 提出

提出法律案，是指享有立法提请审议权的机关或个人向立法机关提出关于制定、修订或废止某项规范性法律文件的正式议案。提出法律案是立法的第一道程序，它标志着立法活动的正式开始，法律案一经提出立法机关就要将该议案列入议事日程，进行正式的审议和讨论。

2. 审议

审议法律草案，是指立法机关对列入全国人大常委会会议日程的法律草案进行正式审查和讨论。审议法律草案是立法活动的关键环节，它是一个关系到该法案能否获得通过的重要步骤。因此，在立法程序中最为复杂的流程也就属于这一个环节。在中国，审议法律草案一般经过两个阶段：一是由全国人大有关专门委员会审议；二是立法机关全体会议审议。

对法律草案审议的结果一般包括这些情况：一是提付表决；二是修改后提付表决；三是搁置；四是否定表决法律草案。

3. 表决

表决法律草案，是指立法机关对经过审议后提付表决的法律草案正式表示是否同意。对法律草案的表决是立法程序中具有决定意义的一个步骤，因为法律草案交付表决并不意味着都能获得通过，有的需要修改后再复议，有的则被否决而不能通过。

在我国，法律的通过需要获得全国人大或全国人大常委会法定人数的半数以上同意，这里的过半数是"绝对半数"，也就是说与世界大多数国家不同，中国强调应是全国人大或全国人大常委会法定人数的半数以上，而不是出席会议的代表数的"相对半数"以上，这一程序较之于"相对半数"更为严格。

4. 公布

公布法律，是指立法机关或国家元首将已经获得表决通过的法律以一定形式向社会公告，以便全社会遵照执行。公布法律是立法程序中的最后一个步骤，它是法律生效的前提。需要公之于众，而不是藏之于官府是法律的一个基本特征。要想得到人们尊重和服从的法律必须要公之于众，让人们事先知晓。公布法律还有一个重要的理由，那就是如果法律不向民众公布，人们便无法监督负责适用和执行这些法律的人是否无视其规定。

法律一般由国家元首来公布。我国宪法规定，中华人民共和国主席根据全国人大的决定和全国人大常务委员会的决定，公布法律。我国公布法律的法定刊物是《中华人民共和国全国人民代表大会常务委员会公报》，在该公报上刊登的法律文本为标准文本。

二、法的适用

在法学上，司法又被称为"法的适用"或"法律适用"，是指国家司法机关依照法定职权和程序，具体适用法律处理各类案件的专门活动。这种专门活动是以国家名义实现其司法权的活动，属于国家的基本职能之一，在国家全部活动中占有极其重要的地位，甚至在一定意义上超越了立法的作用。

（一）司法权

司法权从本质上说是一种裁判权，司法权所要解决的问题是他人之间发生争议而需要加以裁判的事项。行政权的性质则与此不同，尽管行政机构所要解决的问题也涉及他人之间的争端，但其主要是代表国家和社会对特定事项实施管理。从这种意义上说，行政权可称为处理权或管理权，即行政机构依照一定的原则和方式凭自己的单方面意志对行政相对人作出某种处理决定的权力。司法的下述特点使之区别于行政：

第一，司法的被动性。行政权作为一种社会和国家利益的充分代表，其权力运行的方式具有主动性，它总是要积极主动地干预社会和个人的生活，使其与公共利益相一致。而司法权则与之相反，非因控方或诉方的请求司法机构不作主动干预或强行审判，奉行"不告不理"的原则。在没有人要求司法机构作出是非判断或裁判时，司法机构是没有裁判权的。

第二，司法的中立性。行政权主要代表国家和公共利益，具有官方性，因此，在处理问题时就具有了明显的倾向性，即总要把国家利益和社会利益放在优先考虑的位置。司法机构则不同于政府，它在发生纠纷的政府和公民或者两造当事人之间不能具有任何的倾向性，而是要中立于其间，对控辩双方的主张和利益都给予同等的关注，并在此基础上作出公正的裁判。司法机关超越于双方当事人的利害关系，这是司法公正的必然所在，中立性要求司法人员在诉讼中必须保持中立。

第三，司法的专属性。行政权具有可转授性，行政机构可以将本属于自己的行政事务授权给非政府人员或民间组织处理，比如，税务机关可以委托企事业单位代扣代缴个人所得税就属于这种情况。而司法则具有专属性，其职权不可转授，司法机构不能将自己的裁判权转授给其他组织或个人。

第四，司法的独立性。行政机构上下级之间的关系是一种服从关系，行政机构在处理行政事务时必须接受上级的指示或命令。而司法权却是一种只接受监督但不服从于任何指挥和命令的权力，法官审理案件只服从法律。

第五，司法的终极性。由于行政机构对自己的行政管理行为是否合法、合理不能由自己作出判断，所以，行政机构对行政事务的处理及其争端的裁决往往不是最终的，一个行政决定可能会被司法裁决所撤销。司法权却是一种终极性的权力，是一种"最后的权力"。也就是说，司法裁决一旦生效，就立即产生既判力、拘束力，任何个人和组织都不得随意挑战司法的权威，对司法裁决的否定和修正只能是新的司法裁决。

（二）司法原则

司法原则是指在司法活动中必须遵守的具有指导作用的基本原理与准则。司法原则表达了应该如何适用法律的一种观念和立场，它对司法机关审理案件具有重要的指引作用。

1. 公正司法

公正司法，或曰司法公正，是指司法机关在司法活动的过程和结果中坚持和体现公平与正义的理念，公正地解决人们之间的争端和纠纷，并将法律平等、合理地适用于所有人。司法公正是人们诉诸法律所追求的正义，而正义又是司法活动所追求的最高理念。人们精心设计、创制了公平、正义的法律，但如果没有司法，这种法律就只能是高高在上、遥不可及的东西。

公正司法一般是通过以下两种方式实现的：

（1）在司法活动中要公正、合理地适用法律，不能因人而异，公民在适用法律上一律平等，即司法的实体公正。司法的实体公正，一般是通过权利和义务的实现来体现的，但由于法律所赋予人们的权利和义务在现实中可能会遭到侵犯和损害，司法活动正好可以使受损的权利得以恢复和补偿，并以此来实现正义。

（2）司法活动要严格依法定程序适用法律，保证争议或纠纷的解决要在公开、公平的前提下实现，即司法的程序正义。司法公正要求审理案件时不能逾越法定的程序和步骤，否则，即使审理结果正确，这一裁决也将是无效的。

可见，公正司法既要求司法活动的结果体现公平和正义的精神，也要求司法活动的过程遵循平等和正当的原则。长期以来，我国司法机关有一种忽视程序公正的倾向，总是习惯于先确定案件的结果，然后再寻找程序的公正性，有时甚至是忽略程序的公正性而追求结果的公正性。这种只要结果正确，无论过程如何都无所谓的看法是片面的。只有把实体公正与程序公正相结合，才能全面地实现公正司法。

2. 独立司法

独立司法，是指司法机关在审理案件的活动中，依照法律规定独立地行使司法权。独立司法作为一项重要的司法制度和法治原则，是人类历史长河长期发展中所筛选出的良方，并被所有现代法治国家普遍奉行。该原则的具体内容如下：

（1）司法的排他性。司法权只能由国家的司法机关统一行使，其他组织和个人都无权行使此项权力。

（2）司法的中立性。司法组织和司法人员在行使职权时只服从法律，要做到不偏不倚、保持中立的立场，不受任何机关、团体和个人的干涉。

（3）司法的公开性。司法只有公开，才能接受社会和民众监督，独立司法才不至于变为独断专行。

司法活动作为一种判断性活动，其本质和特征决定了司法必须独立。独立司法是法治的核心，没有独立的司法，法治就是无源之水。人类的法治经验表明，只有通过独立的司法才能从实际中和形象上都让人们获得严格遵守法治的保障。独立的司法作为司法正义之根本的原则，深深根植于现代世界各国的法律机制中，几乎每一部现代国家的宪法都明确规定要保障司法权的独立性。独立地行使司法权，愈来愈成为社会、公民期望和信赖法治的制度保障。

独立司法作为一项司法原则，并不意味着司法权可以不受任何制约和限制。任何权力若不受制约和限制，必然导致滥用和腐败。司法不独立，不能保持中立，有碍司法公正；反之，如果独立司法而不受监督制约，也会出现司法的专横和腐败。为此，必须建立规范的监督体系，尤其是处理好党委、人大和社会舆论对司法活动的监督关系，以保障司法独立。

3. 民主司法

民主司法，是指司法机关在审理案件的过程中要按照民主的原则，充分保障诉讼参与人的诉讼权利，并让民众有参与司法的机会，以实现司法正义。司法民主原则，具体包括司法权的运行应当体现司法为民、司法公开、民众参与司法、职业司法官经过民主程序任免等内容。

民主司法原则的核心，是提高社会成员对司法活动的参与度，以实现司法为民的目的，民众参与是微型民主的本质，或者说，它为上层结构即民主政体，提供了关键的基础结构。民主司法的重要表现，是在诉讼中实行陪审或者参审制度，允许民众直接参与司法活动。这种机制源自对司法活动民主化的追求以及对专制和司法擅断的反抗，是司法活动取得民主性、公正性结果而不流于形式的重要环节。民众参与司法在世界上的通行模式主要有三种：一是陪审制；二是参审制；三是治安法官制。在我国，民众参与司法的主要形式体现在人民陪审员制度，它不同于西方国家民众参与司法的模式，但与"参审制"有一定的相似之处。

民主司法原则的实现，必须要有一套运作良好的民主司法的机制。一方面，需要由具有公民意识的民众进行参与，使这种机制能够促进公民培养或者强化民主意识的能力；另一方面，必须将这种参与途径制度化、规范化和程序化，注重程序的内在价值是实现司法民主的重要保障，不仅要让正义实现，而且要让正义以看得见的方式实现，以程序保证司法不受"过度民主"的冲击。民主司法原则正是要在民主与司法之间寻求一种平衡与和谐，让司法作用于民主，也让民主影响着司法。

三、法律执行

法律执行简称"执法"，有广义和狭义之分：广义的执法，是指一切国家机关、公职人员及授权组织依照法定的职权和程序，实施和运用法律的活动；狭义的执法，专指国家行政机关、公职人员及授权的组织依照法定的职权和程序，实施和运用法律的活动。广狭两义执法在概念上的区别主要在于实施和运用法律的主体不同，前者在主体上包括司法机关、行政机关及其公职人员，而后者则专指行政机关、公职人员及授权的组织。也正是这样的不同，执法通常也被限定性地称为"行政执法"，在此所指的执法便是狭义上的执法。

（一）行政执法

行政执法作为一种受控性的权力，与司法权相比具有以下特有的属性：

第一，执法的范围具有广泛性。执法是政府以国家名义对社会实行的全方位管理活动，它涉及路边摆摊、路上行车、打架斗殴等，其实远不止这些，可以说小到衣、食、住、行，大到政治、经济、文化等社会事务无所不包。世界各国政府的规模有大小，但无论怎么小的政府都是特别有权的，广泛的政府职能和强大的政府权力都要求政府要依法行政。

第二，执法的行为具有主动性。执法既是行政机关的一项管理权力，又是一种它应该承担和履行的职责。比如，工商管理人员主动进店检查、警察主动探查各种违法行为，都表明行政执法不同于司法审判，它要采取积极的行动去履行职责。

第三，执法的主体具有可转授性。执法的主体是国家行政机关和所属的公职人员，在法律规定的范围内也可以将执法权力授权给特定的组织。当然，将执法权转授委托给其他社会组织必须有法可依，于法无据的转授属于违法授权。

第四，执法的方式具有单方面性。除行政复议、行政裁决、行政仲裁等之外，执法与司法以第三者身份居间裁判不同，在行政法律关系中，行政机关代表国家所作的决定无须行政相对人同意，行政行为仅以行政机关单方面的决定而成立，不需要行政相对人的请求或诉求。

（二）执法的原则

执法的原则，是指行政机关在执法活动中必须遵守的具有指导作用的基本原理与准则。在全面推进依法治国的背景下，明确依法行政的目标和方向，确定和遵循执法的基本原则，对于法治行政的建设和发展具有极为重要的意义。

1. 依法行政原则

依法行政原则也称为行政合法性原则或行政法治原则，它是合法性原则在行政领域内的体现，其含义是国家的一切行政管理活动都必须严格依法进行。依法行政要求行政机关及其工作人员只能依照法律规定行使职权，依法行政实际上是"依法治吏"，而不是指行政机关用自己制定的文件去治理行政相对人，把法律作为一种管理别人的工具。法律赋予行政机关何种权力，行政机关便具有何种权力，没有法律依据或超越法律而实施的执法行为就是违法的或者是不当的行为，是应当被撤销的行为。依法行政原则对指导国家行政机关正确实施管理，防止行政权力滥用具有重要意义。依法行政原则具体来说包括以下内容：

（1）执法的主体要合法。对依法行政主体合法性的要求，一方面体现在行政执法行为的实施者必须依法设立或依法授权，对行政机关而言，法律无规定即无权力，一切执法活动必须在职权范围内进行；另一方面，法律授予行政机关职权既是一种权力，又是一种义务和责任，行政机关必须尽一切力量履行这些义务和责任。行政职权与行政职责是一个问题的两个方面，是统一的。行政机关如放弃职权，不依法行使职权，就是不履行职责，就是失职，应追究其法律责任。

（2）执法的内容要合法。行政机关及其工作人员实施行政管理活动的依据是宪法和法律规定，要求执法的内容合法，就是要在一切行政管理活动中符合法律的实体规定，不得与宪法、法律相抵触，不允许违法执法和越权执法。行政机关实施的行为，特别是对公民、法人和其他组织不利的行政行为，都必须有明确的法律依据。只要行政机关实施的行政行为违反了法律、法规，对所造成的损害，国家必须承担责任。必须撤销或改变违法的行政行为，只有这样才能保证行政机关依法行政。

（3）执法的程序要合法。程序是行为的方式和步骤，实体是行为的目的或结果，两者密不可分。因此，依法行政原则要求行政机关及其工作人员在执行职务时不仅要遵守实体法，而且要遵守程序法，严格按照法定的步骤、顺序和时限进行执法。如果法律明确规定了执行职务必须履行的程序，不履行这些程序或者超越、省略、遗漏某个程序均属违法。

2.行政效率原则

行政效率原则，是指行政机关在实现其行政管理职能时，要在合法性和合理性的前提下，力争降低时间、人力和财力等资源耗费，取得尽可能大的社会和经济效益。现代法治国家的行政管理不仅要求其守法与合理，而且要求行政机关的任何决策和行为，都必须考虑做必要的可行性研究和成本效益分析，使得行政决策和行为具有最大可能的效率性。

行政效率原则之所以成为行政执法活动所遵循的一项基本原则，主要是由于行政执法活动实际上就是一种管理活动，而与管理联系最密切的词就是效率。行政效率应当是指行政机关用合理的时间、以合理的代价、正确处理行政事务并产生预期的社会效果。

行政效率原则主要有三项要求：①严格遵循行政程序和时限，使行政程序规则化；②行政组织机构精干，做到行政机构精简化；③加强行政决策、行政行为的效益考量，行政决策的成本效益分析。

3. 行政公开原则

行政公开原则，是指国家行政机关行政管理活动或者行为过程和结果的公开，其本质是对公众知情权、参与权和监督权的保护。阳光是最好的防腐剂，只有政府活动公开进行，才能置它于当事人和公众监督之下，才能防止政府官员滥用权力，消除腐败。同时，公众还可以行政公开原则要求政府行为除依法应保密的以外，应一律公开进行。

（1）行政决定公开。无论是行政决策、行政行为，还是行政裁决和行政复议都应该以适当的形式公开。

（2）行政过程公开。任何行政行为都要经过一定的程序才能作出，除法定事由外，公开行政决策的过程是体现民主参与国家管理的必然要求。

（3）行政信息公开。凡是涉及公民基本权利义务的行政决定，必须公布或通知；公民有权要求政府提供政治、经济、社会生活各个方面的信息，回答有关咨询、质询，以便于公民参与经济和社会的管理和监督活动；官方新闻媒介依法对有关行政信息情报的进行公开发布。

4. 行政合理性原则

行政合理性原则，是指行政机关及其公职人员在执法活动中，特别是在行使自由裁量权时，必须合理、合情、恰当、适宜，与社会常理相一致。对执法活动的合理性要求，在于行政管理活动涉及的范围广泛而复杂，法律不可能事无巨细地对所有问题都加以规定，而只能由法律规定出一定的幅度和范围，然后行政机关在法律规定的幅度内自由裁量。但是，法律赋予行政机关较大的自由裁量权又有可能导致行政管理过程中的不当行为,从而使行政权侵犯甚至欺凌公民权。因此,必须以合理性原则补充合法性原则的缝隙和遗漏,防止自由裁量权的滥用。

需要注意的是,对行政合理性原则的把握要与行政合法性原则相结合二者既有联系又有区别。

(1)行政合法性原则是主要原则,行政合理性原则是补充原则。合理性原则是以合法性原则为前提的,是在合法性前提下的合理性,合理性不能违反或超越法律的范围;同时,合法性原则也不能没有合理性原则的辅助和补充,否则,较大的自由裁量空间可能会使执法活动背离立法的目的。

(2)行政合法性原则强调行政的形式公正,行政合理性原则关注的是行政的实质正当。合法性原则适用于行政法的所有领域,合理性原则主要适用于自由裁量领域。通常一个行为如果触犯了合法性原则,就不再追究其合理性的问题;而一个自由裁量行为,即使没有违反合法性原则,也可能引起合理性问题。

(3)违反行政合法性原则和违反行政合理性原则都属于行政瑕疵。违反合法性原则将导致行政违法,违反合理性原则便将导致行政不当,纠正这两种行政瑕疵是现代法治国家的基本要求。

四、法律监督

监督一词,在汉语中有查看、督促和约束之意。监督的目的,主要在于促进被监督者改正缺点和错误,按照监督者的要求做得更好。在法治社会里,监督主要表现为一种法律监督,所谓法律监督,自然是要凭借法律的权威和力量来进行监督。"'法律监督'作为宪法对检察机关的界定,它界定的是我国检察机关的性质。"[①] 按照学理上的解释,法律监督是指国家机关、政治党派、企事业单位、社会团体、新闻媒体及其公民依照法律规定和法定程序,对法律的制定及其在社会中的实施状况所进行的监察与督促。这里所要讨论的对立法、执法和司法的监督,就是一种法律意义上的监督。

对立法、司法和执法的监督需要建立一种完善的制约监督机制,它涉及监督主体、监督客体和监督方式等一系列的问题。

① 丁维群,罗树中."法律监督"内涵正解[J].中南大学学报(社会科学版),2009,15(6):756.

法律监督主体，就是谁来监督的问题，是指行使法律监督权的人或机构，也就是法律监督活动的实施者。法律监督的主体是十分广泛的，既包括各级权力机关、行政机关、司法机关等国家专门机关，又包括执政党和其他民主党派、群众组织和公民个人等社会力量。其中，前者是国家的法律监督，后者是社会的法律监督。

法律监督客体，就是监督谁的问题，是指法律监督的直接指向，即法律监督的对象。在我国，法律监督的客体主要是各级国家机关及其工作人员。被监督的机关包括各级权力机关、行政机关、司法机关；被监督的工作人员是在中央国家机关和地方各级国家机关中任职的公职人员。

法律监督的方式，就是如何监督的问题。法律监督从方式上可以分为内部监督和外部监督，其中内部监督主要包括两个方面：一是立法机关、行政机关、司法机关各个系统内的自我监督；二是立法机关、行政机关、司法机关之间的相互监督。而外部监督主要是指社会力量的监督，包括各党派、社会组织、传媒和公民个人的监督。

五、法律遵守

法律遵守，也叫守法，是指法律作为一种具有普遍约束力的规则，应该得到所有人的普遍遵从，不允许有任何例外。在日常生活中，提到遵守法律，人们首先想到的是"履行义务"，把遵守法律和义务联系起来十分自然，但这只是遵守法律的一个重要方面，完整的守法含义还包括要正确地行使权利（力），不能越权或享有特权，尤其对政府而言。这里实际上涉及一个守法的主体以及守法的范围问题。

从守法的主体上看，我国与现代世界所有民主宪政国家一样，都在宪法和法律中规定或倡导了一切主体毫无例外地都要守法，即"法律之上无主体"，任何个人、机关、政党和团体都要接受法律的约束，不能超越法律而享有不遵守法律的特权。从守法的范围上看，守法就是要遵守整个宪法和法律，具体来说包括：宪法、法律、行政法规、地方性法规、民族自治地方自治条例和单行条例、特别行政区的法和国际条约等。

公民为什么要遵守法律，综观中外法学流派的观点，主要有如下认识：

首先，从法律的功能看，守法可以使每一个人的权利都得以保护。具体言之，法律的目的在于对公民权利全面、有效、合理的保护。公民权利既有民主权利，又有财产权利和人身权利。对这些权利的维护是每一个人生存于世的必要条件，每一个公民为了自己的利益而遵守法律，同时也尊重了他人的利益。

其次，从法律的道德基础看，守法还需要得到人们的内心认同。遵守法律的行为与守法者心中的道德是一致的，守法者愿意遵守他认为应该遵守的正义之法。

最后，从法律的实现机制看，守法还受外在强制力的影响。法律实证主义一再强调，法律是权力的体现和强者的命令，对法律的服从主要依靠强制力。法律的国家强制力预示着武力和惩罚，这的确可以成为人们服从于法律的一个重要理由，但对于一个有效的法律体系而言，强制力虽然不可或缺，但即使最残暴的政权也不是只靠刺刀下的武力来确保人们对法律的遵守。

当然，遵守法律还有心理导向、风俗习惯、文化传统等方面的原因，这些都是人们思考守法理由的重要因素。

第二章 法社会学的相关研究

学科意义上的法社会学在中外走过了百余年的旅程，历经曲折而又异彩纷呈。它真实地记载了法律本位的变化，并日益呈现出历史主义与经验主义的双向视野融合。本章主要分析法社会学的概况、中国法社会学的研究发展、法社会学的研究方法。

第一节 法社会学的概况分析

一、法社会学的研究概况

法律社会学这门学科，在国际社会有两个分支：一个是法学分支，另一个是社会学分支。二者有很大的不同，前者属于社会学法理学派，后者是社会学的应用学科。对它的定性不同，研究对象与研究范围都会出现较大的差异。法社会学是一门独立的新兴学科，有其独立的研究对象与研究方法。

（一）研究对象

之所以将这门学科称为法社会学，是因为它与社会学密不可分。当然，法律现象或法律事实才是法社会学的当然之寓。要确定法社会学的研究对象，需要解决的一个关键问题是，法律事实中"法律"的定位是大法律概念，即法律既包括正式法，也包括非正式法。所以，法社会学的基本定义是：它是以问题为导向，用科学的方法去研究某个特定社会中存在的所有法律现象或法律事实。

首先，在方法上，是运用社会科学的方法，也就是借用社会学的理论与方法形成的一套独特的研究范式去研究。但也不仅仅限于社会学的方法，还可以采用诸如心理学的实验方法、人类学的参与观察法及其他数学和自然科学的方法。只要是用科学的方法去研究法律现象,就都属于法社会学的范围。

其次,是以问题为导向,这也明显指出了法社会学学科的批判意涵。也就是说,法社会学重点研究某一特定社会中存在着问题的法律现象或法律事实。

最后,这种法律现象或法律事实必须是某一特定社会中实际存在的,而不是理论上假设的、想象的或未来的。

将法律系统视作一个自我指涉性的系统,它能够自我创生、自我发展、自我修正、自我满足。这里的法律系统与社会的其他子系统平行,法社会学要研究的是法律系统内部结构与内部知识以外的一切法律现象和事实,包括法律系统与整体社会及社会中其他子系统的相互关系,法律系统与其周边环境的互动情景,以及由法律系统生发出来的各类社会事实。法律系统与社会其他子系统之间的关系,可以从社会结构的变迁中看出来,随着社会的不断变迁,法律的各方面都受到周边社会环境的影响。由法律系统生发出来的社会事实则很多、很广,宏大的比如,法的功能、法的实现与法律效果等,法律规范的起源、存在形式及其实施效果,制定法与民俗习惯的关系,行动中的法与活法,法的社会基础,法与社会各部分如社会结构、社会变迁、现代化等关系,法律制度、法律文化、法律意识与法律角色研究,立法与司法的社会学观察,诉讼技巧与法律符号,等等;具体微观的比如,某部法律是否适应中国的实际情况,司法队伍和律师队伍的建设,纠纷解决机制,等等,都属于法律系统生发出来的社会事实。

人们在社会中、在生活中观察到的与法律有关的一切事实,只要值得思考和研究,并用科学的方法呈现,就可以说是法社会学的研究对象。比如,对法律规范的起源的研究,在社会学方面本无太多进展,要感谢人类学在这方面的贡献。法与社会的关系可以细化到许多方面,比如,法与社会结构的关系、法与社会变迁的关系、法与现代化的关系。法的社会基础也可以从物质基础、精神基础和社会生活基础等多方面进行讨论。我们将法社会学的研究对象限定为法律事实,它的外延则是开放的,随着法律的发展不断拓展。

总之,法社会学就是以问题为导向,用科学的方法去揭示、剖析与呈现法律系统对外辐射出来的全部法律现象或法律事实,是从法律系统外部对其进行研究，最重要的是要用自己独特的研究方法去研究整个法律系统输出的效果及其他现象。关键要有一套科学的研究方法体系，能够科学地描述、剖析、呈现种种法律现象及其与社会母体关系的整个动态过程。

（二）研究范围

法社会学的研究范围与其研究对象既有关联又有不同。它们的关联是，若不能确定研究对象的性质，研究范围也不可能确定。它们的区别则是，假如研究对象主要从法社会学的学科内涵上去定义，那么研究范围则主要从外延上去确定法社会学的研究边界。前者重视这门学科的质的规定性，而后者强调它与其他相近学科的边界与研究范围。所以，前者主要研究法社会学的基本特征，后者则尽可能去探讨法社会学的边界。

从既有的研究来看，法社会学的研究范围极其广泛，它既研究总体理论与宏观问题，又研究具体理论与具体问题。总体理论与宏观问题有：作为行动外在原则的法律，作为正义向往的法律，法律价值与社会实践，法律理性化的策略，法律的社会规模，法律与现代化、全球化的关系，法律的社会起源，法律与社会的基本关系，女性主义与法律权力，社会演变与法律的关系，作为社会组织、社会制度、社会文化、社会规范与准则的法律。

近年来，法社会学的研究则偏向更加量化的经验研究与定性研究的结合，宏观的定性研究也越来越多地借鉴社会学理论、社会理论和哲学研究的最新研究成果，向纵深推进。定量研究时，社会学的研究方法被广泛运用。当然，法社会学研究的深入也将推进社会学理论与社会理论的发展。总之，当前国际社会法社会学的研究范围更加广泛，从立足于法律视角去研究政治、经济、社会、文化等各种社会现象，到研究法与种种社会现象的关系等，上达宏观，下通微观，包罗万象。当这个社会需要规则去组织、去治理、去整合或控制时，它就需要法社会学。之所以称之为法社会学，因为它与社会密不可分，与社会学密不可分。当然，法社会学与法律现象或法律事实的联系更加紧密。自十八世纪的古典自然法到现在，从格劳秀斯、普芬道夫、斯宾诺莎，到洛克和卢梭，再到康德、黑格尔的德国传统，边沁、穆勒、斯宾塞的英国传统，直至近当代的庞德、弗里德曼、塞尔兹尼克、布莱克的美国传统，所有的法社会学的思想渊源与知识，还有法律的社会规模，法律与现代化、全球化的关系等，都是需要了解的。

具体问题涉及很广，新的法律问题层出不穷。比如，在案件审判过程中，媒体报道对司法的影响力究竟如何，公众声音的影响力又如何；又如，食药品安全问题、生态破坏与环境保护问题、各类金融诈骗问题，等等。对具体问题的研究无所不在，美国的法社会学研究之所以领先，正是因为他们在经济社会的发展过程中出现过大量的社会问题，研究范围非常广泛，他们的实证研究也有较长的历史。因此，面临这么多的社会问题，中国的法社会学研究也大有可为。

二、法社会学与邻近学科的异同分析

（一）法社会学与法理学

要比较法社会学与法理学的异同，首先要回到法理学与法社会学研究对象的区别上。法理学的研究对象基本统一于法的渊源与效力、法的内容与形式、法的性质与作用、法的一般原理、法的运行以及法律体系的构成与运行机制等，有关法律的一般问题的基本理论与学说。

由此可见，法社会学与法理学的区别集中体现于以下方面：

首先，二者的研究对象有明显差异。法社会学针对的是法律事实本身，是现实社会生活中既存的与法律相关的全部事实。而法理学关注的主要是法律体系本身，即法或法学的一般问题和共同问题，相对于事实而言，它是以概念与理论形态存在的知识体系，即使涉及现实中的法律制度与法律秩序等一些事实性状态，它的落脚点还是要回到法律理论的一般形式中来。

其次，法社会学是作为一门中矩理论的知识体系，而法理学是一门经世之学。法社会学与社会学法理学的区别在于：前者是理论科学，而后者则是应用科学，具体有两点：①法理学不仅应关注理论的应用问题，也应考虑理论本身的问题，而实际生活中法律秩序的问题、司法与行政过程的问题不应该是法理学关注的，属于实际的法律生活，是法社会学关注的范畴；②法理学仅关注由国家强制力形成的法律秩序，而不关注隐含于社会联合体、社会关系、群体中的事实上的法律秩序。以上观点明显呈现出法理学重法律体系本身、法社会学重事实过程的理论阐析倾向。这两点确实成为法理学与法社会学的重要区别。

最后，研究方法上的区别，这是法理学与法社会学的主要区别所在。法理学即使被称为法律科学，也终究是一门逻辑科学，采用的研究方法是逻辑方法。而法社会学是一门社会科学，采用的是典型的经验研究方法，二者在研究方法上存在着巨大的不同。因此，法社会学与法理学既存在着共同点，它们都是研究与法律相关的现象，甚至在具体的研究对象或研究内容上存在着重叠与交叉；也存在着巨大的不同。研究方法的根本差别，使得它们对同一法律现象的研究也呈现出巨大的差异，导致最终的研究内容、研究过程与研究结果很不一样。

（二）法社会学与法哲学

与法理学比较的原理相同，只有搞清楚法哲学的研究对象与性质，才能与法社会学作出科学的比较。法哲学主要研究法律的哲学基础与哲学问题，或者说从哲学的角度去探讨法律。历史上对法哲学是在总的哲学体系中讨论的，它们与哲学的一般问题、政治学关系紧密。到19世纪末期，法哲学才与普通哲学相分离，成为大法学体系中的一门新学科，但仍然以普通哲学为基础，只是已成为有自己独特的研究对象，即以法律伦理和法律价值为核心的一门独立学科。而关于法律的道德性、法律的正义观、正义是否等同于道德性、法律的伦理价值、法律与国家的关系等法哲学问题的大讨论，展示出了法哲学作为独立学科的研究对象的本体性与核心内容，也即法律的伦理价值观与哲学基础，在当代集中体现为法律的正义论。

法社会学对于法哲学的学科研究与发展有其独特的价值；法哲学对法社会学而言，也同样是不可或缺的，后者虽属于经验科学，但它仍须以哲学作为其出发点，对法律的产生条件与基础、作用方式、功能与效果、各种具体研究对象的界定与划分都具有基础性意义。从它们各自发展的渊源而言，法哲学源远流长，法社会学则是近代科学技术与学科发展的产物，法哲学可为法社会学的发展提供哲学基础与指导，而法社会学则可为法哲学的研究提供近代科学技术发展所带来的技术优势与推动作用，并为其提供经验依据。

但二者之间的区别也是显而易见的，具体如下：

首先，研究对象的区别。法社会学研究的是有关法律的经验事实，法哲学则探讨有关法律的哲学基础与伦理价值，诸如正义、公平、真理等。这种讨论自然属于法哲学的问题，只是属于法哲学范畴内的一个微观问题或子系统问题。因为，正义本来就是个价值内涵，无关乎外在的思维载体的规模与深浅，它始终是法哲学的核心。

其次，方法上的巨大差异。从对法哲学的历史渊源的梳理中可以发现，从古希腊开始，法哲学就启用逻辑学、修辞学、雄辩术的方法进行研究，尤其是认知理论、思维规则、心理学的发展，还引入了注释学、形而上学、精神分析学等方法，从而大大拓展了法哲学的研究范畴。法社会学主要运用经验方法，理解从观察中所获得的关于法律的经验事实。这种经验方法因为借助于近代自然科学与技术的巨大进步，比如，借助于数学、统计学、工程学、物理学、计算机等进行定量研究，或者借助于实验法、田野调查法、观察法、访谈法、描述法等进行定性研究，使得法社会学的研究方法从性质上属于社会科学的方法，而有别于法哲学的逻辑方法。虽然逻辑方法也被称为科学方法，但其属于逻辑科学。社会科学方法即使是定性方法和阐释学的方法，也有其特殊要求而有别于逻辑科学。社会科学的研究方法极其广泛，而且受自然科学技术和哲学的发展影响，还在无限绵延或新生。

最后，法律的道德价值和伦理价值是理念性、主观性的，有时空条件的局限，此时此地的正义不一定是彼时彼地的正义，而法律事实因为具有经验的客观性特征与真理基础的物理性特征，故不受时空的局限，具有相对永恒性，可以源源不断地提供真理与经验知识探索。当然，法律的哲学基础与道德价值作为一种感知、认知的思维方式或者说探求法律思维的先验性的理性结构来考虑，也有相对永恒的特点，比如，"无知之幕"[①]的假定，但它不是经验性的，没有客观的物理形态，无法提供真理与经验知识的探索渊源，至多提供一种相对稳定的思维框架而已。

总之，法哲学与法社会学虽有一定的联系，但都有自己独特的研究对象与研究方法、各自的社会起源与历史渊源，二者的区别是显而易见的。

---

① 无知之幕，外文名 veil of ignorance，出自《正义论》中的理论。无知之幕是指在人们商量给予一个社会或一个组织里的不同角色的成员的正当对待时，最理想的方式是把大家聚集到一个幕布下，约定好每一个人都不知道自己将会在走出这个幕布后将在社会/组织里处于什么样的角色。

（三）法社会学与法律人类学

根据现代人类学家的观点，人类学是一门关于人的学问，研究人的生理与生物特征、人性、人类的由来与文化、人类语言与适应性，等等。古希腊哲学家柏拉图等人早就有过关于人的辩论，只是在近代加入了文化的概念和自觉的田野调查等方法，使得人类学逐渐摆脱浓厚的哲学意味，而具有社会科学的特质。而法律人类学是人类学的一个分支学科，主要讨论与法律相关的人类学现象。法律人类学是以人类学的视角，研究"他者"文化中的法律现象，是传统法学和传统人类学在外延上的"扩张"和"互渗"，从而相互交叉或形成一个新的独立的人类学分支学科。它以田野调查和民族志的方式为主要研究方法，通过对不同文化的相互诠释与跨文化比较，探讨人类的法律制度在不同文明个体中的起源与地位、功能及其发展过程等，近来也被广泛地应用于对现代文明社会中"他者"的法律制度与法律秩序以及法律文化的研究，并对传统法学的理论概念与研究方法进行批判，试图建立全新的法学认识论体系。由此可见，它与法律社会学无论是在研究对象还是研究方法上都存在着一定的交叉与联系，但它们之间又存在着明显的区别。假如说，迄今为止，法律人类学的研究范围与研究方法的局限性仍较大，法律社会学则要宽阔得多。二者的区别主要体现在以下两个方面：

1. 研究对象与研究范围的差异

若是从大范围来说，二者的研究对象都属于法律事实或法律现象，似乎是同一的，尤其是研究当下事实与现象时。但从已有的研究成果来看，二者仍有着明显的差异。

（1）法律人类学主要研究过去的法律事实和现象，或者说是他者的事实与现象；而法社会学则研究当下既存的法律事实与现象，而且是自身所处其间的本土法律事实与现象。

（2）法律人类学研究的主要是与人学相关的法律现象；而法社会学则研究与社会相关的法律现象。当然，人类与社会有时难以区分与剥离，相互交织在一起，但作为研究对象时，二者侧重点不同。

（3）法律社会学以研究现代社会的法律事实为主，而法律人类学则主要关注无文字部落社会的法律现象。因此，法律社会学的研究在不断国际化，而法律人类学则侧重本土化的研究。法律社会学的研究范围极其广泛，无论是一般理论和具体理论研究，还是具体问题与现象研究，几乎涉及社会的方方面面。凡是社会中的各种要素，如社会环境、社会结构、社会条件甚至自然环境与政治制度、社会文化以及民族性、个人的行为对法律的影响等，都可以纳入法律社会学的研究范畴。而法律人类学的研究范围尚有很大局限，除了与人类自身的生物性特质、人性与心理特征、人类文化、人类语言与适应性特征相关的法律现象，其他部分则涉猎有限，而且多局限于一些部落区域的法律起源、原始习俗与规则等方面的研究。

2. 研究方法的差异

法律社会学在研究方法上几乎引入了社会学与社会科学的全部研究方法成果。而法律人类学则主要采用比较法、残存法、田野调查方法，主要是深度的参与观察法，是一种"他者"的研究方法，近来法律人类学更是发展出了一种民族志方法，关注法律背后的文化表达。这种方法不仅要从其他材料和文献中汲取养料，还要辅之以问卷、访谈甚至统计之类的社会学研究方法，因此，与法律社会学的研究方法表现出一种趋同性倾向，但法律人类学的"他者"的研究特征依然保留。法社会学虽与社会学密切相关，但它还是有所侧重，不似社会学强调样本分析、统计技术等传统的和问卷、访谈等现代的定量研究方法，反倒与人类学传统上的田野参与观察法等阐释性的研究方法比较接近。这主要缘于法律事实本身的特殊性。因为法律事实是一种构建性事实，掺杂着人类的意义构成性特征。因此，定量研究在法律社会学的研究中只能用于辅助性或部分主题的研究，大量的还是需要定性的或者说阐析性的研究方法。

总之，法律社会学与法律人类学在研究对象与研究方法方面都存在着关联与交叉，也有着各自的特殊性与区别。假如说法律社会学与法理学、法哲学的异同与社会学和法学的异同联结在一起，那么，法律社会学与法律人类学的异同则更多地与社会学与人类学的异同紧密相关。通过法律社会学与邻近学科的比较，我们可以进一步掌握法社会学独有的研究对象与方法的特殊性，更清楚它的边界所在。

第二节　中国法社会学的研究发展

"发端于19世纪末期西方学界的法社会学在中国找到了广袤的发展土壤。"[①] 中国法社会学的发展与中国近代的历史状况紧密相关。20世纪二三十年代，法社会学与其他新兴学科一样处于萌芽时期。中国学子纷纷开始前往西方公、私留学，这一批留学人士回国后将"德先生"和"赛先生"引进，一方面提倡民主制度，另一方面提倡科学思想。在学术方面，主要以翻译西方的经典著作为主，他们翻译了一大批国外的经典著作，到20世纪30年代后期，这一进程中止。中华人民共和国成立初期，由于经历了一系列运动，直至20世纪80年代，法社会学开始恢复。首先是北京大学和中国人民大学承担了一批重要研究项目，召开了一些有影响力的国际会议，中国政法大学率先开始法社会学招生。20世纪90年代，一些高校正式恢复法社会学的教学科研。以下重点阐述20世纪法社会学在中国的建设与发展状况，主要分两个时期。

一、译介引入阶段

20世纪20年代至30年代，法社会学以介绍和翻译西方论著为主，开始引进与传播法社会学的理念与思想。例如，严复翻译了孟德斯鸠的《法意》、斯宾塞的《群学肄言》，被认为是引进西方法社会学的第一人。此外，马君武翻译的斯宾塞的《社会学原理》、赵兰生翻译的《斯宾塞干涉论》对法社会学思想在中国的传播发挥了引领式的作用。1922年2月，李忻撰写的《法社会学派》一文刊登在《政法学报》上，1925年，他的著作《法社会学派》由北京朝阳大学出版社出版，他因此成为中国最早提出"法社会学"概念的学者。1931年出版的张知本的《社会法律学》被喻为近代中国法律学人写的第一部法社会学专著，更被认为是我国法社会学理论的第一次系统化和集大成者，在我国法社会学发展史上占有重要地位。而一些杂志对法社会学名著的发表也起到了推波助澜的重要作用，如，以杨廷栋、雷奋为代表的留日学

[①] 宋维志.新中国法社会学研究70年[J].天府新论，2020（4）：98.

生创办于 1900 年的《译书汇编》杂志,最早刊载了孟德斯鸠的《万法精理》、卢梭的《民约论》、耶林的《权利竞争论》等名著,为法社会学观念在中国的输入铺设了第一个平台,对法社会学在中国的传播起到了积极的推动作用。

20 世纪 30 年代以后,中国法社会学开始进入发展期,除了系统介绍西方法社会学的文章与专著,对中国本土的法律现象的研究论文也开始出现。例如,彭汝龙的《法律本位论》一文对埃利希的思想进行了解读;张志让对法社会学兴起及在法律学说中引起的批评与反响作了概述;丘汉平通过诸多文章大力宣扬庞德、孔德、霍姆斯的思想;萧邦承的《社会法律学派之形成及其发展》一文,是当时最为全面系统地介绍西方法社会学原理的文章。另有学者对美国社会法学发展史进行了概要式梳理。同时,中国学者自己写的法社会学论著纷纷涌现,开始关注中国法律现实。其中,从不同角度讨论中国的法律制度和立法、司法实践,较早关注成文法与习惯法的关系问题的文章与著作,体现了我国法社会学的觉醒。除此之外,郑保华的《法律社会化论》和张渊若的《现代宪法的社会化》开始自觉地从理论上讨论法律与社会的关系问题。

从院系设置来看,其中影响最大的是北京朝阳大学和上海东吴大学的法律学院。朝阳大学 1923 年创办了《法律评论》,朝阳大学部分教授的私人著作也由学校以大学丛书的方式出版;东吴大学法律学院则于 1922 年创办了《法学季刊》,于 1931 年创办了《法学杂志》,其中发表的大量文章都体现出对法社会学理论观念的大力弘扬。

二、恢复与重建阶段

恢复与重建时期,法社会学发展走过了两个阶段:20 世纪 80 年代的恢复阶段和 20 世纪 90 年代经验研究的蓬勃发展阶段。

20 世纪 80 年代初,我国有学者提出法社会学的建设问题。1981 年,法社会学的教学和研究被重新提上议事日程,并逐步展开讨论和研究。国家对法社会学专项课题的支持、专门的国际与国内会议的召开和论文集的出版、法社会学名著系列翻译作品的出版,为法社会学在中国的恢复和发展夯下了扎实的基础并提供了良好的平台。

20 世纪 90 年代前后,大量西方法社会学名著被翻译,最具代表性的是华夏出版社 1989 年出版的法社会学丛书与中国政法大学出版社 1994 年出版的一批美国及日本法社会学的经典译著。此时，实证调查之风盛行，基于调查与实证研究，形成了一批具有代表性的研究成果，既包括用法社会学方法对社会问题进行的研究，也包括部门法学向法社会学研究靠近的尝试，从专著到论文集再到教材，数量庞大，而有关法社会学的刊物也相继成立。此外，香港社会科学出版社发行的《中国社会科学季刊》《中国书评》也刊载了大量法社会学的成果。总体来看，专门的法社会学杂志较少，法社会学的论文通常发表在法学杂志或者综合性的社会科学杂志中。

从院系设置来看，许多高校设立了法社会学研究机构，有的从属于法学院，有的则从属于社会学院。从我国学科建设与专业方向的研究生培养来看，具有法学与社会学背景的专业导师并不是很多，能与国际社会对话的著作与教材也极少。但总体上，中国的法社会学仍处于创建与发展阶段，作为一门全新的学科，尚待全面开发与拓展。

第三节　法社会学的研究方法

哲学方法论就是哲学上的根本对立，影响最大的当属主观还是客观，唯心还是唯物。当今国际社会在哲学层面存在根本分歧的两大法社会学方法论之争：一是以布莱克为代表的彻底的、纯粹得像自然科学一样的法社会学方法；二是以塞尔兹尼克、诺内特为代表的伯克利学派的理论纲领，他们认为法社会学研究不能撇开价值判断，应坚持传统的研究方法。

将法律事实的研究做得符合科学的要求，把所有的法律事实从含有价值判断的东西中有效地剥离出去，然后将这部分做得像自然科学一样可以证伪，如此，法社会学的研究方法就能够很好地呈现所要研究的问题，达到研究目的，随着人类自然科学的发展，不是没有可能做到的。其实，20 世纪六七十年代以后，有许多人文社科的大家都在做这样的努力，但还是无法完全剥离价值判断，因为社会科学不像自然科学那样历史悠久，有成熟的体系和基础。另外，不像自然科学面对的是自然物，社会科学研究面对的对象是借助符号构建的事实，需要借助于符号和认知。人们到底能不能找到一个科学的东西，建立社会科学特有的、像自然科学一样稳定的认知模式，这还有待科学技术的发展和研究的不断拓宽与深入。

一、传统的三大研究范式

"范式"这个概念其实包括了部门方法论与研究方法，更多地定位在部门方法论层次，或者说介于二者之间。法社会学的三种传统研究方法，具体如下：

（一）历史主义

历史主义方法强调挖掘能观察到的法律现象，如法律意识、法律制度、法律规范等的历史根源。此外，历史主义方法还考察社会变迁与法律变迁的关系。本来没有的商业、经济方面的法律，因为现实的需要便产生了。历史主义方法很宏大，这种方法有一个理论前提：法律是嵌入社会母体之中的，社会变化一定会促使法律变化，而法律变化一定会带动社会变迁。法律事实是社会事实的重要组成部分，其内容和对社会秩序的意义也在不断变化，这是历史主义的理论前提。

历史主义方法的目的，主要如下：

第一，通过考察法的社会史，发现时代错误，一旦这些错误被揭示出来，一些现存规则的权威性，特别是其背后的理由，就会削弱或消失。即通过研究社会的历史发展脉络来考察法律的演进，去发现法律的本质，去评判现行法的制定是否偏离了这种本质。法的出现总是与一定的民族民情、地理气候、民族的生活与生产方式、民俗习惯等因素相关，那么，我们从历史主义的角度去理解、研究法社会史，就要将法置入社会母体之中，去研究某个特定民族和国家的历史，要根据社会历史的变化不断调整法律及其相应制度，没有可以一以贯之、一直普适的法与制度。

观察法的社会史就会从某个侧面发现时代的一些问题，揭露时代的错误。如果发现了错误那么现行规则的权威性就会消失。法学的研究者比较侧重于法学自身的演变，社会学的研者则更多地从社会现实的角度去考察。历史主义方法的含义主要是：法律现象是嵌在社会母体之中的，但是法律规则通过不断抽象，已成为一个自治的、完整独立的系统，它与社会之间不时会产生一种落差。当用历史主义去挖掘法律背后的根源时，就会去考察社会历史与现实。因为每部法律与法律制度都是在特定时空之下的法律与制度，将特定的时代与法律相结合并用历史主义的眼光去揭示，就会发现已抽象出的规则与社会是契合的还是脱节的，是落后于社会的还是优先于社会的，由此能够发现并揭示出规则的时代错误。规则的权威性这点比较重要，规则一旦成为法律就会被赋予一种权威，但是一旦错误被揭示出来，这种权威背后的理由就会削弱、消失，这便是历史主义方法的优势所在。如果很多法律及其制度的合法性或根基受到动摇的话，法律的权威就会受到质疑，就需要重新调整。

第二，历史主义的目的是通过对法律进化模式的分析，确认法律主流，尤其是反映社会变迁的潮流，挖掘社会变迁的各种动因，为法律革新提供历史依据和社会现实条件。认清"社会"，搞清某个特定社会的状况，是研究法社会学的前提。否则制定出的法律就不可能适应社会，会很快被淘汰；如果洞穿了这个社会，深切地了解特定社会的状况、结构、现实需求等，制定出的法律就会从根本上促进整个国家与社会的发展和崛起。对于这一点，历史主义的方法能够帮助发现社会的发展和改革方向。

（二）工具主义

最早的古典自然法与社会生活并不挂钩，这种法律是不可更改的，人只能去适应，但慢慢社会生活受到关注，直到中世纪，自然法才与人的社会生活挂钩。法律划分为数个等级与类型，其中，实在法或实定法与社会生活紧密相关。

工具论使得法与社会生活相关成为必然。工具主义的法律出现在近代的历史罗盘中，人们开始强调人的能动性，即人类可以创制法律、改变法律，认为法律可以作为社会治理和社会控制的工具，是可以被人类拿来使用的。工具主义认为法律是工具，有什么样的现实需求才有什么样的法律，如果现实不需要，法律就是无用的。社会利益和需要是法律产生、发展的唯一根源，这是工具主义的主要内涵。

工具主义的重要意义在于引起人们关注科学知识在法律中的作用，鼓励把科学知识，包括社会科学知识与自然科学知识吸收到法律之中。现代社会，科学技术的发展正在以不可想象、不可预测的方式向未来推进，科学技术的发展促使法律不断地去吸收自然科学、社会科学的知识。因为，如果不将这些知识吸收到法律中来，法律将无法规制现代与未来社会。工具主义为此提供了很好的依据。

（三）反形式主义或多元主义

反形式主义或多元主义研究范式的自觉运用始自20世纪下半期到21世纪初，再远一点从埃利希开始。反形式主义是指法律绝不仅仅指正式法，正式法只是法律的一部分，甚至可能只是一小部分，大部分是不具备形式的规则。法律不仅指没有外在形式也能对人的行为起制约作用的这类自然法，还指实实在在、在社会中存在的那些规制着人们行为与社会关系的规则，这些规则没有被制定成书面的法律，甚至有时连形式都没有，只是口口相传，却存在于人们的实际生活中，即埃利希所指的"活法"，也就是我们多次提到的民俗习惯、民间法，或者叫非正式法。因此，反形式主义或多元主义认为法律绝不仅仅指国家法这一种。

法是一种社会规范，但不是唯一的社会规范，行业协会、公司的章程和乡规民约都是社会规范，甚至很多法律行动本身也是法，是法律秩序意义上的法。所以，如何定位法律在法社会学中很重要。现代社会所指的法律是大法律，既包括国家法，也包括民族习惯、活法等，这已成为国际社会的共识。然而，历史上关于"法律"这个词的争议非常激烈。因为，反形式主义或多元主义是19世纪末才出现的，此前的几百年法学界都认为法律等同于国家法、正式法。文明比较发达的国家依靠正式法律维护着社会秩序和治理着国家。但那些没有正式法或国家法的国家，它们的社会也是井井有条的。

通过大量的研究，人类学家们发现这些国家存在大量的非正式法，在调整它们的社会秩序，维护社会关系，保护社会利益与维持社会运转。法律绝不仅仅指正式法，更不仅仅是纸面上的法，它包括实际上调整着人与人之间关系、行为的全部规范，也包括人们的法律行动与法律实践。所以，反形式主义的研究范式强调除了研究正式法，更重要的是要去研究社会生活中的活法、行动中的法，这也是多元主义的要旨。

二、当代法社会学研究的部门方法论

通过梳理近百年来法社会学领域的研究成果所使用的方法论与研究方法，将其归结为一套法社会学研究的部门方法论体系，具体部门方法论如下：

（一）功能主义

普遍意义上讲的结构与功能最早是从数学上来的，"功能"在不同的学科中有不同的用法。"功能"一词引入建筑学后，得到了很大的发展，如欧洲的建筑结构有巴洛克式、哥特式、洛可可式、古罗马式和古希腊式等各种风格，每种建筑风格都有相对应的功能。"功能"一词从建筑学引入生物学后，功能的概念也有了很大的发展。人体中的每一个器官、内脏都会对应某种功能，如眼睛可以用来看、鼻子可以用来闻、耳朵能够用来听、嘴巴用来吃饭和说话等。后来有人把功能的概念引用到了系统科学里，在系统科学里，结构与功能是一对基本范畴。结构是系统内部各要素相互联系和相互作用的方式或程序，功能则是系统与外部环境的相互联系和相互作用的程序和能力。所以结构和功能是一对相对应的范畴。

功能主义是社会科学研究中的一个理论方法，主要强调社会制度和现象的功能以及它们在维持社会稳定和秩序方面的作用。在法社会学领域，功能主义方法被应用于分析法律制度和法律在社会中的角色。以下为在法社会学领域中功能主义方法的应用和几位重要学者的观点：

帕森斯在社会功能主义理论中提出，社会制度和结构都有特定的功能，而法律在维持社会秩序和社会稳定方面发挥着重要作用。他的理论比较抽象，尤其在法律方面的理论较为晦涩。卢曼进一步发展了社会功能主义，特别是在法律领域。他将法律视为社会系统中的一个子系统，强调法律的封闭性和开放性。他认为法律规范系统是相对封闭的，但它需要保持对外开放，吸收来自社会的其他知识。卢曼的观点更加具体，他通过研究法律的稳定性和变化性，深入探讨了法律在社会中的功能。托依布纳是卢曼的学生，继承并发展了卢曼的理论。他强调法律的自我创生、自我复制和自我完善，将法律视为一个可以自我发展的系统。然而，他认为可操作、指标化的内容在这一理论中较少。

庞德强调法律的控制功能，即法律在社会中的作用是通过控制来维持社会秩序和实现社会利益。他的理论广泛涉及不同法律功能方面，尤其是法律在社会控制方面的作用。斯通是庞德的学生，他发展了庞德的思想，提出了"正义飞地"的概念。他认为正义应该具有不受时空限制的特性，类似于国际法中的"飞地"概念。他探讨了法律的正义性，认为法律应当具有普适性的功能与功能体系，能够维护不同时间和地点下的正义。

其他法社会学家也在功能主义框架内探讨了法律的功能，如，默顿将法律功能分为显性功能和潜在功能，还有学者将法律功能分为直接功能和间接功能。这些学者运用功能主义的方法来分析法律功能的不同方面。

综合来看，在法社会学领域，功能主义方法被用来分析法律的作用和功能，特别是在维持社会秩序、实现社会利益和社会控制方面的功能。不同学者在功能主义方法的基础上，从不同的角度和维度来研究法律的功能和作用。这种方法有助于理解法律在社会中的角色，以及法律如何影响社会的稳定和发展。

（二）结构主义

结构主义是社会科学中的一种重要理论和方法，对法社会学领域产生了深远的影响，它强调关注社会现象中的结构、差异、对立以及它们之间的关系，以及这些结构在社会中的作用和影响。

结构主义在 20 世纪法国的一百年间产生了深远的影响，不仅影响了法社会学领域，还涵盖了人文社会科学的各个领域，包括人类学、文学、艺术、音乐等。这一方法产生了许多杰出的学者，如，斯特劳斯、福柯、马克思、拉康、罗兰巴特和弗洛伊德等。结构主义的思想也在自然科学领域，如，爱因斯坦的相对论中产生了影响。

结构主义强调差异与对立之间的统一，以及关系性与可变性的思考。这表明事物的差异和对立虽然存在，但它们之间有相互联系，形成了一种结构。比如，左手和右手、白天和黑夜之间存在对立，但它们统一于一个更大的结构中。

结构主义关注事物内部的差异和对立，同时强调它们之间的关系。这种关系会导致结构的形成。通过不同的事物之间的关系，一个更大的结构被建立起来。例如，人体结构将左手和右手统一在一起，天体运动结构将白天和黑夜统一在一起。

在法社会学领域，结构主义方法被广泛应用。它可以用来研究法律领域中的微观和宏观现象。微观结构主义方法可以用来分析法庭、法官、律师等单个角色在特定场景中的结构关系。而宏观结构主义方法可以应用于更广泛的社会问题，如，女性主义、种族歧视以及法庭上的司法公正等。

早期的结构主义研究者如，斯特劳斯、马林诺夫斯基等，研究了人类生活中的结构关系。现代的研究者如，弗洛伊德、索绪尔、詹姆斯、米德、舒茨等，也运用结构主义方法研究微观法律现象。布迪厄提出的"惯习""场域"等概念被用来研究特定环境下的关系。

总之，结构主义方法在法社会学中扮演着重要的角色，帮助研究者理解法律与社会现象之间的关系、差异和对立，以及这些关系是如何构建出整体的结构的。无论是微观还是宏观层面，结构主义的方法都为深入分析法律与社会之间的互动提供了有益的工具。

（三）解构主义

解构主义是一种在法社会学领域广泛应用的方法，它与结构主义形成了对应。解构主义强调关注非随机性的偶然性和自组织的秩序生成，强调非理性因素和偶发性元素在产生新结构和秩序时的作用。

解构主义与结构主义是一对相关的方法。而结构主义强调关注结构、差异和统一，解构主义则侧重关注偶然性和自生成秩序，并通过研究这些因素如何破坏原有结构并生成新结构来进行分析。

解构主义方法强调非理性因素，关注那些在系统中表现为偶发性的元素。这些因素在自生成秩序中扮演重要角色，可能导致结构的变化和演化。

解构主义的核心思想在于解构现有结构，通过观察和分析偶然性元素如何影响原有结构，并可能引发新的平衡或和谐。这可以类比玉兰树的例子，将具有不同花色的枝干嫁接在原主干上，产生了新的树结构。

解构主义强调关注事实或现象发展中的断裂和非持续性。它关注那些在一定时刻产生的突变，如福柯通过体验极致去挖掘偶然性，以及他的兴趣在于抓住昙花一现的事物，观察其在自生成秩序和对原有连续性或结构的影响。

解构主义方法具有批判和反思的性质。它强调对现有结构的批判性分析，关注其中的断裂、变化和可能的后果。梅洛·庞蒂、德里达等学者的研究方法也属于这种范式，强调对现象中的隐含问题和复杂关系的挖掘和揭示。

总之，解构主义方法在法社会学领域中是一种重要的批判性分析工具，强调偶然性、断裂和自生成秩序在影响和重塑结构中的作用。通过对这些非持续性因素的观察和研究，研究者可以更深入地理解法律和社会之间的关系，以及在变化中如何维持平衡和和谐。

（四）行为主义

行为主义方法是从政治学中移植过来的，这种方法论将法社会学的任务等同于研究法律行为。故这是一种极端的实证主义，它把法社会学的研究仅限于观察、测定、分析实际的法律行为，拒绝解释为什么如此行为。它主张的科学精神包括：①科学的功能在于了解并解释世界而不改造世界；②只描述现象，不问本质；③只整理经验，无法进入非经验的认识领域；④经验世界无涉价值。与这种科学精神主张相联系，行为主义者建立起与价值无涉的"纯粹法社会学"。这种方法论由于它先天具有的缺陷而遭到各方的猛烈抨击，但它的方法论意义还是不容否认的。

（五）现象学

现象学使用范围广泛，但学习与运用都相对较难。因为，现象学是近一百年才出现的，它旨在调和哲学上客观与主观的对立问题，强调主观对客观的体验，客观世界来自个体自我的领会，是主观体验的结果。现象学认为社会科学的研究与自然科学有很大的不同，它研究的是由意义构成的社会现象，而意义是行动者在社会交往过程中建立和重构的。人是根据意义来观察、解释和理解世界的。因此，现象学开创了哲学领域革命性的变化，强调个人主观体验和感觉，对社会科学的影响巨大。把现象学引入法社会学研究，就是考虑社会秩序怎样是可能的，是什么决定和构成了各种情境中的共同感，理解构成这些情境之要素的"当然规则"，由此把社会秩序的一般问题与个人的动机和见解相连。

法社会学上的现象学强调"活法"与"行动中的法"的重要性，重视各种主客观因素对法官行为的影响作用,认为纸上的规则不是法律制度的核心,法主要存在于人们的态度、感觉的照应和交换之中,存在于社会互动之中。它主要用于各种具体情景下法律主体互动过程中意义建构的探寻,而纸上的法会在行动过程中产生异变,现象学可以帮助揭示这种异变,从而为公正司法提供科学依据。法社会学还特别强调身体论意义上的现象学,着眼于在身心交错中的行动结构。所谓身体,就是指主体,包括主我和客我,身心在具体场景下,产生互动,有临时场景下的,也有结构性支撑下的,主体与客观世界这两者"身心交错"。比如,在现代电影中,能看到人去世之后灵魂跳出身体的场景,这就如同处理自我与客我的关系,能够将自我分离出来,变成一个客我,并理性、客观地去审视主我,这是社会学理论发展的一个成就。

此外,现象学还强调法律人类学在理解法律现象方面的重要性,即法不应被看作一种主观现象或客观现象,也不应被视作初级社会所独有的"流动因素"或发达社会的正式结构,法与人类存在的最基本结构——人类之需要密切相关。根据马斯洛的需求层次理论,人类需求像阶梯一样从低到高分为五个层次,分别是生理需求、安全需求、社交需求、尊重需求和自我实现需求。因此,需要法律保障人类的衣食住行,财产所有权、生命健康权等神圣不可侵犯,保障满足人类最基本的需求结构。因为,法律规定是死的,只有在真实的实施过程中才能赋予其意义。法律人类学也揭示了现象学在法律社会学中的重要作用。伴随着法社会学研究的深入,现象学会越来越广泛地得到运用,它成了一种正在不断得到挖掘的研究范式。

(六)系统论

系统论是20世纪70年代初才被应用于法律分析的一种方法论,是一种以观察和预测现象的方式,即以宏观和动态的方式观察与描述法,对法律的"投入"与"产出"进行评价,预测法的社会效果的方式。系统论引入法社会学的研究,为法律与复杂社会的关系研究开辟出一个新的天地,提供了一般意义上的纲领、基本框架与研究范式,也为法律系统在复杂社会中的适应与功能研究提供了一个典范。它为法律自治或自律的提出提供了一种很有力的理论假设和佐证,并被用于法律与社会之间关系的经验研究。

当今在评估法律实施的效果与功能时,人们会大量借助这些范畴和术语来进行。例如，一部法律制定后，先试行一段时间，收集适用后的效果与社会反响，并作出优劣评估，再决定是否需修改或正式生效施行。在评估时会借助上述概念，将法律内容进行指标化操作，这种方法在法的运行、法与社会问题的研究方面得到广泛的应用，国际社会有很多这方面的经验与例子。复杂系统是系统理论中分离出来的一部分内容，它的原理与方法与系统论一样，只是操作起来难度更大，需要做各种剥离。

（七）冲突论

冲突论是与功能主义相对应的一种方法论。功能主义以社会的均衡稳定和价值观的一致为前提，认为稳定、均衡是社会的常态。而冲突论则持否定态度。它认为稳定和一致是不切实际的假设，而冲突才是必然的社会现象。社会是一个充满冲突与变迁的过程，社会统治是统治精英与非统治精英之间的循环。社会总是处于冲突和变迁状态，一旦达到新的平衡，又会开始新的一轮冲突，冲突是常态，这是所有冲突论者的共识。所以，社会需要法律。法律具有"安全阀"作用，可以解决冲突，惩罚犯罪，宣泄社会情绪，维护社会的秩序和相对稳定。冲突论方法可以用来研究社会中的各种法律现象。法律是可用来解决和预防冲突与争端的手段，它具有明确表达正义观的要求，具有抑制那些行为与这种要求不符的人的作用。

法社会学的目标就是测定法律（概念、制度与程序）在防止、减少、解决冲突中如何发挥作用，法律机构如何出现或创制，以及法律机构与非法律机构的关系如何及怎样使它们更有效等。这种方法也常被用于研究各种争端的解决、各集团或群体间冲突的解决等。

（八）进化论

进化论也是近代社会学理论中的一大理论。进化论和历史主义的研究范式有重叠和交叉之处。历史主义是沿着历史脉络去梳理、去寻找法律发展的一些社会动因和历史条件，然后去寻找潜在的影响法律的社会因素和文化因素。所以，这两种方法有的地方是交叉的。单纯从进化论来看，它主要把法律系统当作一个封闭的系统，然后在法律系统进化的进程中，去寻找哪些因素影响了法律系统的进化，比如，政治、经济、社会、文化因素等。之所以这样考虑，是因为，进化论的理论前提就是法律孤立于社会的，不是社会的一个组成部分。但是在法律系统进化的时候，势必会受到社会组成部分或者说子系统的影响，这就会促使我们去寻找影响法律进化过程的各类特别因素。

从法律的进化进程可以看出社会的演变状态，这样的研究方法就是进化论的方法。由此，可以从中发现些东西，为法律制度改革，或者为新的立法、法律的修改提供相应依据。这种研究方法的价值与意义也因此得以呈现。

（九）符号互动论

符号互动论简称互动论，作为近代社会学中的一大理论，它开创了科学研究微观层次的社会现象的先河。

关于符号，通常人们第一反应可能是语言文字，这是肯定的，语言文字是现代社会一种经典的符号。行为举止也是一种符号，又称肢体语言。因为，在一个互动的具体场景当中，行为举止也是传递意义的重要载体。当然，符号本身有很多种，如文字、话语、物、行为举止、仪式。这五种符号，即文字符号、话语符号、物的符号、行为举止符号、仪式符号，在司法中具有意义。

符号表达的象征类型有两种：①由文字或物质符号来表达的象征；②由话语、行动或仪式来表达的象征。现代法庭中，使用的各种语言文字符号的意义越来越重要。通过这些符号所赋予的意义去研究微观层次的法律现象，也越来越普遍。我们可以据此对很多特定的场景进行分析，比如，法庭、犯罪或事故发生的现场、民间纠纷的调解现场等。

第三章 法与社会的关系辨析

法与社会之间的关系是一个复杂而深刻的主题，涉及法律对社会的影响以及社会对法律的塑造。本章重点研究法与社会结构、法与社会变迁，以及法与现代化。

第一节 法与社会结构

一、社会结构的解读

结构是与功能相对应的一个基本范畴，结构最早出现在数学上，十五六世纪被引入建筑学和生物学，比如，不同的建筑结构承担着不同的功能。现代社会把结构与功能概念引入系统科学，结构是系统内部各要素相互联系和相互作用的方式或程序，例如，水和过氧化氢的化学方程式，仅仅是内部每个要素之间相互联系的程式变换一下，元素成分没有改变，都是氢和氧，但已变成另一种物质了。当然，多了一个氧元素，分子结构改变了，两个基本元素之间的作用程式就改变了。以上各个要素间内部的各种联系的方式或程式就是结构，不同的结构对应不同的功能。功能则是系统与外部环境的相互联系和相互作用的程序和能力。所以，结构和功能是一对相对应的范畴。

社会结构概念是将结构概念引入社会学理论研究后形成的结果。社会结构的理解有以下三种思路：

第一，建构主义的途径，认为结构是人类有意或无意创造出来的，是人类行动的结果，也是构成性行动要素的总和，还影响并约束着人类主体的行动。这种途径将社会结构视作社会关系的一个性质。

第二，将社会结构视作一种方法论范畴，指研究者从各种具体的社会情境中，关注共同的、反复出现的面相，即同源或同构现象，抽象出某一关系的一般性或规范性形式，并且，这种形式相对持久，不易改变。这种思路将社会结构作为一种分析范畴，能够把握社会生活的模式化特征。

第三，受欧陆传统影响的实在论思路，认为结构是潜藏于外在表象之下的决定性因素，而社会结构作为一套真实而潜在的关系，决定着社会生活的表现。这一隐秘的实在就是社会结构，社会学家的任务就是根据这种社会结构的内在逻辑，揭示它的本质及其形式，厘清行动与结构之间的关联，从而使行动成为明白无误的结构的产物。这种思路也被称为硬结构主义立场。

总的来说，社会结构是指一个社会系统中不同组成部分之间的组织、关系和排列方式，以及这些部分在整个社会中的相互依赖和互动关系。社会结构是社会科学中重要的概念之一，有助于理解社会中的组织、层级、角色、权力分配以及人际关系等方面的复杂性。

社会结构的要素包括，社会机构、社会角色、社会地位、社会规范等。

社会机构：社会机构是社会结构的基本组成部分，是一种固定的组织形式，通过其可以实现特定的功能和目标。常见的社会机构包括家庭、教育系统、政府、经济机构等。这些机构在社会中扮演着不同的角色，协调人们的活动，维持社会秩序和稳定。

社会角色：社会角色是在特定社会机构中被赋予的一种行为期望。人们根据不同的社会角色来执行特定的任务和责任，这有助于确保社会机构的正常运作。例如，家庭中的父母、子女，工作场所中的雇主、员工等都是不同的社会角色。

社会地位：社会地位是人们在社会中所处的相对位置，反映了个体在社会结构中的地位和地位的不同。社会地位可以基于多种因素来确定，如，经济地位、教育水平、职业、族群等。社会地位的不同往往决定了个体在社会中的权力、资源和机会。

社会规范：社会规范是社会结构中的一种规则和期望，指导人们在不同的情境下如何行为。社会规范包括道德、价值观、行为准则等，有助于维持社会秩序和稳定。通过社会规范，人们可以预期其他人的行为，从而更好地适应社会环境。

社会结构的研究有助于我们理解社会中不同群体的相互关系和互动，以及社会变革和演变的原因和影响。不同社会结构可以影响人们的行为、态度和价值观，同时也塑造了社会的文化、制度和组织方式。通过研究社会结构，我们可以更好地把握社会的本质和运行机制，为社会问题的解决和发展提供更准确的指导。

二、法与社会结构的相互关系

法律作为一种社会规范和制度体系，与社会结构之间存在着密切的相互关系。法律在很大程度上塑造和影响着社会的结构，同时社会的结构也反过来影响着法律的形成、实施和变革，这种相互作用深刻地影响着社会的运行和发展。

（一）法律对社会结构的影响

法律作为社会秩序和规范的重要组成部分，在影响社会结构方面发挥着重要的作用。

1. 规范社会行为

法律通过规定行为规范，对社会成员的行为产生直接影响。法律明确了个体和团体在社会中的权利、义务和责任，从而为社会行为设定了明确的边界。例如，刑法规定了犯罪行为并规定了相应的刑罚，民法规定了财产和合同关系等。这些法律规范约束了人们的行为，有助于维护社会秩序和稳定。通过明确禁止某些行为或设定特定条件，法律确保了人们在社会中的互动是有序和可预测的，从而为社会结构的稳定性提供了基础。

2. 创造社会角色

法律定义了不同社会角色的权力和职责，从而创造了社会中的各种关系和组织。家庭法、劳动法、商法等都为不同的社会角色制定了明确的法律框架。例如，家庭法规定了家庭成员之间的权利和义务，劳动法规定了雇主和雇员之间的权益。这些法律规定了社会中不同角色之间的权力关系、责任分配和合作模式，从而直接塑造了社会的组织结构。法律的制定和执行使得社会角色之间的关系更加有序和可控，有助于维护社会的稳定和平衡。

3. 促进社会变革

法律还可以促进社会的变革和进步。通过立法和司法判决，社会可以逐步消除不平等、歧视和不公正现象，推动社会结构的演变。法律可以通过设定新的规则和标准，推动社会对于价值观和态度的转变，从而影响社会结构的演变方向。

（二）社会结构对法律的影响

1. 反映社会价值观

法律往往反映着社会的价值观和文化传统。社会结构中的权力分配、阶层关系等因素会直接影响法律的制定和解释。社会价值观在很大程度上决定了人们对公平、正义和道德的看法，而这些观念在法律中得到体现。例如，在一个以平等和个人权利为核心价值的社会中，相关的法律可能更加强调人权保障和平等待遇。反之，在一个强调社会秩序和集体利益的社会中，法律可能更多地注重维护社会的整体稳定和利益。

2. 制定和执行法律

社会结构决定了法律的制定和执行机制。不同社会结构下的法律制度有着显著的差异。在民主社会中，法律的制定通常需要经过公众讨论和代表性决策，以确保各个社会群体的利益得到充分考虑。而在专制社会中，法律的制定可能更多地受到少数人或特定群体的意志左右。此外，社会的政治、经济结构也会影响法律的制定过程和执行方式。例如，在市场经济体系中，法律可能更加强调财产权和契约自由的保护，以促进经济的健康发展。

3. 法律的适用和效力

社会结构的不同也会影响法律的适用和效力。不同社会结构中的人群可能因其地位、权力和资源分配不同，对法律的适用和效力产生影响。社会结构的不平等可能导致法律在实际执行中存在歧视和不公。例如，当社会中存在明显的阶层分化时，法律可能会更加倾向于维护上层阶级的利益，而对于底层群体的权益保障则可能不足。这种情况可能导致法律的失效，甚至引发社会的不稳定和冲突。

三、法与社会结构的相互作用与演变

法律与社会结构之间的相互作用和演变是一个广泛而深刻的主题，涵盖了社会科学、法学和人类文明的多个方面。这种相互作用的本质在于法律和社会结构之间的相互影响与共同塑造，它们密切交织，共同构成了一个社会的基本运行框架。以下将详细探讨这种相互作用的动态性和复杂性，以及它们如何在现代社会中演变。

社会的变化和发展对法律的适应性提出了巨大的挑战。社会结构的变迁，如，经济、科技、文化等方面的变革，可能引发新的社会问题和需求，这要求法律必须不断修订和更新，以确保其与社会的契合度。例如，在科技进步的背景下，互联网、人工智能和隐私保护等领域出现了全新的法律问题，需要法律体系进行创新性调整。此外，社会价值观的变化也在一定程度上引导法律的演变，如，同性婚姻合法化和环境保护法律的加强等，都反映了社会对于道德和伦理的观念的变迁。

现代社会的全球化趋势以及跨国公司、国际法律等因素的影响，进一步加深了法律与社会结构之间的复杂性。国际法律体系不仅影响国家内部的法律制定，还塑造了国家之间的关系和国际秩序。跨国公司的活动跨足多个国家，需要在不同法律体系中运营，这就涉及法律的协调和整合。此外，社会网络和数字化时代的到来也使得信息流动更加迅速，法律在网络空间的适用和监管也成为一个重要议题，这进一步体现了法律与社会结构之间相互作用的新维度。这种错综复杂的关系不仅是静态的结构，更是一个动态的演变过程。法律的变革和社会的进步相互促进，推动着社会的发展。法律变革可以促使社会更加公正平等，反过来，社会的进步也能引发对法律制度的更高要求。权力分配也是法律与社会结构相互作用的关键要素，法律的制定和执行涉及权力的行使和制约，从而影响社会的权力结构和权利保障。

总结而言，法律与社会结构之间的相互作用与演变是一个不断变化的过程，需要不断的研究和关注。社会的变化和发展引发了法律的调整，而法律的变革又反过来塑造了社会的运行方式。全球化、科技进步和文化多样性等因素使这种相互作用更加复杂多变。深入理解这种关系有助于揭示法律变革的原因和机制，推动社会的进步和发展，以及维护权利的平等和公正。因此，持续研究法律与社会结构之间的互动关系对于现代社会的可持续发展至关重要。

第二节 法与社会变迁

一、社会变迁的解读

社会变迁是指社会在一段时间内发生的深刻和持续的变化过程，涉及各个层面的社会结构、价值观、文化、经济、政治等方面的变动。这些变迁可能是逐渐的，也可能是突然的，通常是由多种因素相互作用而产生的。

社会变迁可以从以下不同角度来理解：

文化和价值观的变迁：社会变迁可能涉及人们的价值观、信仰、习俗和文化的变化。这包括对道德观念、家庭结构、性别角色等方面的看法的改变。

社会结构的变迁：社会变迁可能导致社会结构的调整和重塑。这可能包括阶级、阶层、职业分工、社会组织等方面的改变。

经济变迁：经济方面的变迁可能涉及产业结构的变化、经济体制的转型以及贫富差距的变动。这可能影响人们的就业机会、收入水平和生活方式。

政治变迁：政治方面的变迁可能包括政治体制的演变、政治权力的转移以及政策的调整。这可能对社会中的权力分配、政府与公民的关系产生影响。

科技和信息变迁：科技和信息的发展也是社会变迁的重要因素。新技术的引入可能改变人们的生活方式、沟通方式和信息获取途径。

环境和生态变迁：社会变迁也可能与环境和生态系统的变化有关。这包括资源利用、环境污染、气候变化等方面的影响。

社会变迁是社会发展的常态，它可以推动社会向前发展，但同时也可能引发挑战和不稳定因素。了解社会变迁的含义有助于我们更好地理解社会的发展轨迹，为未来的变化做出准备。

二、法与社会变迁的关系

法与社会的相互关系一直是社会科学领域的重要研究课题之一。如果将法与社会的关系比作一种横向的研究关系，那么，法与社会变迁则是将法与社会结构的关系置于纵向的历史动态关系上去观察。社会变迁作为社会结构纵向运动的结果，不仅反映了社会发展的历史进程，同时也深刻地影响着法律制度的演变和法律实践的转变。

在社会变迁的历史进程中，法律作为社会管理和调节的工具，不可避免地受到社会变革的影响。社会结构的变化，如，经济、政治、文化等各方面的变迁，必然会导致法律的调整和变革。例如，在一个农耕社会向工业社会转变的过程中，生产方式、社会关系以及权力结构都发生了重大改变，这些变革将迫使法律适应新的社会需求，同时也可能导致旧有法律体系的瓦解和重建。

社会变迁对法律的影响不仅体现在法律内容的调整上，还包括法律的功能和目标的转变。随着社会从传统社会向现代社会的转变，法律不再仅仅是一种规范行为的工具，更加强调保障公民权利、维护社会公平正义、推动社会进步等方面的功能。这种功能和目标的变化反过来又会影响法律的制定、执行和解释，从而进一步影响社会的发展方向。

此外，法律在社会变迁中也具有积极的作用。法律可以在一定程度上引导和规范社会的变革，防止社会冲突的恶化，促进社会的稳定和有序发展。法律的存在可以提供一种制度保障，使得社会变迁能够在法治的框架下进行，从而避免因变革而导致的混乱和失序。

总之，法与社会变迁之间的关系是一种相互影响、相互塑造的关系。社会变迁是社会结构纵向运动的结果，通过影响法律的内容、功能和目标，从而进一步塑造和引导社会的发展。与此同时，法律也在社会变迁中发挥着积极的作用，保障社会变迁的合法性和稳定性。因此，深入研究法与社会变迁的关系，有助于我们更好地理解社会的演变过程，为法律制度的改革和完善提供更科学的指导。

第三节 法与现代化

一、现代化与法的现代化理论

法的现代化是基于政治、经济和文化以及外来因素的影响，促使一国的法制从传统向现代转型的过程,在这个过程中法的价值理念不断更新并转为现实。法的现代化是一个社会变革的现象,在这个变革过程中,新的价值观念指导下的法律制度及其运行机制,在现实社会中会产生新旧观念的冲突和融合,从而在每个国家产生独特的法律运行模式和具体正义的观念。

(一)现代化理论

现代化的概念,因为涉及人文社会科学的不同理解,人们对现代化的具体内涵的认识相去甚远。现代化理论产生于20世纪60年代的西方社会。当时西方经济和社会的全面发展,迅速治愈了战争给人们带来的创伤。西方的繁荣让很多落后国家和新独立的国家非常羡慕,在全世界范围内兴起一种关于社会现代化的讨论。当时西方形成的一种观念认为,现代化就是传统社会向西方发达国家的经济富裕、政治稳定、文化发达社会的转变。在这个过程中,工业化是现代化的始因,现代化是工业化的结果。这种西方本位的现代化理论的核心就是工业化、城市化、欧化,将现代西方社会的发展模式普遍化,其目的就是将其他国家的发展纳入西方发展的体系之中。这种现代化理论被称为依附理论。

与西方学者不同,发展中国家认为现代化是一个人类逐渐主宰自然和社会的过渡阶段。在这个过渡阶段,人类凭借自身的努力不断地创造出生活需要的、富裕的物质基础和合理的人文社会环境。因此,现代化作为一个进步过程,它的实现过程和方式是可以多元化的。

不同的现代化理论关于社会变迁都有两种模式,即连续模式和隔断模式。连续模式认为,世界的发展是单线的,落后国家的现代化只能延续发达国家的做法。隔断模式则认为,发达国家的发展模式是以对落后国家的剥削为前提条件的,因而发达国家的发展模式对落后国家的现代化没有借鉴意义,发展中国家需要探寻自己独特的发展道路。

世界现代化的格局应该是多元的,20世纪末西方社会呈现出诸多的经济、政治和文化上的问题,西方中心论的连续发展模式逐渐式微,从而给现代化的未来带来不确定性,也促使人们对现代化的认识进入实质意义的探讨。

现代化作为历史跃进过程,意味着一个国家从落后的状态向进步阶段的跃进过程。在这个过程中,现代化有两个衡量指标:进步指标和现代指标。

进步指标是现代化的实质意义的指标，现代指标是现代化的时间指标。也就是说进步指标只有达到现代意义上的进步，才具有现代化意义。现代化理论中两个指标体系的引入，使得进步不再局限于西方确立的科学技术标准，将进步与人文社会科学中的价值观念相联系。现代化作为一个社会转型过程，因为与人文价值观念相联系，因而在不同的文化环境中展现出各种不同的内涵，每个国家需要寻找到适合自身的发展道路。不同文化背景下，对现代化含义的内涵理解的不同，导致了现代化过程中不同文明之间的冲突和融合，也促使了文化多样性的形成和发展。

现代化是一个变革的概念，意味着社会生活方式和社会运行机制从传统向现代的历史更替，在这个过程中，社会的文明价值体系面临着巨大的创新。在突破传统社会的生活模式之后，一个社会在经济、政治和文化等领域展现出来的变革，使得一个社会生活中的价值观念产生根本性变革。现代化是一个连续的过程，现代化是一个社会从传统向现代的跃进过程，在这个过程中，无疑存在着对传统的价值和社会机制的否定，但是这种否定是一种辩证的"扬弃"的过程。因为现代社会脱胎于传统社会，因而不可避免地保留着传统社会中诸多的形式和内容要素。这也就决定了现代化过程中，传统与现代并不是一个绝对隔绝的两个组成部分，而是存在着千丝万缕联系的变革过程。正因为如此，在每个民族的具体历史变革前提下，都会产生具有其民族特色的现代化道路。现代化是对民族传统文化的更新的变革，不可能完全抛弃传统文化的基础。因此，一个成功的现代化，必须是变革性和连续性、世界性和民族性的有机统一的转型过程。

（二）法的现代化理论

法的现代化是社会现代化的一个重要组成部分，它属于法的发展理论的范畴。对法律制度从传统向现代社会的转型探讨，在法学理论中早已有之。早在17世纪意大利著名人文主义学者乔维柯将人类社会的发展过程划分为三种类型，即神的时代、英雄时代和人的时代。神的时代里，法主要表现为神法；英雄时代的政体是贵族专政的整体，主要依靠君主的强力进行统治，法律表现为君主强力保障的法律；在人的时代，法律主要来自人的理性，是民主选举产生的政府根据充分发达的人类理性制定出来的。

与人类社会发展的三个阶段相适应，在法学上也呈现出三种智慧：一是神的智慧法学；二是英雄时代的法学；三是人的时代法学。

在传统社会中，人的一切关系都包括在家族关系之中，家族关系决定了人的各种权利与义务的形式和内容。在新的社会秩序中，人们从家庭关系的束缚中逐渐解放出来，人们之间的关系主要是通过相互之间的合意产生的，因此人们之间的权利与义务主要是通过契约方式产生的。农业文明向工业文明发展的过程中，法律内容的这种变迁，出现一个著名的文明发展公式：所有进步社会的运动，到此为止，是一个从身份到契约的运动。这种把以个人自由为基础的契约制度作为衡量传统社会和现代社会法律制度区分的主要标准，开创了法律发展的具体理论的先河。

从社会转型角度探讨传统法制向现代法制的转型，主要是欧洲大陆学者研究的重点。德国社会学创始人滕尼斯认为，存在着两种类型的社会联系：第一种是乡土社会，它根源于老乡情绪、意念和内心倾向，并由于遵循传统而保持着自身的同一性；第二种是法理社会，它的基础是占有物的合理交易和交换。法理社会中人的社会关系具有物的本性，社会关系的参加者都是以对方争取的目的为特征，所有的社会关系都是人们自觉选择的结果。在法理社会中，人们的社会关系主要是各种类型社会团体中的社会关系。在这些社团或集体中，人们认识到一个人对于另一个人来说都可能具有某种价值，这种价值可能是现实就有的，也可能是将来才具有的。在乡土社会中，人的行为主要靠习俗和传统所控制；在法理社会中，人们的行为主要由法律来决定。

社会的发展就是从乡土社会向法理社会的转型。法国社会学家杜尔凯姆主要是从社会类型的区分来分析法律的变迁。社会类型的划分主要看个人是怎样组成一个社会的。传统社会和现代社会中人们之间的组合方式截然不同。在传统社会中，人们承担的是简单的农业生产，人们主要生活在乡村的居民点中。在农业社区中，主要存在的是家庭群体，在这些社会组织中人们之间的结合方式是"机械的关联"。人们遵循着共同的传统道德观念，有着共同的信仰和情感。

在现代社会中，随着工业化带来的社会分工，每个人都处于社会流动的过程中，每个人都具有自己独特的个性和特长。在这个社会分工的有机体中，人与人之间存在着"有机的关联"。每个人各不相同，彼此有别，但又密不可分。在这种情况下，就产生了新的社会道德模式和行为规则体系。个人能够自由地表达自己的意愿、自由地决定自己的行为，但是人的行为又必须与他人的行为相协调。在这两种社会类型中，法律的类型也存在着重大的差别。传统类型的社会中的法律主要是刑事法律，它能反映人们的集体意识。刑罚通过对犯罪行为的处罚，使得犯罪行为侵犯的集体共同意志能够得到补偿。现代社会中人与人之间的有机关联，决定了违法行为侵犯的不再是社会的共同意志，而主要是个人的利益。因此，法律的主要目的是恢复被违法行为侵害的个人之间的协作关系。法律主要表现为恢复性和合作性的关系。因此，迪尔凯姆将刑事法律向恢复性与合作性法律的转换，看成是法的现代化转型的主要标志。在传统社会中，法理的内容主要是以刑事法律为主，而现代社会中法律的主要内容是民事法律。

20世纪德国的社会学大师韦伯特别强调个人行为对于社会现象研究的方法论价值。韦伯将人的社会行为划分为四种类型，即有目的的理性行为、有价值的理性行为、富有激情的行为和习惯的行为。人类社会的发展就是个人行为从非理性为主不断向理性行为为主的社会发展的过程。根据四种类型的人的社会行为在现实社会中形成了四种法律秩序，即富有情感和激情的秩序、与价值有关的秩序以及与利益相关的秩序。与利益相关的秩序是和人的目的理性行为相联系的，是法的现代化的目标方向。因为法的现代化就是要根据理性认识产生的合理社会规则来调整人的社会活动、社会关系和社会结构，在此基础上形成一种与人的理性相一致的法律秩序。

根据社会秩序的类型，韦伯将人类社会的合法统治区分为三种类型：①合理的性质：建立在相信统治者的章程所规定的制度和指令权利的合法性之上，他们是合法授命进行统治的（合法型的统治）。②传统的性质：建立在一般的相信历来适用的传统的神圣性和由传统授命实施权威的统治者的合法性之上（传统型的统治）。③魅力的性质：建立在非凡的献身于一个人以及由它所默示和创立的制度神圣性，或者英雄气概，或者楷模样板之上（魅力型的统治）。

在三种合法的社会类型中，社会治理的方式是各不相同的。

在传统型社会中，人们笃信自古以来就存在的秩序和权利的神圣性，人们的行为受到传统的风俗习惯的约束。传统型社会统治最为典型的是宗法家长的统治，它要求臣民对主人的效忠与服从。个人的忠诚是获得职务以及等级晋升的主要根据。在传统型社会的统治中，法律并没有什么地位，社会的治理主要是依靠人治的方式，统治者权力的行使也需要考虑被统治者习惯服从的程度和心理上承受的限度。

魅力型社会统治是以统治者所具有的某种超凡的人格魅力和英雄气概为基础，这种社会的统治主要也不是依靠法律，而是依靠统治者的个人魅力吸引大量的追随者，从而对社会进行有效的治理。

合理性的社会则主要是以理性为基础，并主要依靠法律来进行治理。在这种社会类型中，法律具有至高无上的地位。因为法律代表着大家共同遵循的社会秩序，符合人类社会的共同利益，人们对法律的服从是出自对法律的信仰。正因为如此，合理性社会又被称为法理型社会。

韦伯的理论使得对于社会发展的理论进入了类型化的运行机制之中，从而撇开了纷繁复杂的各种经验现象对法律社会变迁的分析的干扰。通过有序的类型化概念的分析，区分了不同类型社会治理的差异，为法的现代化提供了方法论工具。

诸多研究法的发展或法的现代化的理论，侧重点各不相同，但都包含着一个共同的认识：伴随着社会从传统向现代的转型，法也面临着从传统向现代的变革。这种法律变革是法律文明价值体系的伟大创新过程。在法律发展过程中，法学一直在追求法律的自治性，但是这种自治性只是在有限的范围内的自治。法律现象不可能是一成不变的。伴随着人类社会的经济、政治和文化的发展，法律作为调整社会生活中人们行为的主要规则体系，经历了若干不同的历史发展阶段。从最初的习惯法到制定法，从个别性调整到普遍性调整，从人与人之间的相互依附关系到人们之间有机的关联关系，这一切都反映出法律的发展与社会历史的转型如影相随。法的现代化理论就是要揭示社会的变革与法的发展内在关系。

法的现代化是人类法律思想、行为和实践的变革过程。对于现代社会来说，法的现代化的意义在于指明人类社会从人治转向法治的现实道路。在传统社会中，受制于社会生产力发展水平和文化认识水平，人类社会不可避免地存在着人对人的依附关系，还存在着人对物的依附关系。在这种历史条件下，自然地产生了一种自上而下的高度集权的社会治理模式。法学中倡导的主要是以义务为本位的思想，法律在性质上也不过是统治者当局实现其人治的工具。而现代法治社会的主要特征就是法律取得了本体论的地位，社会生活的治理形式和手段都是法律；各种国家机关不仅要使用法律，而且其本身也要受法律的支配，法律成为衡量国家和个人行为的主要标准。从立法到司法各个过程，都遵循法律程式规定，法的形式正义和实质正义都得到有效的保障。在法律获得至高无上的地位之后，每个公民都可以充分享有相应的权利。人治社会与法治社会的本质区别，为人类从传统社会向现代社会的转型指明了发展方向，其核心内容就是现代社会的价值体系在人们的生活中的实现。

二、法律规则与价值体系的现代化

法的现代化涉及的是人的价值观念、行为模式、思维方式等方面的现代化。因此，法的现代化虽然是脱胎于传统社会，但是，总是和传统法律文化保持着内在的联系。现代法治社会的价值观念总是要和传统的文化和人们的思维习惯有机地结合起来，才可能确保法的现代化在一个社会的真正成功。忽视法的现代化的本土特征，将现代化过程简单化，必然会导致一个国家的社会转型道路的曲折。法律与民族历史传统的密切关系，确定了法的现代化不能隔断民族的历史而凭空创造出一种全新的法律制度，不能完全抛弃历代相承的民族精神而接受一个异质的外来制度。法律的民族特性决定了法的现代化必须正视本民族的文化传统特性。

确定一个社会法的现代化程度，主要是考察该社会的法治水平。传统法制与现代法制的区别，主要看法律在一个社会中是否已经从工具性价值发展到本体论价值。法律在一个社会中获得了超越任何权力的地位，任何权力的行使都必须以法律为依据。法律成为国家、法人和个人行为的主要准则。国家权力也需要以法律为准绳。法治是通过社会运行的一系列具体环节体现出来的，这些具体环节虽然千差万别，但是，都遵循着法律秩序要求，每个环节都是为了实现法律的正义。

以法治为关键标准的法的现代化，主要包括两个方面的内容：即法律规则体系的现代化和法的价值体系的现代化。

（一）法律规则体系的形式主义现代化

按照社会学大师韦伯的理论，在近代以前的神权政治的法律体系的重要特点是关注法的实质正义原则，以伦理价值取向确定实质正义的内容，对形式正义采取排斥的态度。

现代资本主义法律体系首先关注的是形式正义原则的要求。在现代社会中，始于罗马时期的法的形式正义获得了长足的发展。在现代社会中，法的形式化意味着确认法律规则的绝对权威性；意味着从立法到司法的各个实践环节都需要遵循法律程序；意味着将国家权力纳入法律设定的运行轨道之中，并且不同的国家机关的权力都应该由法律加以明文规定；这也就意味着在一个有序化的法律秩序中，各种社会主体获得了最大限度的行为自由。因此，法的形式化实质上就是对法治原则的确认和实现。

一个现实社会中的法律体系形式主义现代化，具体表现在以下方面：

首先，法的形式主义现代化要求法律体系的完整性和统一性。法律规范体系的总体结构反映了构成法律基础的社会关系结构，也反映了构成法律规范体系的各个要素之间的相互联系。法律规范体系不应该是杂乱无章的，而应该是结构严谨、层次分明、逻辑统一的有机整体。在这个有机整体中，各个要素不仅保持着相互的联系，而且还都具有不同的法律属性，承担着不同的法律职能。法律体系能否发挥其调整社会关系的作用，不同的法律组成部分能否相互协调而不至于相互矛盾和干扰，成为衡量立法活动的质量和效率的主要指标。因此，法的形式现代化要求法律体系具有相对的完整性与和谐统一性。

在现代法律发展过程中，体系化成为法律成熟的一个重要标志。这个特征在大陆法系上表现得尤为突出，在德国民法典编纂过程中起着重要作用的潘德克顿学派就特别强调法律体系化的重要性。通过体系化的法律构造，将社会关系经过分析和综合而形成逻辑清晰、内在连贯、理论严密的体系，有助于法律体系保持相对的稳定性，避免因频繁的法律修改而破坏了法律的稳定性和连续性。

其次，法的形式主义现代化要求法律规范的规定具有严格性特征。法律规范作为国家意志的体现，是社会关系的正义价值理念的客观反映，必须对所规定的内容用严格的逻辑形式明确下来，以确保人们对于法律内容认识的清晰与准确。司法活动主要是借助于对法律规范的逻辑分析展开的，通过司法解释技术和推理技术应用于具体案件。法律规范的严格形式规定，使得人们的法律思维超越了具体问题的限制，法律适用是法律规则和原则基于法学思维的特殊模式指导下，将预先设定的抽象的法律规范通过逻辑推导，得出具体问题的解决方案。法律规范在逻辑结构上的严格性、确定性，是法律理性化的具体表现。

再次，法的形式主义现代化要求行政执法和司法活动的程序化。行政执法和司法活动是将法律规范的抽象规定和普遍要求，转化为社会成员的具体个别行为。执法和司法活动固然在本质上要求是一个能动的适用法律的活动，但执法和司法活动首先要求的是法律行为的可预测性。形式理性意味着，法律以其自以为合理的制度形式存在着，但法律本身并不是目的。法律程序和法律规范，只不过是社会的工具，它们与法律内在目的有着紧密的联系。法律的显著特征是，在万一出现纠纷的情况下，它增加了依规范化程序处理的可能性，而这规范化程序的具体目的就是预防尚不受规范调整的冲突。执法和司法的程序化是现代法治对于国家机关活动的形式主义要求，它有效地将国家机关的活动限定在法律预先确定的范围之内，从而确保了国家机关活动的结果与人们事先预测的可能大致相同。程序化是现代社会法治区别于传统人治的没有程序限制的司法的主要标志之一。通过程序化，可以有效地制约国家机关的权力行使的不确定性。通过法律明文规定国家权力的内容、行使方式和范围，确定不同国家机关的分工和制衡关系，从而确保国家机关权力行使的价值目标是保护公民的权利。

最后，法的形式主义现代化意味着法律的效率化。现代社会的法治要求立法机关制定出来的法律能够在现实社会中产生实际的效果从而表明法律是有效益的。以形式合理性为标准的法律效率化，是通过法律实施以后的社会效果来确认法律自身的效果的。法律的高效化是现代社会法制的必然要求，法律的低效化只能说明人治仍然居于主导地位，法律的权威性还没有获得全社会的认同。社会成员及其组织没有产生对法律的信任感，因而也就不能自觉地以法律作为自己行为的主要依据。

（二）法的价值体系现代化

韦伯将法的价值合理性归之于前资本主义法律文明的特征，而法的形式合理性则是现代资本主义法律文明的特征，这实际上是没有区分两种类型的价值合理性。

资本主义法律文明的传统价值合理性，在这种价值合理性中，强调人社会地位的等级结构，在社会生活中人与人之间是不平等的，社会权利和义务的分配不是根据人的才能智慧和勤奋，而是根据社会地位、财富多寡来确定。

法律的价值合理性是一个社会传统宗法伦理观念的体现，法律还没有形成自身独立的自主性特征，法律不过是社会道德标准的被动的体现。现代法律文明的价值合理性是与自由、平等、安全、效率等现代价值因素联系在一起的。

真正的法律乃是以自由为基础并且是自由的确认和实现。这是理性化的现代法律的一个重要价值评价尺度。此外，与平等观念相联系的法权体系，必然是重视法律在调整公民在法律面前一律平等的原则；必然是重视法律在社会生活中的地位和价值，实行法治，严格依法办事；必然是注重对社会关系的平权型的横向的法律调整，充分发挥社会主体的自主独立性和能动性。

现代化的社会是一个市场经济高度发达的商品经济社会。商品经济在本质上是以个人本位为价值取向的，其在法律制度上关注的是个性解放、人格独立和效益至上。在市场经济领域，需要解决的是公平和效益的矛盾，在法律上体现为解决自由和平等的矛盾冲突。市场经济首先是要求市场经济的主体享有充分的自由。在资本主义以前的自然经济活动中，由于人们之间存在着人身依附关系，个人缺乏足够的自由，因而其经济活动的积极性和创造性都受到很大的限制，从而使得社会生产力的发展受到约束，不可能创造出大量社会财富。

在市场经济条件下，人们享有相对充分的人身自由、财产自由和契约自由。每个人都认识到个人独立存在的价值和社会其他人的存在价值都是以对方为交易的对象。市场主体享有的充分自由使得市场交易行为的形式和内容丰富多彩，从而为生产力的解放创造了巨大的空间，促进了社会财富的不断丰富。商品经济是平等主体之间等价有偿的交换关系。商品交易活动中，由于商品所有者之间人格独立，所以他们的地位是平等的，不像自然经济中人们之间存在的人身依附关系；独立平等的民事主体之间的商品交换必须遵循等价有偿的原则，否则商品交易就不能维持下去。自由和平等之间既相互融合，又存在着矛盾。一个符合现代社会价值合理性的法律制度，必须在两者之间建立一个有效的平衡，这也是20世纪学术界主要关注的核心问题。

自由和平等在现代法制中的意义，涉及如何既保障一个社会充满活力和效益，同时，也满足一个社会平等的公平需要。美国学者罗尔斯将法律制度的平等价值要求主要限制在机会平等方面的要求。为了保证一个社会的活力，首先，要求充分实现社会的机会平等，所有的人都有权获得法律上的各种自由权，排除偶然性的因素以及身份因素对自由权活动的限制。其次，一个社会充分自由权的实施结果必然造成这个社会的不平等，必须将这种不平等限制在一定的合理范围内。罗尔斯关于自由和平等价值体系结构的设想，符合了美国社会历史传统和现代社会生产力的发展需要。在欧洲大陆，对于自由和平等的价值结构呈现另外一种结构，即通过广泛的社会福利制度，在社会成员的基本平等和平均基础上确保自由权的实现。

法的价值合理性现代化评价标准是一个较之形式合理性更为复杂的问题。如果说法的形式合理性现代化还有一个基本的普适性标准的话，那么法的价值合理性现代化就需要结合各国的民族文化传统、社会经济发展水平以及法制的状况来确定。每个国家都需要寻找到最适合本民族法的价值标准现代化模式。

三、法的现代化道路

当今世界各国历史发展渊源不同，各国实现现代化的经济、政治、文化以及人口和地理环境等各种因素各不相同。诸多社会因素的差异，必然造成各国法的现代化历史进程呈现出五彩缤纷、丰富多彩的多元化特征。对这些不同国家法的现代化道路进行分析，总结出各国法的现代化的共同规律，揭示出法的现代化的基本范式，是很有必要的。

（一）内发型法的现代化

内发型法的现代化是指一个国家或社会的法治基于内部诸因素的成熟而

促使其法律从传统向现代转型的历史发展模式。这种法的现代化主要以英国、法国和美国的法为典型代表。

内发型法的现代化的动力主要来自社会的内部力量,是社会的自身的力量形成的创新能力,即由于社会的经济力量和生产力的发展导致的一个社会的进步而促使该国法律的变革。

1. 内发型法的现代化的条件

从英、法、美等国的法的现代化的历史发展进程来看,其法的现代化至少要具备四个条件,具体如下:

(1)现代生产力方式是在一个内部孕育和积累起来的,并且具有工业化和市场化的特点。现代资本主义生产方式是以工业化和市场化为特征的商品经济,这种商品经济从城镇扩张到农村,并最终摧毁了封建社会的自然经济,最终带动了社会其他方面的变革。只有新生的商品经济力量足够强大,才有可能彻底摧毁封建制度的经济基础,从而开启法的现代化大门。

(2)社会经济必须具有先进性和革命性。由英国开启的工业革命促使西方社会从农业文明迅速过渡到工业文明时代,但是,社会变革过程中必然会引起社会的动荡。这就需要该国的社会经济发展具有先进性,能够抵御外来的入侵和干涉,从而顺利完成现代化的转型。这个要求在英国和法国法的现代化转型过程中表现得较为突出。当时,英、法两国的资本主义经济还不是十分强大,外来的干涉对于法的现代化影响甚大,但是,由于资本主义经济的强大的生命力,所以,这些外来的干涉并没有阻止英国和法国完成法的现代化进程。社会经济的先进性,为法的现代化提供了有力的保障。

(3)市民社会的力量足够强大,而政府的力量较小,形成了"大社会小政府"的格局。资产阶级革命以后,根据"主权在民"的原则建立起来的代议制政府权力都是较小的。民众出于对政府权力的不信任,对于授予政府管理社会事务的权力总是采取审慎的态度。而在社会经济的市场化过程中,已经在市民社会内部形成了自我运行的机制。新兴的市民阶级构成了推动法的现代化的基本力量。弱小、有限的政府只是被动地接受市民社会的要求,完成所授予的社会管理职责。法的现代化内容阻力较小,变革成为社会的主要潮流。

(4)社会意识和社会现实之间存在着一定的张力。经过启蒙运动的长期洗礼，英、法、美等国家中适应资本主义商品经济发展需要的天赋人权思想已经深入人心，而现实社会的封建等级制度与资本主义法律思想格格不入，因此，通过改革法制为资本主义发展开辟道路成为人们的迫切要求。

2. 内发型法的现代化的特征

内发型法的现代化的前提条件决定了其现代化的道路的特征。

（1）内发型法的现代化是一个由于社会自身条件的成熟而促成的自发性的法的现代化。西欧的法的现代化开始于两个世纪以前，但是，西方法律的近代化过程早在教皇革命时期就已经开始了。教皇革命已经确立了法律制度要服务于社会发展的观念。法律也从诸多社会控制手段中分离出来，走向专业化和职业化发展的道路。法律在确立自身自主发展方向的同时，也不断回应着社会对法律调整的技术需要。在中世纪后期，城市的发展和商业的复兴使得西欧国家认为只有法才能保证社会秩序的建立。社会条件的逐渐成熟使得法的独立性和自我完善的能力与社会发展有机地结合起来，促使了法的现代化完成。

（2）商品经济是法的现代化内在动力。工业革命使得社会生产从农业时代过渡到产业经济时代。社会财富的主要表现形式从土地转为工矿企业。商业经济取代农业经济的过程中，旧贵族也被新兴的工业和金融贵族所取代。资本主义的私有制、代议制民主以及自由竞争的市场经济，使得新兴资产阶级迅速占据了社会的政治舞台中心，从而在政治体制上和社会变革力量上为法的现代化准备了社会基础。

（3）内发型法的现代化是法的形式理性和实质理性紧密相连的法制变革过程。率先完成的是法的形式理性变革。近代西方罗马法复兴运动带来的法典编纂运动，极大地促进了法的形式理性实现，与此同时，启蒙运动的古典自然法学理论对法典运动起到直接的指引作用，从而推动了现代法的价值理念在制定法中的实现。

（二）外发型法的现代化

外发型法的现代化，是先进的法律文化对落后的法律文化的巨大冲击，从而促使后者开始法的现代化转型。日本、俄国和印度法的现代化是外发型法的现代化的典型代表。

1. 外发型法的现代化的条件

国外发型法的现代化推动力量主要来自该国社会的外部。一个国家由于生产力发展水平的落后以及文化上的落后,在受到外来的军事入侵和经济入侵的情况下,无力抵抗而被迫进行法的现代化转型。外发型法的现代化产生的具体条件可以归纳为四个方面,具体如下:

(1)该国的经济和文化发展水平相对落后,容易遭到外来的军事入侵。先进国家往往以军事入侵为先导,然后进行经济和文化的渗透,推动该国法的现代化的转型。

(2)外来文化和经济的冲击足够强大,足以摧垮本国的文化心理防线,从而放弃对本国传统法律文化传统的坚持,转而积极学习外来的、先进的法律制度和法律文化。

(3)该国的市民社会力量弱小,而政府的职能和作用较为强大。由于经济和文化的落后,外发型法的现代化的国家,其市场经济发育滞缓,工业化和商业化程度较低,社会内部没有形成一个自发的市民阶层,但是,在外来入侵的情况下,形成了一个开明的政府,作为一种超经济的力量推动着该国的现代化变革。

(4)法律意识和法制现实之间没有张力。法律意识和法制长期处于一个封闭的体系之中,它们之间没有冲突和对抗,因而,没有产生变革法制的需要。法的现代化主要是在外来入侵的打击下,在开明政府的指导下,作为对外来法律文化冲击的一种回应而进行的法的变革运动。

2. 外发型法的现代化的特征

外发型法的现代化的历史条件,决定了它所具有的特点不同于内发型法的现代化。一国法的现代化动力来自该国的外部,是由于先进法律文化对落后法律文化的巨大冲击而促使该国法制从传统向现代的转型,这就决定了这种法的现代化是一种突发性的法制转型。外发型法的现代化往往是以政治革命或改革为先导,政府作为现代化的组织者积极推动这场自上而下的法制变革。由于外发型法的现代化主要是对外来文化冲击的一种回应,所以它主要是一种法的形式理性的现代化。法的实质理性严重滞后于法的形式理性的发展。由于没有启蒙运动的思想基础,现代法的价值理念没有现实思想基础。

法的现代化主要是对发达国家先进法律制度的模仿，传统的法的价值观念仍然起着重要的作用。

（三）混合型法的现代化

混合型法的现代化是由于一个国家的内外部力量的互相作用形成合力，从而推动其法制从传统向现代转型。中国、韩国属于比较典型的混合型法的现代化。

1. 混合型法的现代化的条件

在混合型法的现代化国家，客观存在着促进法制从传统向现代转型的政治、经济力量，但是，这些力量都非常弱小，还不能积蓄出足够的力量推动本国的法制自发地实现现代化转型。混合型法的现代化的启动，无疑是西方法律文化冲击的结果，但是，这种外来文化的冲击并没有摧毁本国悠久历史文化传统的防线，因而，外来的文化冲击并不是混合型法的现代化的最终动力。混合型法的现代化的动力是外来文化作用于本国的政治、经济因素，促使后者从弱小的力量逐渐强大起来，从而推动法的现代化不断发展。由于这种法的现代化兼具内发型法和外发型法的现代化特征，所以称为混合型法的现代化。

近现代中国法的现代化进程，是混合型法的现代化的典型代表，它是中国人民在近代历史内忧外患的情况下，通过艰苦的探索，寻找中国法独特的现代化道路的摸索过程。

中国古代社会经历了几千年的发展历程，其间各个朝代的法律规范、司法体制和诉讼程序虽然各有特点，但是，其内在结构、基本精神是一脉相承的。特别是秦汉以后形成的封建社会的传统法制，在两千年的发展历史中没有实质性的改变。中国传统法制和法律文化观念，构成了近现代中国法的现代化的前提条件。它们集中表现在法律结构、司法体制和法律价值理念三个方面。

在法律结构形式上，传统中国法律制度表现为民、刑不分，程序和实体法相混合的法律结构体系。在历代王朝的更替过程中，虽然都特别重视开国法典的编纂，但是，这种法典的编纂并没有形成法律专业的分类，也没有形成西方法律的公、私法的区分理论。以唐律为例，共有名例、卫禁、职制、户婚、厩库、擅兴、贼盗、斗讼、诈伪、杂律、捕亡、断狱十二篇。法律的内容主要表现为刑事法律，只是在具体内容上间接地体现出行政和民事以及诉讼法律的内容，从而体现出重刑轻民的特点。刑事法律为法典的核心内容，自成体系。由于在法律上不承认臣民的独立人格权，作为私法体系的民法很不发达，没有形成独立的法律部门。由于"无讼""厌讼"的法律意识的影响，所以诉讼程序制度相比较刑事法律也不发达，从而形成重实体轻程序的特点。

在司法体制上，中国传统法制一直实行的是司法和行政权合一，行政长官兼理司法职权的体制。无论是中央还是地方，行政长官都可以直接参与重大案件的审理，反映了行政权对司法权的全面干涉。帝王拥有最高的司法审判权，地方专职司法官员的作用是辅助行政长官的司法审判。行政长官主持审判，他既是法官，也是起诉人，还是被告的辩护人。在这种体制下，司法机构实际上不过是行政机构的附庸，缺乏应有的独立性。这种司法体制也决定了中国古代社会行政命令和法律规范之间没有严格的界限。

在法律意识上，以儒家学说为基础的纲常礼教成为法律的基本价值取向。家族本位成为法律制度设计的出发点，体现等级特权的封建"八议""官当"以及家庭血缘亲情的"同居相为隐"制度成为法律的指导思想。礼制中"无讼"的观念使得中国调解制度非常发达。以家族利益为法律制度重点保护对象的传统法制，决定了中国古代法制对个人的权利和价值的轻视，法律意识中隐含着对民众主体权利的否认。

中国法律文化在长期的历史发展过程中，伴随着中华文明的对外传播而影响了东亚的日本、韩国，东南亚半岛的越南、老挝和泰国等地区，形成了中华法系。在18世纪中叶，随着西方科技发展和资本主义生产方式的确立，中国的世界中心地位开始衰落。在西方经济渗透情况下，中华法律文明的发展从自主性发展变为依附性发展。法律文明的发展被迫对西方法律文明的强烈冲击做出反应。

清末修律是在近代西方法律文化对中华传统文明的冲击下，晚清政府应对国家和民族危机所采取的一个被动之举，也是中国法的现代化的开端。在对旧的律法进行修订的同时，还根据现代西方法律制定了诉讼法、民法和商法，改变了传统中国法律诸法合体、民刑不分的体系结构。

在中国的法制现代化过程中，已经建立了相对完整的法律规范体系并完善了司法诉讼体制。但是，社会实践中，人们还是不愿意通过司法途径解决彼此之间的冲突和纠纷。立法者在制定法中确立的理想目标，由于各种社会政治、经济和文化的原因，总是不能使法律产生预期的效果。法的现代化过程中，制度和观念的二元冲突的格局一直困扰着法的现代化进程。

2. 混合型法的现代化的特征

中国法的现代化道路，反映了混合型法的现代化的基本特征。

（1）混合型法的现代化国家历史比较悠久，具有一定的社会转型基础的新兴生产力和社会阶层，但是，力量很薄弱，不足以完成自我转型的过程。

（2）内在的传统法律文化和西方的法律文化存在着巨大的历史差异性，西方法律文明的冲击是混合型法的现代化的动因和催化剂。传统文明历史悠久，不容易被外来文化轻易摧垮，传统文明在法的现代化过程中持续产生作用，因而，在混合型法的现代化道路中，经历的发展过程要比外发型法的现代化在时间上要长很多。

（3）在混合型法的现代化过程中，西方法律文明与东方的传统法律文明的冲突和融合，能够形成一些独特的法律制度和现代法律文化，从而丰富了世界法律文明的内容。

第四章 法的社会学问题与实践

法的社会学问题与实践涉及法律如何在社会中产生影响、被理解、被应用以及如何与社会其他方面相互作用。这个领域关注法律在实际社会中的运作，以及它如何影响社会结构、个体行为、权力关系、社会正义等方面的问题。基于此，本章探讨法社会学与规范性问题的关联、法社会学的中国化实践。

第一节 法社会学与规范性问题的关联

"社会科学融入法教义学既有特定的时代背景，也有独特的基本路径，即先运用社会科学方法形成社科知识，然后将社科知识运用于教义学作业过程，经受教义学方法的筛选和过滤，最后成为教义学知识的组成部分。"[①] 对于法律和法律现象而言，任何一种视角和方法的研究都是有益的，无论这些研究带来的结果是对于法律之特性的另类说明或辩护，还是解构，后者可以让传统法律研究者意识到某些研究的盲点。所以，尽管从18、19世纪以后，法教义学作为狭义上的法律科学构成了法学的核心部分，但并不否认基础研究（它在实质上是从其他学科的视角出发对于法律的研究）的重要性，不仅法哲学如此，法社会学、法经济学、法人类学等同样如此。尤其是法社会学研究近年来在中国方兴未艾并日益成熟，不管是基于田野调查和数据统计的经验法社会学，还是以"社会理论法学"之名进行的理论法社会学，都从自己的角度为中国的法学研究做出了贡献。

但是，法学有自己的核心问题，所以有一个检验某种研究的"相对"重要性的方式，就是看这种研究对核心问题的说明力如何。法的规范性就属于

---

① 雷磊.法教义学之内的社会科学：意义与限度[J].法律科学（西北政法大学学报），2023，41（04）：14.

这样的问题。因为，法律的规范属性，乃是法律不可被化约的本质性属性，如果规范性因素被化约掉，则法律也就不成其为法律了。所以，真正科学的法社会学研究不应局限于对法律实践进行事实意义上的描述，更应正面描述作为一种规范而存在的社会事实方面。在这个问题上，法社会学同时显现出了它的力量与限度。

一、法社会学与规范性问题关联的解读

"法社会学是法教义学最主要的辅助性学科。在制定法适用过程中，法社会学要研究制定法通过个案会对社会生活引发或适于引发哪些效果，因而构成了法律意义上的目的探究的前提。"[①] 此处的"法社会学"既包括经验法社会学，又包括理论法社会学。

经验法社会学采取统计、调查、实验乃至当前流行的大数据分析等方法，观察、描述和解剖特定时空范围内的法律实践（经验—实证方法），强调社会环境因素对于法律运行的影响和法的社会实效（"活法""行动中的法"），有的还试图从中提炼出一套规律性的经验模型。今日中国"社科法学"（"法律与社会学科"）的一个主要分支即是经验法社会学，其典型的研究主题是乡村司法和基层治理。

与经验法社会学相比，社会理论法学更加注重在理论框架下观察法律现象，更加重视理论内含的反思机制，更加重视"宏观"理论的建构和运用。21世纪以来，中国的法学研究者在全面阅读西方（法）社会学者的经典作品的基础上，将其理论范式引入对中国社会和法律的观察，针对中国的社会法律转型提出各种解释方案，更有以"社会理论法学"（社会理论之法）为该阵营命名者，基本就属于理论法社会学的脉络。如果说经验法社会学重在"定量"的话，那么理论法社会学更注重"定性"。当然，无论是哪一种法社会学，都拥有一个基本立场，因为，无论是哪一种法社会学，都是从社会学视角对法律和法律现象的研究，都属于社会学的分支。

此处的"规范性"指涉的是法社会学的研究对象、而非研究立场。研究对象和研究立场是两方面。法社会学的研究对象，笼统地说就是法（或法律体系）。法社会学与规范性问题的关联，指的就是法社会学对于法（或法律体

---

① 赫尔曼·康特洛维茨，雷磊. 法律科学与社会学 [J]. 荆楚法学，2022（01）：143.

系）的规范性问题的处理，或者说从法社会学的角度如何对法（或法律体系）的规范性进行说明或辩护。在宽泛的意义上，具有规范性的研究对象也包括法律实践。进而，如果将法教义学视为法律系统的自我观察和自我描述的话，因而作为内在于法律实践的、严格意义上的法学的话，那么，法社会学对法或法律实践的规范性问题的处理也就包括了对法教义学之规范性的处理。

此外，法社会学的研究立场，指的是该研究本身的性质为何，是描述性的还是规范性的。描述性研究旨在对研究对象进行观察、说明和分析，透析其内在特点或总结其规律，以期获得对对象的恰当认识。而规范性研究旨在为研究对象提供判断标准（应当/不应当），以期对对象进行评价、规定和调整，影响与对象有关的行动或实践。研究对象与研究立场并无必然关联，描述性研究不见得不能处理规范性的对象，规范性研究也并不一定见得就能对规范性对象进行最佳处理。前者就是一种对作为规范体系的法的描述性研究。应当说，大部分法社会学理论都是描述性理论，只有少部分持规范性立场。但无论持何种研究立场，只要涉及对法的规范性问题的处理，都属于此处考察的范围。

此处的"关联方式"包括两种，即外部关联和内部关联。所谓外部关联，是指超然于法（或法律体系）之外对法的规范性现象进行观察、描述或提供判断标准，但一般而言不直接进入法律实践，参与法律运作。所谓内部关联，则是指进入法（或法律体系）之内，直接或间接地参与法的规范性实践，作为法律实践的组成部分发挥功能。上面所说的描述性研究/规范性研究的区分与这里所说的外部关联/内部关联并不存在对应关系。也即是说，并非描述性研究就一定得采取外部关联的进路；也并非规范性研究就一定得采取外部关联的关系，反之亦然。无论是描述性研究还是规范性研究，都有可能采取外部关联或是内部关联的方式。

"法的规范性问题是法学研究的核心问题，法社会学在对这一问题的处理上既有其力量，也有其限度。"[1] 以下就将以外部关联和内部关联为序，依次阐明经验法社会学和理论法社会学处理法的规范性问题的方式。

---

[1] 雷磊.法社会学与规范性问题的关联方式力量与限度[J].中外法学,2021,33(06):1405-1425.

二、法社会学与规范性问题的外部关联

（一）说明与证立

法或法律实践何以具有规范性，需要从理论上进行解释。但解释是一个比较模糊的概念，它既可以意味着对对象的说明，也可以意味着对对象的证立。故而对规范性的解释理论可分为以下两个方向：

第一，说明性理论，也就是首先将法或法律实践具有规范性认可为一种既存现象，然后去说明何以法能具有规范性。这种理论持一种描述性的立场，所争议者只在于什么样的描述或借助于什么样的认识论原则能帮助我们更好地来认识法的规范性。最基本的认识论原则有两个：一个是因果原则，一个是诠释原则。运用因果原则说明法或法律实践的规范性相当于澄清它之所以如此的原因，而运用诠释原则说明法或法律实践的规范性相当于澄清它的理由。这种理由是说明性理由，说明性理由必定同时可以扮演原因的角色，反之则不行。

第二，证立性理论，它认为法或法律实践必须符合特定的判准才具备规范性。换言之，从这种理论出发，并非所有的法或法律实践都必定具备规范性，只有符合它所提供之判准的法或法律实践才被认为具有规范性。所以，这种理论的逻辑起点并非对实在之法或法律实践的规范性的认可，而是对规范性判准的设定。用规范性标准去判断哪些法或法律实践具有规范性相当于为此提供证立性理由。

因此，在理论与实现的关系上，说明性理论与证立性理论是不一样的：前者具有"理论对世界的适应指向"，当理论与现实不一致时，要负责的是理论而不是现实；而后者具有"世界对理论的适应指向"，当理论与现实不一致时，要负责的是现实而不是理论。与此相应的是，不同说明性理论所争议的是哪一种理论（原因或说明性理由）是对现实更好的说明，而不同证立性理论所争议的是更理想的规范性标准（证立性理由）是什么。说明性理论属于描述性研究，而证立性理论属于规范性研究。经验法社会学就属于对法或法律实践之规范性进行说明的描述性研究，而理论法社会学则有可能与经验法社会一样旨在说明规范性，也有可能属于对法或法律实践进行规范性证立的规范性研究。

（二）经验法社会学

经验法社会学可以对法和法律实践进行描述和说明，但它在这方面并不成功，主要有以下两个方面的原因：

1. 经验法社会学的认识论无法恰当描述出法的规范性现象本身

经验法社会学与法理论对规范性问题处理方式的差别是因果性社会科学与规范性社会科学的差别。自然是一个彼此间作为原因和结果（即依据被称作因果的原则）联结起来的要素体系，自然法则就是对这一原则的运用。描述自然法则的科学就叫自然科学。社会是一种人类行为的秩序。可以用因果原则来确定人类行为，因为人及其行为首先就是一种自然（生物的或物理的）存在。以此方式形成的就是因果性社会科学，它其实是自然科学方法对于社会的运用。与此不同，也可以将人类的相互行为视为被规范确定的、也即以确定行为之规范为研究对象，如此形成的就是规范性社会科学。因果性社会科学与规范性社会科学奉行不同的原则，即因果原则和归结原则。

因果原则（自然法则）说的是：有 A 则必然有 B；而归结原则（规范命题）说的是：如果有 A 则应当有 B。两者之间的区别是"是"与"应当"的区别。"是"与"应当"都是人类用来描述世界的方式，但却属于不同的范畴。

例如，红灯行人止步，绿灯行人行走。对此，经验法社会学的描述只能是：（在特定的时间和地点）红灯亮起时行人止步，绿灯亮起时行人行走。或者说，红灯或绿灯亮起是原因，行人止步或行走是结果，它只能描述出一种规律性行为。而规范性社会科学的描述却是，根据红灯亮起时行人应当止步，绿灯亮起时行人应当行走的规范，人们这么做。这其中的区别如下：

第一，因果原则是必然的，归结原则不是必然的。只要红灯或绿灯亮起时是原因，行人止步或行走是结果得以确定，那么，当前一个事实出现时后一个事实必然出现。相反，即便红灯亮起时行人应当止步，绿灯亮起时行人应当行走得以确定，也不见得当红灯亮起时行人就必然会止步，绿灯亮起时行人就必然会行走。显然，在红绿灯的情形中，后一种描述更贴切。

第二，因果联系独立于人类的干预，归结关系是通过由法律权威即某种意志行为所制定之规范来建立的。因果关系的运用所展现的自然法则不以人的意志为转移，就像太阳落下去天会黑，大风起时柳条就会扬起那样。而红灯行人止步、绿灯行人行走并非自然法则，而是基于人类制定的某个交通法规中的规范。正是由于这一规范的存在，才在红绿灯亮起与行人止步或行走之间建立起了关系。

第三，自然法则必须要按照事实去校准，但人类的作为与不作为的事实应当按照有待规范科学描述之规范命题去校准。自然法则要符合事实关系，假如，我们发现红灯亮起时行人没有止步、绿灯亮起时行人没有行走，或者行人止步并非因为红灯亮起、行人行走并非绿灯亮起，那么，两者的因果联系就不成立。相反，即便红灯亮起时行人没有止步、绿灯亮起时行人没有行走，或者行人止步并非因为红灯亮起、行人行走并非因为绿灯亮起，也不影响红灯亮起时行人应当止步，绿灯亮起时行人应当行走这一规范的效力。相反，我们会说（在前一种情形中）行人的行为是错的或不合法的。正因为如此，哈特认为要恰当描述出上述现象就必须要采取"内在观点"。

经验法社会学对于法或法律实践的说明之所以是不成功的，就是因为它采取的是纯粹的外在观点，或者说外在观察者的立场，而没有像法理论那样采取内在观察者的立场。它至多只能描述出人类行为的规律性（具有规律性的行为可以称为"习惯"），但却无法描述出规范本身，因为它缺失了内在面向（规范性态度）。如此一来，它就无法说明作为一种社会事实的法与自然事实之间的差别何在。

将法界定为一种有别于自然事实的社会事实，正是说明法的规范性的关键。所以，经验法社会学对法或法律实践的描述是一种不到位的描述，而法作为一种独特的社会实践需要的是一种"深度描述"。之所以不到位，是因为因果性社会科学的研究焦点在于人类"行为"（经验事实的层面）。尽管经验法社会学者会声称他们不会忽略法律规范，但其重点依然在于规范下的行为而非规范。而规范性社会科学则要求将重点置于规范本身，虽然它也考察行为（法律实践的组成部分），但强调的是行为的规范意义，所以两者的区别是"法律规范下的行为"与"法律规范下的行为"之间的差别。这种重心的错置导致了对于法的规范性问题求解是缘木求鱼，因为法的规范性问题处理的是作为规范的法本身，而非其他的规范性。

2. 经验法社会学的因果描述无法说明法的规范性来源

经验法社会学的因果描述无法说明法的规范性来源，例如，"不得盗窃"

这个规范具有拘束力。经验法社会学会说明：是因为制定这个规范的人（立法者）受到了某种情感动机的影响。但是，情感动机只是立法者制定"不得盗窃"这个规范这一事实的原因，而不是"不得盗窃"的理由。同样的道理，特定的社会环境和社会因素是影响立法出台这个规范的原因，而不是这个规范有拘束力的理由。经验法社会学者指出，规范性来源理论就必须是理由理论、而不能是原因理论，答案是不可以。因为这最终会消解法的规范性本身。法国社会学家雷蒙·布东曾对社会学上的四种行动模式如何在生活**实践中**导出应然性（即如何从事实推导出规范）举过如下四例：

第一类（传统行为）：我同他握手［果］，因为他是法国人，法国人见面时握手［因］。

第二类（情感动机）：她保护他［果］，因为她喜欢他［因］。

第三类（价值理性）：我不偷窃［果］，因为我认为不应该偷窃［因］。

第四类（工具理性）：我穿外套［果］是因为天气冷，因为外套能简便地帮助抵御寒冷［因］。

如果仅仅是如此，那么，这种说明就是失败的，因为在这四个例子中看到的只是两个事实之间的因果联系。因为很显然，这里的每一类情形中，"因"都是事实，"果"也是事实（行为）。它只是澄清了某种行为的原因，完全限于事实的层面，而与规范（规范性）无关。

但其实经验法社会学想要做的，却是通过经验手段（事实）来说明规范性来源（规范）。也就是说，因是事实，而果是规范。当然，如果同情地予以理解，可以认为这里只是表述问题：每一个语句中的前半句想要表达的其实不是某种行为，而是一个"规范"，而规范的标志词是"应当"。如此，可以将表述调整为：

第一类（传统行为）：我应当同他握手［果］，因为他是法国人，法国人见面时握手［因］。

第二类（情感动机）：她应当保护他［果］，因为她喜欢他［因］。

第三类（价值理性）：我不得偷窃［果］，因为我认为不应该偷窃［因］。

第四类（工具理性）：我应当穿外套［果］，是因为天气冷，因为外套能简便地帮助抵御寒冷［因］。

"因为"后的部分就是对前面这个"规范"之规范性来源的说明，它看起来就建立在因果联系的基础上,因而不违反经验法社会学的原则,但这种思路仍然不正确。

这里,先对规范与应当的关系稍作说明。规范的含义是:某事应当是或应当发生,尤其是某人应当以特定方式来行为。要求他人要以特定的方式来行为的行为是意志行为,"应当"就是每一个意图指向他人行为之人的意志行为的主观意义。但只有当"应当"同时具有客观意义时才是有效的、拘束受众的规范。"客观"意味着不仅从实施行为的个人,而且从不参与行为的第三方的立场出发,甚至当人们不知道这一行为及其意义时都是"应当"的。所以可以说,规范是"应当",但"应当"未必都是规范。"应当"要成为规范,就必须获得某个更高规范的授权。也可以将前一种应当称为"主观的应当",后一种应当称为"客观的应当"。显然,无论是"我应当同他握手""她应当保护他""我不得偷窃"还是"我应当穿外套"都属于主观的应当。并不是因为它们仅针对个别的受众——事实上个别规范亦是规范,而是因为它们仅得到了传统行为、情感动机、价值理性和工具理性这类事实条件的支撑。除非放弃这类事实说明,转而去诉诸更高规范之授权作为基础,才能使它们转变为客观的应当,然而,这种方法实际上是背离了经验社会学的核心思路。

具体来讲,这些主观的应当反映的其实是某人持有某种规范性观念的事实,而非规范本身。比如,因为他是法国人,法国人见面时握手,所以我认为我应当同他握手;因为她喜欢他,所以她认为她应当保护他;因为我认为不应当盗窃,所以我认为我不得盗窃(这是同义反复);因为天气冷而外套能简便地帮助抵御寒冷,所以我认为我应当穿外套。在原句中省略掉的"我(她)认为"就表明:这些语句虽带有"应当",表达的却是事实,虽然这属于内在事实(观念事实),而非外在事实(行为事实)。它们仅表达出了相关行为的主观意义、而非客观意义,故而不足以成为规范。但只有规范才具有规范性。所以,经验法社会学的说明依然限于两个事实之间的关系(观念事实的成因),而无法说明法的规范性来源。原因理论的最终结果就是将(观念)事实等同于规范,从而将规范性事物(包括法)的规范性等同于(观念)事实的因果性,从而彻底消解规范性本身。

一言以蔽之,法或法律实践的规范性来源问题无论如何没法转变成"可以用经验手段的社会学进行描述的问题"。究其根本,是因为经验社会学对

"规范"进行的行为主义解释：它在一种行为实施中的情境化社会秩序的框架内解释规范，从而使得规范性的规范概念转变为经验科学的规范概念。进而，法也被理解为"特定的行为类型"。无疑，对行为或经验事实的解释要以因果原则为归依。但要对法或法律实践的规范性来源求解，只能依靠诠释原则、而非因果原则。当然，"诉诸更高规范之授权"的做法本身也有局限性，因为这个更高规范本身又需要另一个更高规范的授权，如此无穷倒退终须一个终点。因而法的规范性需要一种外部理论来诠释。这要么会导向法理论或法哲学，要么会导向法的社会理论。

（三）理论法社会学

理论法社会学与规范性问题的关系比经验法社会学更加复杂。理论法社会学可以分为两类：一类与经验法社会学一样对法的规范性进行说明。只是它更接近于法理论的做法，也即对法或法律实践进行的是"理论描述"而非"经验描述"。另一类则用来对法的规范性进行证立，也即为法或法律实践的规范性提供判准。可以将前一种理论法社会学称作"法的社会理论"（以下简称"社会理论"），将后一种理论法社会学称为"法的社会哲学"（以下简称"社会哲学"）。

1. 社会理论对法的规范性的说明

当代影响最大的社会理论当属卢曼的系统论。卢曼的社会理论有两个基本的逻辑起点：①功能分化原则。功能分化原则承接自古典社会理论的"社会分工"特质，但用更抽象但更准确的术语阐述了该原理。在卢曼看来，在现代社会中，法律系统与政治系统、经济系统等相互分离，它们依据不同的"符码"和"纲要"自我观察和自我再生产；它们各自承担不同的全社会功能，彼此不可通约、不可替代。②双重偶联性问题。社会学家塔尔科特·帕森斯第一次对这个概念进行了详细阐述，他将社会学研究的焦点置于社会互动关系，认为一方主体的行动依赖于对他方主体行动的期待，而后者的行动又反过来依赖于对前者行动期待的期待。因此，在社会互动的结构中，行动者的行动选择具有高度的不确定性。这使得社会交往的不确定性大大增强。

在社会中，行动者是对对方的行为有所期待的，如果对方行为没有满足期望就会产生失望。解决失望的办法有两种：一种办法是随时调整和改变自己的行为和预期（认知的立场）。但这种做法并不可取，因为，如果每当对方的行动不符合自己的预期就做出相应改变，那么，行动者自己的行动也会充满变数，难以被预期。反过来说，面对自己难以预期的行动，对方也会更频繁地调整行动。事情就会变得越来越糟糕。另一种办法是坚持原先的行为和预期（规范的立场）。换言之，要稳定人际交往的预期，既包括自己对他人行动的预期，也包括他人对自己行动的预期，不能随便做出改变。为了对这种规范性预期提供担保，就需要有一种承担担保功能的特定机制，现代法律系统扮演的就是这种机制的角色。

具体来说，法律体系的做法是：通过某种条件化的纲要（如果……那么……）的设置，将符合规范性预期的行动判定为合法，从而诱发行动者双方都倾向选择"合法"的一面，而否定"非法"的一面。而这种判定，是法律体统通过自我递归、自我参照的方式做出来的。这其实就是法教义学的方式。正是由于法教义学的存在，使得法律论证与其他论证发生了高度分化，法律系统由此得以在全社会范围内执行"稳定规范性预期"的功能。

可见，卢曼的社会理论对于法（法律系统）的规范性说明是一种功能主义的说明。一方面，它是一种"社会"理论，因为它将规范性视为法律系统的社会功能问题：正是出于稳定化社会交往中的规范性预期的需要，才会有作为此担保的法律系统及其规范性的必要。另一方面，它也是一种社会"理论"，因为不同于经验法社会学，它并非对具体法律实践的经验描述，而是一种解决诸如"现代社会如何可能""法律系统何以必要"的理论模型。同时，它超然于法律本身的运行逻辑之外，只是对法律系统的外部观察和描述；它并不试图用别的系统的逻辑去冲击法律逻辑，进而破坏法的自治性（这是实在法的规范性的重要前提），而只是以社会学的视角描述出了法的独特性和重要性。这正是其不同于经验法社会学（它试图用自然科学的逻辑去取代法律系统的逻辑），而能对法或法律实践的规范性进行较为成功的深度描述的原因。在这一点上，它可以与法理论这种内部观察和描述形成互补。

由于社会学本身的进路所限（观察者进路），社会理论只能说明法律规范的社会功能，而无法说明规范性本身（规范是什么，规范性是何种性质）；功能主义的说明也只是对规范性的一种（尽管是较好的）说明方式，它无法取代其他可能的说明方式。这也是为什么社会学永远无法排斥对法的规范性的法理论思考的原因。

2. 社会哲学对法的规范性的证立

与社会理论不同，社会哲学是对社会现象的哲学考察。社会现象由人们通过其行动、通知、观察和期待构成和确定，就像在社会共同体（政治的、经济的、家庭的、法律的或其他的共同体）的情形中那样。社会哲学的一个根本性组成部分是社会伦理学，它要回答这样一个问题：社会共同体的何种行为以及个体相对于社会共同的何种行为在伦理学上是可辩护的。故而社会伦理学属于实践哲学的一部分。除此之外，社会哲学还包括理论的部分，它对社会现象与理论哲学的其他组成部分，如，行动理论、认识论、语言哲学等的关系进行分析。所以，与社会理论不同，社会哲学的主体部分具有较为明显的规范性。换言之，很多社会哲学本身就是一门规范性学科。

规范性的社会哲学可以用来对法的规范性进行证立。因此，与说明性或描述性的社会理论和经验法社会学不同，这类理论社会学是要为法提供证立判断的：只有通过判准测试的实在法才具有规范性。

比较典型的是尤尔根·哈贝马斯的商谈理论。与传统的强调实质价值标准的哲学不同，商谈理论试图为法的规范性提供一种程序性的判准。它试图将法的正当性建立在某种理性商谈的结果上，用是否符合商谈程序来判断法律规范的正当性（如果法律规范是这种商谈的结果的话）。就像哈贝马斯所指出的，在民主法治国条件下，包括司法决定在内的所有政治和法律决定，其正当性都取决于经由交换合理理由的理性商谈达成的共识。而一旦将这种商谈程序法律化，也即建制为实在法，那么就可以实现"通过合法性的正当性"了。由于理性商谈预设人权（作为自由而平等的商谈主体的资格）与人民主权（民主）的价值，所以正当的法必然立基于这两种价值之上。法或法律实践的规范性就寄托在这种合法性和正当性之上。这种理论的确能对法的规范性进行证立，但它提供了一种区分性的证立标准：只有实现这种商谈程序法律化的实在法体系才有规范性，没有实现商谈程序法律化的实在法体系（如通过专制君主制定和颁布法律）则没有规范性。

规范性的社会哲学不仅可以证立法的规范性，也可能会消解法的规范性。当然，这原本就是一体两面的事，因为规范性判准一方面可被用以为（部分）实在法进行辩护，而另一面也可同时用来对（另一部分）实在法进行批评。

如果特定社会哲学提出的判准与提出时实在法的实际情形相距较远,它就可能被定性为一种批判理论。典型如,马克思的社会哲学。马克思主义以历史唯物主义(生产力与生产关系、经济基础与上层建筑的矛盾运动、阶级意志的中介)与辩证唯物主义去看待法律现象和法律的本质,将对法律的观察重心聚焦于特定历史时期的物质生活条件,并基于此对资本主义法律进行了批判。这是社会哲学对于法律的一种洞见。但如果错误地将马克思主义的观点作极端化理解,就可能导致否定和消解法的规范性本身的后果。

社会哲学原本就是哲学的一个分支,它与政治哲学、法哲学之间的界限并不十分明显。与传统的法哲学不同,经验社会学在探讨法的性质和正当性基础时不借助于价值论和理念论。相反,它将法更多地视为社会现象,并利用了诸多后来发展出的理论资源(如语言哲学、行动理论和各种批判理论)来对法律进行分析和评价。因此,我们可以认识到经验社会学在说明法律规范性来源的重要性的同时,也引发了一个疑问:它是否本身就属于哲学的一部分,就像道德哲学、政治哲学和法哲学一样,社会哲学与法哲学密不可分。换句话说,它本身是否是哲学的一种视角,用于对法律进行研究。一个紧密联系的例证是法哲学家阿列克西将哈贝马斯的沟通理性原则引入法律推理理论,构建了完整的法律推理规则和形式,以确保将法律推理理解为普遍实践辩论的特殊情况。然而,与这个问题相比,更严峻的问题是,由于经验社会学试图为法律规范性提供外部准则,它可能会导致法律规范性依赖于这些外部准则,从而用这些准则取代法律规范性本身,无法阐明法律本身的规范性,或者说无法澄清法律独有的规范性。极端情况下,这可能导致像早期苏联学者那样最终否定法律的规范性。

综上,经验法社会学对于法的规范性的说明是不成功的,根源就在于它所秉持的(也是其不可放弃的)经验还原论立场。但法的社会哲学对法的规范性的证立或批判不可谓无益,但它本身就可能是哲学的组成部分,且有否定法具有独有的规范性,甚至最终否定法的规范性本身之虞。与此相比,理论法社会学的另一支——法的社会理论对于现代社会中法的规范性问题的理解则助益更大,可以与法理论的视角形成良性互补。

三、法社会学与规范性问题的内部关联

（一）理论法与经验法的区分

理论法社会学对于法的规范性的说明是有意义的，但它的理论姿态采取的是一种观察者的视角（卢曼的系统论采取的是对法律系统的二阶观察），也即在不触动既有法律体系的前提下对其运行进行恰当的实然描述。但是，法学之所以为一门规范性学科，不仅在于它要研究法的规范性问题，即对法的规范性本身进行恰当的描述，还要以一种参与者的视角去提出法律上的规范性命题，也即在既定的法律体系中，人们应当做什么、不得做什么、可以做什么和被授权做什么的应然命题。这是一种对法律实践的参与，典型的代表者就是法官。这里就涉及观察者的视角与参与者的视角的区分。此外，无论是观察者还是参与者，都可以采取外部视角或是内部视角。由此就形成了对法律实践的四种研究视角：外部观察者的视角、外部参与者的视角、内部观察者的视角、内部参与者的视角。

经验法社会学和法的社会理论采取的就是外部观察者的视角研究，法理论（一般法学说）采取的是内部观察者的视角，法哲学（包括法的社会哲学）采取的是外部参与者的视角，而内部参与者视角的典型则是法教义学。作为围绕现行实在法进行解释、建构和体系化的作业方式，法教义学从近代以来逐步成长为法学研究和法律实践的基本样态，成为学界与实务界共同的交流平台。法律论证之不同于普遍实践论辩的特殊之处，就在于它不涉及绝对的正确性，而涉及现行有效的法秩序的框架内与基础上什么是正确的。从某种意义上说，法律实践与法教义学是一体两面的事，法律实践的规范性与法教义学中规范性命题密切相关。所以，要证明法社会学对于规范性法律实践的影响（与法律实践规范性的内部关联），就要证明自己对于法教义学中规范性命题的意义，也即，法社会学以何种方式去参与到法教义学中规范性法律命题的塑造之中，或者说影响到对规范性法律命题的具体主张。

（二）理论法社会学的参与方式

社会理论的主要作用在于对法或法律实践的外部观察，能够参与法教义学之规范性法律命题塑造的是社会哲学。社会哲学参与塑造的情形有两种：

一种是作为法教义学说的理念准则,另一种是作为法教义学说的辅助性论据。

作为法教义学说理念准则的例子是哈贝马斯的商谈理论。理性商谈不仅可以以外部关联的方式为法的规范性提供证立标准,而且也可以以内部关联的方式为特定法律规范的教义学内涵提供理念准则。哈贝马斯的商谈理论建立的是一种"理想言谈情境"。理想的商谈是在不受限定的时间、不受限定的参与资格与完全无强制性的条件下,借助于设立语言概念的充分清晰性、经验信息的充分性、角色转化能力与准备的充分性及无偏见性,来寻求某个实践问题之答案的活动。而现实的商谈在各种条件的限制下,只能追求相对的正确性和相对的共识。如,诉讼活动中的商谈,就不可能向社会公众的道德商谈一律开放;现代诉讼法上普遍确立的诸多原则以及"既判力"学说都决定了,诉讼法教义学不可能接受司法过程的理想商谈模式。然而,诉讼法教义学却可能以自己的方式吸纳商谈理论的要素,在不追求绝对共识结果的同时引入共识达成的基本条件,构造适合司法场域的最低限度的"理想言谈情境",从而强化司法裁判的正当性。在此,理想商谈承担的是"调整性理念"的角色,它要求围绕特定实在法规范所形成教义命题尽可能地去追求这种理念,尽管由于既有制度和原理的制约,永远无法百分之百实现它。

作为法教义学说的辅助性论据指的是当既有的法教义学说不敷使用或不足以应对新实践时,社会哲学发挥"辅助性原则"的角色,来支持和强化新的教义学主张。应当说,部门法学的教义化程度越高,法哲学(包括法的社会哲学)在具体法律问题上就当与之保持越大的距离,为它留下越大的空间去自主解决问题。只有当出现所谓的"疑难情形"时,才需要社会哲学的出场。

例如,关于各国刑法上普遍规定的"紧急避险"条款,已经发展出相对稳定、被普遍认可的教义学说。也即,紧急避险要满足四个条件:①必须针对正在发生的紧急危险;②所采取的行为应当是避免危险所必要的;③所保全的必须是法律所保护的利益;④不可超过必要的限度,就是说,所损害的利益应当小于所保全的利益。这四个条件的判断在通常情形中相对不成问题,但当出现所谓"营救式刑讯逼供"的情形时就会发生疑难。所谓营救式刑讯逼供,即侦查机关并非为了获取指控犯罪的证据,而是为了营救处于危境中的他人,而对犯罪嫌疑人实施的刑讯逼供。

例如,侦查机关获悉一名犯罪嫌疑人在一家人口密集的大型商场藏有炸药，存在随时引爆的风险。同时，该机关成功抓获了犯罪嫌疑人的同伙。出于保护社会公众的人身和财产安全之考量，侦查人员采取刑讯逼供的手段对该同伙实施询问，以获得关于炸药具体位置的信息，成功完成排爆任务，避免了爆炸事件的发生。因此，在这种情况下，侦查人员的行为是否构成犯罪，以及能否援引紧急避险原则作为合法阻却事由的问题成为焦点。很显然，在这种情形中，①③④三个条件都能得到满足，唯一考虑的是②：刑讯逼供是否是避免危险所"必要"的。此处，"必要"涉及的并不只是事实判断（如侦查人员是不是真的来不及查找炸药的具体安放地点），更重要的是涉及社会伦理的判断。它涉及的核心问题是：（侦查人员所代表的）社会共同体的何种行为是可辩护的。尤其是当这种行为会给个人的权利（如人身权）造成严重侵害时，对此，规范个人主义和规范集体主义就可能会给出不一样的回答。

理论法社会学（社会哲学）对于法教义学之规范性法律命题的塑造采取的是直接参与的方式，只不过有时是作为理念准则来指导特定法教义学说的形成，有时（在疑难情形中）则是在穷尽既有的法教义后涉入社会哲学。即便在后一种情形中，社会哲学也是在教义学的框架和体系内发挥作用的，也即作为价值—伦理判断的依据，并最终将价值—伦理判断凝聚和类型化为新的法教义命题。当然，这两种情形的区分只是相对的：因为无论如何，它们都"从外而内"地直接参与了对法教义学说的塑造。

（三）经验法社会学的参与方式

经验法社会学对于法教义学中规范性法律命题的影响方式有两种：一种是间接参与，另一种是直接参与。

1. 社会效果对法教义学的"激扰"

经验法社会学可以通过对法教义学的"激扰"来间接参与规范性法律命题的塑造。持外部观察者视角的经验法社会学与持内部参与者视角的法教义学根本上属于不同的社会脉络，各自取向于科学和法律两种彼此分离的系统逻辑。因此，前者无法直接改变后者，只能对后者施加"激扰"。法教义学是否回应这种外部的"激扰"，则取决于法教义学是否与经验法社会学形成"共振"。法教义学通常只能以其固有结构"理解"经验法社会学的激扰。大体上说，经验法社会学的激扰就是法律实践（它亦处于生活世界之中）要面对的社会效果，它要求司法裁判及教义学说要进行后果考量。但是，即便法教义学要对裁判的后果或者说社会效果予以回应，它也必须要以自己的逻辑、语言和思维方式来进行回应，以确保自身运作的独立性。

激扰机制使得法教义学能够克服社会现实的复杂性和偶然性，并采取一种以此为目的的既稳定同时又灵活的方式。这就导致了法律系统（法教义学）的一个重要特征，即认知开放与运作封闭。一方面，法律系统绝非与生活世界及其他社会系统相互隔绝，而是可以充分学习和吸纳经验、价值与意义；但另一方面，法律系统作为社会系统之一种，其成分和程式在一个循环流转于系统内部的过程中持续运作，获得自我复制和内在的进化。外部知识要想进入法律系统之中，就必须以法律的概念与法律场域的游戏规则来进行"编码转化"，如此才能参与到法教义学论证的过程中来。

之所以说经验法社会学的这种参与方式是"间接的"，是因为社会效果并非直接作为法教义学说（规范性法律命题）的组成部分发挥其规范功能，而仅能促成法律实践和法教义学的自我调整。社会效果仅仅供给了外部的动力，经验法社会学所得出的主张，总要经由法教义学的"过滤"和体系重构，才影响法律的实际运作。因为具有规范性功能的仅仅是法教义学中的规范性法律命题本身，而非社会效果。

2. 经验论据的规范意义

经验法社会学有时也可以以"经验论据"的方式，直接参与法教义学中规范性法律命题的塑造。经验描述本身就是法教义学的一个层次，经验论据在法教义学论证中也是不可缺少的。规范性法律命题得以作出的基础，一个是既有的法律规范。经验描述，只有具有准确和妥当的经验基础，规范性法律命题才会有评价的对象。从这个意义上讲，经验的层面其实是规范性层面作业的预备阶段。当然，经验论据对于规范性法律命题的意义不止于此，因为不同的事实可能会引起不同的规范性评价。

在经验描述作为规范性评价之基础的意义上，基于不同的事实（及其发生几率）自然会塑造出内容不同的具体规范性命题。但是，"具有规范重要性的差异制造事实"这一说法本身可能会导致一些误解，一些对这个层次的经验论据具有不应有的过高功能的期待。这里的问题主要有以下两个：

（1）经验论据或者说事实本身是没有什么规范意义的，它之所以有规范意义是因为论证者（提出或接受这一论据的人）认为它有，或者根据某个规范它有（某个规范将它规定为构成要件的组成部分）这种意义。其实，"具有规范重要性的差异制造事实"这个表述本身就不是个经验层次的论据了，因为它包含着"规范重要性"这个规范性因素。事实本身是无所谓有没有规范重要性的，也不会自己产生规范上的差异。是因为人们认为它有，或人们根据规范判定它有，它才有。

（2）虽然经验论据本身不具有规范意义，但它的确可能会影响或产生规范性意义。只是，对于法学研究而言，有意义的影响必须是对法教义学中规范性法律命题的影响，而不是别的层面的影响。

所以，理论法社会学（社会哲学）可以直接参与对法教义学说或规范性法律命题的塑造，而经验法社会学也可能会"影响"（而非"决定"）规范性法律命题的塑造。这种影响要么是间接的，也即对法教义学进行"激扰"；要么是直接的，也即以经验论据的方式成为规范性命题的基础或产生规范上的重要性。但无论如何，规范性命题的规范理由或规范意义都并非来自经验法社会学，而是来自法律或法教义学自身。

第二节　法社会学的中国化实践探索

一、新时代法社会学的中国化探究

法社会学起源于西方经过对中国实践的多次考验和许多研究人员的努力，已经在当代中国法律体系中占有一席之地，法社会学"在中国"已成为广泛共识，但法社会学的中国化仍是当前理论发展的瓶颈。法社会学的中国化不是为中国特色强说中国化，而是在实践中，本着真真正正为中国人民谋利益的初心，提出新理念、新想法、新开拓。法社会学的中国化，就是要建构出一些具有中国特色、中国声音、中国价值和中国智慧的法律社会学的构成规则，以马克思主义法律思想为源流，立足新时代实现中华民族的伟大复兴，在对中国式社会事实深入解读的基础上，实现中国问题和中国法律实践的统一。

（一）推进法社会学中国化

新时代中国特色社会主义已经步入新的历史定位，社会的主要矛盾已经从人民不断增长的物质文化需求与落后社会生产之间的矛盾转变为人民日益增长的美好生活需要和不平衡不充分的发展之间的矛盾。这一重大矛盾的转变直接影响了法社会学的中心任务和历史使命。如何践行好新时代中国特色社会主义法治体系，事关为实现中华民族伟大复兴而努力奋斗的战略目标。法社会学作为中国特色社会主义法治体系的一个小系统，其独特的性质、社会功效和实践特点，决定了在新时代和未来的法治实践发展中出现问题的时候必须做系统深入的研究。正所谓时代在召唤，法社会学作为中国特色社会主义法治体系系统的组成部分，自然要积极响应新时代的召唤，构建充分体现中式特色、中式风格、中式气派的学科体系。

（二）法社会学推进中国化的学科自觉

中华人民共和国成立以来取得了举世瞩目的成就和光辉战绩，但同时也面临着实践与理论可能存在不同步的问题，法社会学若不和中国全面依法治国的实践联系起来，就会变成盲目的实践。十九届四中全会明确提出：要建设中国特色社会主义法治体系法治战略的构建，已经成为一个时代命题，法社会学也需要响应新时代的需求，面向实践、面向中国、面向世界，在国家法治战略实施过程中有所作为。新时代要求我们紧密对接全面推进依法治国战略，以打造优势法社会学等一流学科，为支撑整合中国优秀本土资源、汇集国内外精英，服务于国家的法治战略实施和创新发展。

二、法社会学的中国实践——"枫桥经验"

（一）"枫桥经验"的界定及发展历程

1."枫桥经验"的界定

20世纪60年代初，诸暨市枫桥镇的人民群众，在社会主义教育运动中首创了"枫桥经验"，其内涵是发动和依靠群众，坚持矛盾不上交，就地解决，实现捕人少、治安好。"枫桥经验"的精髓就在于发挥广大人民群众的智慧，对存在破坏行为和潜藏破坏活动的人，进行说服教育和监督改造，实现把矛盾和冲突问题彻底消灭在基层，最终，让大多数接受说服教育的人参与进来成为"新人"。

2."枫桥经验"的发展历程

"枫桥经验"在社会主义建设时期诞生，在改革开放新时期得到发展，在新时代得以创新，其基本内涵和核心都是依靠和发动人民群众，实现在基层解决矛盾。

（1）"枫桥经验"诞生初期。"枫桥经验"是在社会主义教育运动的大背景下诞生的，1963年浙江省诸暨市枫桥镇在进行社会主义教育运动的过程中，依靠和发动广大人民群众说理斗争，最终对"四类分子"实现了零逮捕，真正实现了以人民群众智慧为力量源泉，在矛盾的原发地解决矛盾。这是把群众路线的工作方法，创造性地运用到社会主义教育活动中的崭新形式。浙江省政府和中央政府不断总结枫桥镇的基本经验，在全省最终在全国加以推广，为各基层的人民群众工作树立了一面旗帜。

（2）"枫桥经验"在改革开放时期的发展。在改革开放初期，中国经济面临巨大挑战和机遇，政府开始鼓励地方探索适合自己情况的发展模式。枫桥镇的经验得以形成，正是在这一背景下。"枫桥经验"的核心是将村级集体经济作为推动乡村发展的重要力量，通过改革与创新，激发乡村的活力。"枫桥经验"鼓励村级集体经济的多元化发展，引入市场机制，开发农村资源，发展农村产业，提升村民收入。这种集体经济的发展为农村创造了更多的就业机会，改善了农民的生活水平。"枫桥经验"强调民主决策和管理。通过村民代表大会制度，村民可以参与村务的决策，使发展方向更加符合实际需要。这种参与感增强了村民对发展的认同感，促进了社会稳定。"枫桥经验"探索了农村土地流转制度，鼓励农民流转土地以扩大规模，提高农业效益。这为农村提供了更多的发展机会，也促进了农村资源的优化配置。

"枫桥经验"不仅在浙江省内得到了广泛传播和推广，也在全国范围内引起了重视。它为其他地区提供了一个可借鉴的模式，也为中国农村改革发展提供了有益经验。总的来说，"枫桥经验"在改革开放时期的发展，是中国地方探索的典范之一，它通过强调市场机制、民主参与、创新发展等方面，为中国乡村的繁荣注入了新的活力。

（3）"枫桥经验"回应新时代的号召。十八大以来，党中央积极投身于实现中华民族伟大复兴的实践中，深切关注新的历史定位下社会的主要矛盾，提出了符合人民利益的一系列科学论断和举措。"枫桥经验"在国家推进社会治理现代化的过程中，经验内涵不断拓展和创新，与时俱进、不断向前。其中丽江公安打造的基层治理"束河模式"，正是新时代"枫桥经验"的新创新，为"中国之治"贡献了丽江力量。丽江古城公安分局束河派出所，坚持和发展新时代"枫桥经验"，创新景区、城区、农村"三融合"，区域基层社会治理依托七星警务室坐实红柜便民、警方快递、信息警队、先锋调解等"小警务"模式，涉旅各类案件明显下降，群众安全感和满意度进一步提升，真正实现了大民生、大安全。"新三不"工作理念，让"枫桥经验"在新时代继续迸发出强大的生机与活力。

（二）"枫桥经验"中国化的深层底蕴

1. 坚持以人民为中心

"枫桥经验"诞生初期就是以人民性的根本立场为核心，积极回应人民群众对法律社会学理论和现实问题的痛点。人民性是马克思主义固有的理论特性和习近平新时代中国特色社会主义思想的理论特性。"枫桥经验"为人民服务的初心不变，自诞生以来，一直坚持马克思列宁主义关于人民群众是历史的创造者原理。不论国情如何变化，"枫桥经验"始终坚持人民群众是历史的创造者，是决定社会变革的根本力量，是时代的阅卷人，在不断适应社会主要矛盾变化中，与时俱进、历久弥新。

2. 坚持无产阶级政党的领导

我国国家制度和国家治理体系方面的显著优势中，第一个就是坚持党的集中统一领导，坚持党的科学理论，保持政治稳定，确保国家始终沿着社会主义方向前进的显著优势。党的核心领导始终是"枫桥经验"的政治灵魂，贯穿"枫桥经验"诞生、曲折探索和创新发展的全程，各个阶段的"枫桥经验"都没有超越党的领导，不同时期不同特征的"枫桥经验"是立足实践紧密结合的具体成果。"枫桥经验"作为当代中国基层治理的典范模式，在不同的历史时期，始终把保证和强化党在基层治理中的核心作用作为首要任务。新时代要结合地域特色，打造"枫桥经验"新样本，始终坚持党的领导，全面贯彻党建统领，在新时代大方位的历史格局中，守住初心、担起使命。

3. 坚持一切从实践出发的实践观

"枫桥经验"善于联系国情和实际情况，不孤立片面地看问题，善于运用联系和发展的观点，做到具体问题具体分析，时刻闪耀着与时俱进的光芒。"枫桥经验"从诞生之初的"依靠群众、化解矛盾"，到改革开放后"群防群治、维护稳定"，再到新时期的坚持"以人民为中心"的理念，坚持自治、德治、法治"三治融合"，构建"共建共治共享"的基层社会治理格局，都体现了实践是"枫桥经验"永葆长青生命力的所在。不同时期，矛盾纠纷的变化和特点不同，由此逐渐涌现出的"调解+法官""调解+民警""调解+公共服务"等"调解+"人民调解工作机制，都是"枫桥经验"结合实践推陈出新的成果。

作为一个具有中国特色的基层治理典范，"枫桥经验"同时也蕴涵着诸多普适性法治规则和法治方式，是探索和拓展中国特色社会主义法治道路的一个生动典型和实践缩影。"枫桥经验"在引导人民群众依法维权，化解社会矛盾，探索完善多元化解机制等方面越做越好，离不开其以人民群众的矛盾为出发点的实践观。

三、"枫桥经验"对推进法社会学中国化的思考

（一）理论与实践的融合

在法社会学领域普遍存在着对西方方法论的过度偏执依赖，这种情况导致学术研究与中国现实社会之间出现明显的脱节。此外，学科研究呈现碎片化的问题，与我们所处的伟大时代的实际情况和取得的成就形成了不相称之处。正值如此重要的历史时刻，我们需要从中汲取教益。

马克思主义实践理论，强调随着时代的演进而不断发展，为构建中国式法社会学提供了理论基础。在这一背景下，可以从"枫桥经验"中汲取经验，该经验源自于枫桥人民不断的实践思考，主要集中于基层治理和社会治理领域。这些经验不仅凝结了中国智慧，也构成了法社会学中国化进程的典型案例，为我们找到了中国法社会学本土化的可行途径。

因此，要更加注重法社会学理论的创新与实践的同步发展。这样一来，中国的法社会学才能更好地符合历史发展的规律。建立具有中国特色的法社会学需要以实践为知识源泉，将实践的发展动力融入认识过程中，同时，充

分考虑新的历史背景以及法社会学领域的阶段性特点。我们需要在学术创新与实践性之间寻求平衡，实现两者的辩证统一。

（二）新时代法社会学融合与发展的范式

"枫桥经验"彰显于新时代中国特色社会主义法治文化之中，是中华民族在肩负伟大复兴使命的过程中所孕育的一个范例，以中国模式呈现。基于当地土壤的"枫桥经验"并非单纯的本土法社会学范本，其中国法社会学的本土研究需要构建独特的理论体系，同时深入探索中华民族传统法文化的独特价值，融入深厚的法文化传统。新时代中国法社会学的推进也必须汲取中华传统法文化的精髓，以保留其独创性和民族特色。法社会学的进步不仅需扎根于中华卓越的法文化传统，更需面向全球，广纳众长。

新时代中国法社会学的建构始终处于东西方法文化的对立与交融之间，通过批判、借鉴、融合的过程，使之契合新时代中华民族伟大复兴的历史使命。我们必须善于处理中西方法文化的矛盾，以学术化的方式完善人类命运共同体的表达，引导世界对中国法社会学的认同，展示中国学术的全球影响力和价值观，使中华民族真正融入世界各国之中，展现丰富的国际视野。

第五章 建构主义学习理论与法学实践教学

建构主义学习理论提倡的主动性学习、依靠情境学习模式，给传统教学方式提供了新的改革思路。法学实践教学结合了传统教育方式，依靠建构主义学习理论特点形成了独特的法律教学方式。本章主要论述建构主义学习理论的概念与模式、建构主义学习理论对法学实践教学的意义以及基于建构主义学习理论的法学实践教学体系建设三方面。

第一节 建构主义学习理论概述

一、构建主义基本概念

建构主义，是认知理论的分支，被广泛应用于哲学、教育学、心理学和语言学等学科。就建构主义学习理论而言，古代思想家已经关注到了类似的研究范畴，例如，苏格拉底和柏拉图，就是教育领域最早的建构主义者。

建构主义学习理论现在已经达到较为成熟、完备的水平和阶段。[1]作为一种与传统客观主义不同的学习理论，建构主义学习理论认为：学习是积极主动的建构过程，认识是个人独特构造活动的结果；知识是个人经验的合理化，知识是在学习者头脑里被构造出来的；知识的建构并不是任意的和随心所欲的；学习者的建构是多元化的。究其本质，建构主义学习理论重视主、客体的互动，反对只讲主体或只讲客体，强调学习的主动性、社会性和情境性，这种观点，无疑为法学专业实践教学提供了坚实的理论基础。

---

[1] 凌萍萍.法学实践综合教程[M].北京：气象出版社，2016.

二、构建主义教学模式

为了让教师更好地引导学生构建知识体系，建构主义学习理论描述了其独特的教学模式，主要包括：支架式教学、抛锚式教学以及随机进入式教学三种模式。

（一）支架式教学模式。学界一般将支架式教学定义为：为学习者建构对知识的理解提供一种概念框架。由于学习者对问题的理解呈现逐层深入的规律，所以事先要把复杂的学习任务加以分解，概念框架就是为学习者顺利迈进下一个层次学习任务时的支架，目的是为了将学习者的理解逐步引向深入。

支架式教学模式来源于苏联著名心理学家的最邻近发展区理论，在学生智力活动中，在所要解决的问题和自身原有能力之间往往存在差异，即"最邻近发展区"——学生独立解决问题时的实际发展水平和教师指导下解决问题时的潜在发展水平间的距离。教学可以在最邻近发展区有所作为，当然教学绝不应消极地适应学生智力发展的已有水平，而应当不断地把学生的智力从一个水平引导到更高的水平。

建构主义学习理论正是从最邻近发展区理论的思想出发，借用建筑行业中使用的"脚手架"这一施工设施，形象地将上述概念框架比喻为学习过程中的"脚手架"。概念框架应按照学生智力的"最邻近发展区"来建立，框架中的概念是为发展学生对问题的进一步理解所需要的，学习者可通过这种"脚手架"的支撑作用更顺畅地构建起深层次的意义。

（二）抛锚式教学模式建构主义学习理论认为，学习者要实现对所学知识的意义建构，最好的办法是让学习者到真实环境中去感受、去体验，而不是仅仅聆听别人关于这种经验的介绍和讲解。抛锚式教学模式将教学建立在有感染力的真实事件或真实问题的基础上。

抛锚式教学模式的关键是确定真实事件或真实问题，这被形象地比喻为抛锚，当这类事件或问题被确定，整个教学内容和教学进程也就会被确定。由于抛锚式教学要以真实事例或问题为基础，所以，有时也被称为实例式教学或基于问题的教学。

（三）随机进入式教学模式建构主义学习理论凭借"弹性认知理论"，将教学的主要目的定位为提高学生的理解能力和知识迁移能力。该理论认为，事物本身复杂多样,要准确地认识事物并把握事物本质及事物之间的内在联系,从而全面地进行意义建构,对学习者而言具有一定的困难,要全面深刻地认识事物、建构知识,适宜从不同的角度加以考虑。以"弹性认知理论"为理论基础,随机进入式教学模式强调随机性,学习者可以通过不同途径、不同方式进入同样教学内容的学习,摆脱教师单纯灌输知识的状况,从而获得对同一事物或同一问题多方面的认识与理解。

随机进入式教学模式的积极意义在于实现对事物理解和认识的提升,而不是简单对同一知识进行重复和巩固。然而,该模式必然对教师提出更高的要求,教师必须根据具体教学内容、学习者的学习特点及学习情况,及时引导学生开展多维度、多途径的学习,有效处理学生在学习过程中出现的个体差异性问题,并能激发学生的创新思维能力,使得不同学习者可以获得对同一事物或同一问题多方面的认知与理解。

第二节 建构主义学习理论对法学实践教学的应用

一、贯穿于法学实践的教学过程

建构主义学习理论认为,学习总是与一定社会文化背景相联系,实际的情景可以让学习者利用已有的经验积累和知识基础去检索与同化当前学习到的新知识,对新、旧知识产生新的认识,如果原有经验不能"同化"新知识,则要引起"顺应"的过程,即对原有认知结构进行改造与重组。通过"同化"与"顺应"的过程,学习者才能达到对新知识的"意义建构"。

由于真实与实际的"情景"具有复杂性、丰富性和生动性,传统课堂讲授不能给学习者提供更好的"意义建构"条件。建构主义学习理论认为,学习环境是学习者进行自主学习、探索的场所,学习者可以充分利用学习环境中的各种信息和工具实现自己的学习目标。[①] 在这一过程中,学生与教师、学生与学生之间的关系都发生了变化,学生不仅能得到教师的帮助与支持,而且学生之间也可以相互协作、相互支持。在建构主义学习理论指导下的教

---

① 孙晓楼.法律教育[M].北京:中国政法大学出版社,1997.

学设计，强调针对学习情境的设计，利用各种真实或信息模拟的资源来支持学习者进行主动探索并完成意义建构。

我国法学本科实践教学过程，通过实践知识教学、实践观摩教学、实践模拟教学和实践参与教学来完成。法学实践知识教学主要是对学生基础知识的教学，重点在于法律运行理论与实践的答疑解惑；实践观摩教学就是带领学生去法院旁听审判，获取司法现场的感性认知；模拟教学阶段是对有关真实情景模拟，让学生参与其中，体会法律程序和法律智慧；实践参与教学阶段是安排学生进入法律实务部门，协助法官、律师或检察官等办理真实的案件。整个过程呈现出四个逐层递进关系的实践教学阶段，建构主义学习理论一直贯穿其中，要求学生张扬个性，充分发挥学习的主体性意识，完成"意义建构"。学习者学习的过程是学习者原有知识结构在学习环境中与客体相互作用，不断进行"意义建构"的过程。

二、应用于法学实践的教学内容

建构主义学习理论认为，通过同化与顺应，学习者才能达到对新知识的"意义建构"。"意义建构"的关键意义表现在：①解构旧知识，即对原有的知识结构进行整理分析的过程；②建构新知识，学习者在具体的学习情境中，根据原有的知识结构基础，通过个人加工，将新的知识与原有知识进行分化、整合，形成新的认识两个方面。建构主义学习理论认为，对教学内容的把握需要通过"解构"与"建构"来完成，必须打破原有封闭结构，将原有系统瓦解后的各因素与外在因素重新自由结合，形成一种具有开放扩展特征的知识增长系统。①

法学本科实践教学的开展，通常以分组形式将学生分配至实践教学场所，使学生在特定的情境下进行自主学习，完成知识的"解构"与"建构"。第一，学生每天面对的并不是法学教材中所讲授的知识体系，而是一个个具体的人、法律关系和问题，以前在脑海中存储的经验知识瞬间无用了，他们必须去接触新的信息和符号，这必然冲击到原有的解码系统，这是解构的过程。第二，学生实习是要完成工作任务的，在解构自身知识原有系统的同时，面临着新符号和编码的进入，他们必须解答原有系统崩溃的原因才能合理地接纳新编

---

① 凌萍萍. 法学实践综合教程 [M]. 北京：气象出版社，2016.

码，并在重组编码和重新阐释的基础上最终提出解决问题的方案。学生在提出问题并小心求证的过程中，自身原有知识系统的各要素被分化、重组，教材中的法学理论、法律条文中的法律规则与社会现实在学生自身的主体意识中重新建立了一种链接，这就是新知识的出现。

三、实施于法学实践的教学方法

建构主义学习理论认为，学习者是教师教学指导的中心，教学的目的是让学习者建构自己的知识，学习者是建构知识的主体，是价值世界和经验世界的建构者。[①]在教学过程中，教师并不占有主体地位，教师发挥得更多的是辅助和促进的作用。与传统的教学模式相比，建构主义学习理论中的教师与学习者地位、教师作用、教学方法都发生了较大变化，更加强调在尊重学习者主体性的前提下，促进学习者个体知识的形成。学习者与周围环境的交互作用对学习内容的理解起着关键性的作用，学生在教师组织和引导下参与讨论与交流，建立起学习群体并成为其中的一员。在这样的群体中，知识和思维通过协作的方式进行共享，学习者通过协商、辩论和讨论，在个体和群体的意义上都实现了对所学知识的"意义建构"。

在法学专业实践教学期间，学生根据指导教师的要求，依托社会实践基地、模拟法庭、法律诊所等实践教学平台，通过对具体法律事务的参与，让学生在潜移默化之中将所学知识在实践中进行检验、扬弃和重组，锻炼和提升自身适应社会现实的法学素养和能力。法学实践教学方法的运用，其实质就是以建构主义理论为基础展开的，即学习者是根据自己的经验、思维逐渐建构知识，学习者个体直接参与而不是被动接受，学习活动是学习者根据个体的学习、积累、推论、反思等一系列具体实践活动而形成的，教师只是观察者、协助者、启发者和促进者。显而易见，建构主义的"意义建构"自始至终都强调主观与客观相结合，即个人经验及原有认知结构与事物性质及事物之间内在联系，结合建构主义学习理论的内核和精神，在法学实践教学的方法中得以全面地应用。

[①] 房文翠.法学教育中的法学实践教学原则[J].中国大学教学，2010（6）.

第三节 基于建构主义学习理论的法学实践教学体系建设

一、法学实践教学体系建设的系统化

建构主义学习理论要求知识以及专业理论的形成与培养均需要学习者自己去构建完善,从而最终形成完整的理论体系。从系统化的角度来看,建构主义学习理论给法学实践教学提出了三点要求。

首先,从宏观层面来看,建构主义学习理论要求法学实践教学形成明确的知识系统与框架,将孤立、分散的实践教学环节联系起来,使各实践教学环节既具有相对独立性,又相互支撑,实现各实践教学环节的和谐共生。

其次,从中观层面来看,建构主义学习理论的要求是按照系统知识的指导,形成以宪法为核心、以各个部门法为主要支撑、以实体法为主要目的、以程序法为主要手段的法学体系,在实践、应用和观察中逐渐形成对法学理论系统的理解与感悟,并且将理解转化为对知识的补充与扩大,从而最终构建起完整的知识体系,也只有通过这种方式才能够对知识进行科学、完整的消化吸收,实现知识体系的完整与系统。

最后,从微观层面来看,实践教学是对实体法与程序法、应然法与实然法等在实际操作中进行应用。例如,通过刑事法庭或者民事法庭某一类型法庭的学习,在原先理论学习的基础上,将知识系统化、完善化,并不是盲目进行实践学习。

二、法学实践教学体系建设的层次化

建构主义学习理论最为重要的要求就是循序渐进地接受知识,在积累与更新过程中不断完善知识,在发展过程中形成对某项知识与事物的理解。以层次化的角度来分析,建构主义学习理论要求法学实践教学要尊重规律,注重知识、实践传授的层次性,让学生在实践学习中经历由浅入深、从低到高的过程,循序渐进,最大限度地实现法学实践教学的作用。

从法学实践教学体系的构成形式来看,建构主义学习理论要求对实践教

学环节在不同层次上进行合理分布。①对自主学习能力要求低的实践教学环节设于较低年级，比如，模拟法庭和实践基地教学，通过案例材料或实习选题引导学生进行模式化的学习；而对自主学习能力要求高的实践教学环节设于高年级，比如，法学实验室和法律诊所，充分发挥学生的主观能动性。通过构建层次分明的实践教学体系，使学生在学习、实践过程中逐步获取和完善知识，形成合理的法学专业知识体系。

从法学实践教学体系的内容来看，建构主义学习理论要求实践教学循序渐进地展开，构建起从法理学、法制史等理论法学到宪法母法，再到刑法或民法等各大部门法的多层次法学专业知识体系。如果没有科学合理的理论指导，在实践教学过程中会出现理解上的混乱，以至于让学生对接收到的知识无动于衷，产生心理上的挫败感，进而无法真正构建层次分明的知识体系。

从法学实践教学体系的运行过程来看，建构主义学习理论指导下的实践教学，强调在实践过程中反复构建知识框架，不断补充与扩展新知识，这个过程本身也是层次化的。首先，学生在课堂教学过程中建立对法学知识的初步认识，大多是较为宏观与理论的认知；其次，在这些理论的指导之下，学生在课后自主学习中扩展新知识；再次，经过实践教学发现理论与实践的差异，对理论或实践进行修正；最后，学生在头脑中形成层次分明、主次清晰的法学理论与实践的知识体系。

三、法学实践教学体系建设的特色化

建构主义学习理论提倡情境性教学，即教学应使学习在与现实情境相类似的情境中发生，以解决学生在现实生活中遇到的问题为目标。

从实践教学体系的整体情境来看，建构主义学习理论要求学习内容选择真实性任务，不能对其进行过于简单化的处理，使其远离现实的问题情境。由于具体问题往往同时与多个概念理论相关，对此有学者主张弱化学科界限，强调学科间的交叉。②目前，高校法学本科人才培养实践教学还缺乏围绕行业特色、学科优势开展，不利于提升法学实践教学的影响力、竞争力。法学本科实践教学体系建设，应根据学生在不同学习阶段对行业特色、学科特色

---

① 谷永超.法学专业实践教学体系的研究与实践[J].高等函授学报哲学社会科学版，2011（12）：57.

② 江军辉.法学专业实践教学体系构建研究[J].安康学院学报，2009（3）：21.

的认知与需求，安排有特色的实践教学内容。

　　从实践教学体系的个体情境来看，建构主义学习理论要求以学生为中心，重视学生主体之间的差异性。每个学生在实践教学过程中遇到的问题既有相同也有不同，即使遇到相同的问题，学生也会因个人理解而存在差异，导致最终解决问题的方式方法不尽相同，使得实践教学体系的运作在个体之间存在差异，表现出明显的特色化。此外，法学专业知识体系对于学生主体而言也是独一无二的，对该体系的把握与理解只有学生个体可以进行深入的研究和分析，除去主体本身，其他人无法进入其构建的知识体系中，无法将其经过实践教学之后的心得体会适用到自己身上，因此，建构主义学习理论指导下的实践教学体系在结果上具明显的特色化。

第六章　高校法学实践课程的设置

实践教学是培养法律专门人才的一种有效手段。应遵循目标明确化、结构系统化、形式规范化三项原则以确保课程设置的实效性；同时应综合考虑教学目标、学生的个性发展、社会需求与教学条件几项因素，明确课程设置的方向。本章主要从法学实践课程的分类、参与主体以及课程的设置原则与考核几方面进行简单论述。

第一节　法学实践课程的分类

就目前法学本科实践课程的内容模式上来看，我国多采用的是以专业实习和毕业论文为主要环节的"2+X"实践教学体系，"2"指的是专业实习和毕业论文，"X"则指的是常规的观摩实习、模拟审判、模拟法庭、法律咨询、法律援助、诊所教育等多种方式。各大高校对法学实践教学的理解有着一定程度的区别，其进行实践教学的资源也有着各自的特点。总体来看，法学本科实践课程内容体系可以分为五种类型。

一、观摩型课程体系概述

观摩型课程体系的特征在于使学生处于观察者的位置，通过对法律适用阶段以及与司法实践相关的形象观摩，了解和加深对课堂学习内容的认识，从而获取最为直观的司法感知。[①] 观摩型课程体系主要分为单纯认知型观摩（例如法院、检察院等司法机关的参观性观摩）和实践效仿型观摩（例如庭审观摩等）。单纯认知型观摩适合法学低年级学生，在其刚接触法律专业时，

---

① 韩川.在法学实践教学中发挥庭审观摩作用的思考[J].重庆科技学院学报.社会科学版，2010（9）.

单纯认知型观摩有助于学生直观、全面地认识法律职业部门的工作模式与工作状态，为其进一步的专业学习提供基本的动力与方向。相对于单纯认知型观摩，实践效仿型观摩对学生实践能力的培养则显得更为重要与有效。其中的庭审观摩最具代表性，庭审观摩是指组织学生到法院现场观摩法庭审判的活动，这种活动主要适用于刚入校的学生，使其对法律的应用有一个感性的认识，是一种很重要的直观教学方法。这种教学方法将学生置于现实审判场景之中，让学生直接观察实际的审判活动，既能观察到法官如何审判，又能观察到当事人、律师、证人以及刑事案件公诉人等的诉讼行为，使枯燥的法律知识更具有立体性，便于学生了解诉讼程序的实际运行、案件所含法律事实的认定与法律知识的运用。[①]

二、实践知识型课程体系概述

实践知识型课程体系的特征在于通过讲授和自学，使学生系统地掌握有关司法实践的基本知识。这种课程的特点与一般的实践课程有着本质的不同，这类课程是实践课程的理论基础。因此，其教学手段通常是通过传统的传授型教学来实现的，具体主要是司法文书写作、法学讲座、法学论坛等方式。司法文书写作指的是教师向学生们讲解司法实践中常见的重要文书写作的一般方法和写作艺术的课程。该课程要求教师重在对文书写作的一般常识进行说明，指导学生针对不同的案件，草拟各种文书。法学讲座可以分为一般性的法学讲座与专题类的法学讲座两类。一般性的法学讲座主要是聘请某部门法的专家或者司法从业人员就法律实务中的技巧、方法或常见的问题进行讲解，以帮助学生更好地认识司法实践；而专题类的法学讲座主要是指针对某一具体的法律问题进行的针对性讲座，这种讲座的前沿性与专业性则更强。法学论坛是以学生为主体的一种讨论活动。

三、模拟体验型课程体系概述

模拟体验是指在教学中教师积极创设各种情境，引导学生由被动到主动、由依赖到自主、由接受性到创造性地对教学情境进行体验，达到促进学生主动、充分、自由地学习的目的。模拟体验型课程体系的特征在于学生通过模

---

① 凌萍萍. 法学实践综合教程 [M]. 北京：气象出版社，2016.

拟各类法律实务活动获得对司法实践的完整认识,具体主要有:模拟审判、疑案辩论、证据试验等方式。在模拟审判中,学生在教师的指导下,根据精选的典型案例,分别担任法官、检察官、律师、书记员、证人、当事人等不同的角色,经过精心准备,共同参与案件的模拟审理,将在课堂上学习的法学理论和司法实践紧密结合起来。疑案辩论是案例教学法的一种体现。案例教学实施的特点就是通过真实案例来启发学生学习法律的热情,提高运用法律的技能,提升法律的价值。疑案辩论是学生结合案件给定的情节,根据法律规定来认定案件事实、判断案件性质、提炼争议焦点、分析法律适用、论证法理阐述的综合性训练方式。这种针对个案的模拟进行的实践教学,往往能够加深学生对具体问题的发现和分析能力的培养,以及表达能力的提高。证据试验是对物证、书证中的痕迹检验、笔迹鉴定等,通过实验仪器的应用、提取和分析,获得证据,形成一般规律性的证据认识的过程。

四、直接参与型课程体系概述

直接参与型课程能够使学生对法律专业知识的运用有着更为直接、客观的认识和体会。这种课程将学生置身于一种完全真实的情景中,运用其所学的专业知识和综合素质,来面对实际发生的法律问题,并与真实的人员和机构进行交往。[①]这种参与是对学生的专业知识、应用能力和人际交往能力的综合训练,具体主要有:司法见习、法律诊所、专业实习、法律咨询、法律援助等方式。司法见习指的是学生到国家机关或社会组织,从事为期较短的司法实务工作的一种课程形式。司法见习的最大优势在于能够让学生在短时间内对部门法的具体适用有一个概括性的认识。法律诊所是在课程体系中设置法律诊所教授的课程,使学生在院、系教师同时也是兼职律师的指导下,通过为处于不利地位的委托人提供法律服务的方式进行学习的一种实践性课程。法律诊所由于具有较强的针对性与独立性,因此,其对学生专业实践能力的训练效果最为明显。专业实习指的是利用一段较长的正式教学时间,安排学生到司法部门或律师事务所等地方从事一定实际工作,由实习单位和学校共同评定学生成绩的实践性课程。专业实习能够为学生提供更为完整的法学实践过程。法律咨询是指组织学生到学校、社区等公共场所或法律援助机

① 杜承铭.法学教育改革与法学实验教学模式探索[M].厦门:厦门大学出版社,2011.

构进行法律宣传并现场回答群众咨询的一种实践性活动。法律咨询既可以训练学生应变的能力，还可以提升学生用专业知识为社会大众服务的意识。法律援助是法律诊所和法律咨询两类课程形式的有机结合。实践中法学院通常与志愿者活动结合起来，为特定的群众群体提供义务的法律援助。

五、思考研究型课程体系概述

思考研究型课程主要通过学年论文、毕业论文等形式来实现学生理论水平和研究能力的提高。单纯的实践课程并不能够完全提升学生的实践运用能力，只有在实践之后再进行理论学习和总结，才能够获得更为深入的知识体系。在法学专业的学习过程中不仅需要单纯的吸入式学习，还需要拓展性和深入性学习，这种更深层次的学习模式需要通过思考类的课程来实现。学年论文是学生在教师的指导下，通过查阅资料，结合实践体验选择自己感兴趣的议题，撰写学术小论文，并将其作为课程成绩一部分的一种实践教学活动。毕业论文是法学专业本科教育的实践教学环节之一，是培养学生综合运用专业知识分析和解决问题的能力，是检验学生学习效果和理论研究水平的重要手段。毕业论文作为本科阶段学术最高成果的一门实践性课程，具有成果的理论性、导师指导的延续性、评价标准的高位性、适当的创新性等特点。

第二节 法学实践课程的参与主体

实践教学活动是教师的教和学生的学相统一的过程，教师是实践教学活动的主导者，学生是实践教学活动的参与者，只有实现教师教的主导性与学生学的主动性相结合，才能实现理论与实践的结合，达到"知"与"行"的统一，实现教育的最终目标。法学实践课程是一个相对复杂的互动过程，这个互动过程包括三种模式：一是教师与学生的"教"与"学"的互动模式；二是实践部门与学生之间的互动模式；三是学生之间在实践教学过程中的协作互动模式。这三种是最为基本的互动模式，除此之外，高校对实践教学的指导与规范也应当成为一种独立的参与互动模式。因此，高校、教师、实践部门的指导教师以及学生共同构成了法学实践课程的参与主体。

一、法学实践课程的参与主体之高校

高校作为法学实践课程的宏观指导者，虽然并不直接参与实践课程之中，但是作为实践课程的承载主体，其必须为法学实践课程的开设创造以下两个条件。

（一）实践基地的建立

实践基地是实践教学的基础性条件，任何实践教学都依赖于实践基地的建立。实践教学基地建设是实践教学的重要支撑，是理论课教学的延伸，是促进产、学、研结合，加强学校和社会联系，利用社会力量和资源联合办学的重要举措，是确保实践质量，增强学生实践能力、创新能力的重要手段。建设高质量的实践教学基地直接关系到实践教学质量，是培养复合型应用人才的必备条件。

（二）实践教学管理制度的制定

由于法学实践教学具有开放性、互动性、分散性、自主性等特点，实践教学如果要合理有序地进行，必须要有一套规范的操作体系，需要制度化，以保障其成为一项常规工作。高校应当针对实践教学的各个环节，进行规章制度的建设，使得法学实践教学在一个制度体系的层面上进行。同时需要结合前沿性的社会需求，及时地调整实践教学的目标，保证实践教学与时代的接轨性。

二、法学实践课程的参与主体之校内指导教师

在任何教学活动中，教师都起着导向性的作用，但是在不同的教学种类中，教师的地位存在差异；在理论教学中，教师的作用是主导性和主体性的；但是在实践教学中，由于强调学生的主体性与自主性，教师的主导性作用应当适当弱化，应当从传统的主导性参与者转变为引导性参与者。在传统教学模式中，实践教学是教师掌控下的教学过程，教师在法学教学的组织与实施过程中，始终处于方案设计、组织辅导、参与评估的主要角色，学生处于受动的客体位置，被动地接受教师组织实施的实践教学活动。随着实践教学的不断完善和发展，教师应当发挥方向指导、管理服务等职能，指导学生根据

自己的专业特点、学科背景、性格特征等，自主创设教学情景与形式，充分发挥学生的主体能动性，学生则成为实践教学活动的主体。但是由于实践教学的特殊性，需要教师具备以下几个方面的条件：一是理论的充实性，实践必须在理论的指导下进行，充足的理论知识能使得实践具有更强的针对性与前沿性；二是实践经历的丰富性，这是实践教学对教师的特殊性要求，法学实践课程需要"双师型"的教师，教师必须具备基本的实践经历，能够合理、熟练地运用法律，这是从事实践教学的必备条件。

三、法学实践课程的参与主体之实践部门的指导教师

在英美等国家，法学教授、法官和律师之间有良性的职业流通渠道，从事律师多年后可以担任法学教授，法学教授可以晋升为大法官。实践部门的工作人员具有丰富的实践经验，能够根据自身的行业特点对学生做出具有针对性的指导。就实践课程的内容来看，每个不同的实践课程需要不同类型的实践指导教师，这需要高校以及专职教师根据课程特点来进行有计划的调配，以实现最佳的教学效果。除了高校指导教师之外，法学实践往往以课内课外结合的形式进行，这就对教师的多元化提出了相应的要求，除了校内的指导教师，还应当有富有经验的法官、检察官和律师以及其他从事法律实践工作的人员担任实践教学的指导教师，使学生接触真实的法律实践。除此之外，也可以从法律实践部门引进高素质、经验丰富的专业人员充实到教师队伍中。

四、法学实践课程的参与主体之学生

实践课程中学生的主体地位是指学生在整个教育教学过程中居于中心。由于法学实践课程的方式已经发生了较为明显的转变，法学实践课程的种类开始不断地丰富。[①] 实践课程主要以集中实践与分散实践相结合、课内实践与课外实践相结合、平时实践与假期实践相结合、专业实践与思想政治理论课相结合、全体实践与重点实践相结合的方式来实现。不同形式的实践教学课程决定了教师无法主导整个实践过程，很多实践课程必须依靠学生自主去完成。因此，学生主体地位的明确是保证法学实践教学能否顺利实施的重要前提。学生在这个过程中的主体性主要体现在两个方面：①实践行为的独立

---

① 王崇敏，王琦.法学实践性教学与应用型法律人才培养[M].长春：吉林大学出版社，2011.

性。学生在教师的指导下，独立完成实践行为，这种独立性既体现在行为上，也体现在思维方式上，学生必须结合自身的需求来设定实践的具体方案，保证方案的可行性与效用性。②实践模式的自主性。学生在实践教学要求的指引下，可以根据自己的兴趣、专业方向来对实践课程的具体模式和具体内容进行选择。

法学实践课程是一个多主体参与的课程，需要多个主体的统一协调才能顺利进行。

第三节　法学实践课程的设置原则与考核

一、法学实践课程的设置原则

任何学科的课程设置必须考虑本学科的教学目标，法学实践课程的设置一方面要考察教学的实效性，另一方面也要考虑课程设置的可行性及效果，在设置法学实践课程之前，首先应当对其设立的原则予以明确。

（一）科学性

课程的设置应当具有科学性，该原则要求在构建法学实践课程体系时，不能只停留在具体课程形态上，而需要整体考虑法律专业培养模式。具体而言，其包括两个层面的含义。

1. 全面性。全面性是建立在法律专业的整体教学基础之上的，课程体系的设计要反映与课程相关的所有要素。对教育目标的具体要素进行分析，为学生需要具备的每一种能力的培养而开设的课程进行全面的规划。

2. 系统性。实践性课程体系应当形成一个有机的整体，关注体系中各部分之间的联系。优质教育的产生不是偶然的，它需要周详的计划、娴熟的教学以及能确保每位学生有机会达到所修课程之目标的总体结构安排。各门课程之间应当形成一种合力，实现实践教学效果的最佳化。需要注意的是，这里的系统性既包括课程体系内的系统性，也包括课程体系外配套制度的系统性。

（二）可操作性

可操作性原则要求法学本科实践性课程体系具有实际操作性。实践性课程应当实现课上与课下相结合、课内与课外相结合的目标。增强实践性课程体系的操作性，是保证课程体系质量的手段。各高等院校的法学专业应当结合本校和本地区的实际情况，在设置课程时，需要保证实践课程的可操作性。可操作性的保障需要考虑三个方面的因素：①本校的专业方向。每个学校的专业方向侧重有所不同，每个高校应当根据自身的专业特色来选定相应的课程。行业性高校则更应当根据自身的行业特色来确定自身的培养方向，从而设置相对应的实践课程。②师资构成。要从单纯的理论型师资与实践型师资的差异着手，重点突出实践型师资对实践课程开设的重要性，具有实践型师资力量的方向才可以开设相对应的实践课程。③实践基地资源。对实践课程的开设最为重要的一点就是实践基地的建立，如果实践课程没有对应的实践基地，那么实践课程的开设就形同虚设，或者达不到预期的效果。

（三）多样性与开放性

司法实践的丰富性必然带来课程内容的多样性。高等教育的发展是在不断的改革与创新中逐步完善的，课程体系也需要根据司法实践的需求进行适度而及时地调整。课程形态多样化是确保实践性课程在法学教育中的地位的重要因素。从某种程度上来说，法学实践课程设置的唯一标准应当是社会的需求，越是稀缺性的行业需求，越能体现实践课程开设的必要性。因此，法学实践课程体系应当是一个开放性的体系。随着社会的不断发展，需要法律人才的行业会越来越多，这些行业既有传统型行业，也有新型行业，新型行业对法律人才的需要必然呈现出新的状态。因此，法律实践课程应当与社会行业的变化紧密结合。同时，也应当针对社会各行业对法律人才的需求量来确定实践课程的开设。各高校还应当根据自身的特点来开设特色的法学实践课，尤其是行业性较强的高校，应当根据自身的行业特点、行业需求来确定具体的实践课程。将传统的实践课程与特定的行业实践课程相结合，培养具有行业方向性、特色鲜明的专业人才。

二、法学实践课程的考核

教育部《关于普通高等学校修订本科专业教学计划的原则意见》规定：实践教学可根据各专业的实际情况采取分散与集中相结合的办法进行安排，但要制定明确的评价、监测标准和方式。制定科学的考核制度是实施考核的前提，法学本科实践课程的考评体系是衡量课程开展效果和学生学习成果的重要标准，考核方式的科学性程度直接体现对学生个人专业能力的考察是否合理。考核制度应详细规定考核所依据的标准、采用的方法和实施的步骤，可以从以下两方面着手。

（一）科学的考核标准的制定

实践教学法是一种全新的方法，应当对学生在实践过程中的表现进行综合性评价，而不应当按照传统考核标准进行单纯的结果考核，实现从对结果的考核向对过程的考核转移。具体的考核标准应当包括三个方面的内容。

1. 选题的合理性。选题是指学生在实践课程的学习过程中，能够根据自身的特点，选择适合自己的实践选题，保证选题的可操作性与前沿性。[①] 实践课程种类的多样性决定了每个学生都应该有一套与自身优势相配套的课程体系，在课程体系的选择过程中往往能够体现出学生的判断能力与决策能力。

2. 综合能力的判断。实践课程通常来说具有一定的时间跨度，在实践课程的考核中不能仅仅根据实践课程的结果来判断学生专业能力的强弱，而应当根据每个学生在实践课程的学习中所体现出来的组织、协调、配合等能力以及对专业知识把握的熟练程度、灵活程度等因素来对学生进行合理的评价。

3. 最终成果的鉴定。最终成果应当是指学生在实践课程学习过程中所总结出来的书面、口头以及其他各种形式的结论性成果。这种成果可以体现学生对整个实践课程学习所获得的收获，同时也能体现其在专业学习总结方面的能力。尤其是以具体实践行为作为课程结束方式的实践课程，这种最终成果的鉴定则显得尤为重要。

---

① 杨国祥，丁钢.高等职业教育发展的战略与实践[M].北京：机械工业出版社，2006.

（二）实践课成绩评定的模式

课程成绩的评定模式应当由课程的性质决定，理论课程与实践课程在课程性质、课程考察方式上具有很大程度的区别，其评定应当有着各自独立的模式。

1. 综合考评

实践课程重在培养学生个体对法律知识和技能的体验与提高，不可能有完全一样的评价标准，必须结合学生的个体实际。在成绩评定时应当将学生成绩分为不同的部分来设定，即学生自评、实践小组评定、实践工作者评定以及教师评定。学生自评将成为老师评定的重要依据。同时，实践课程往往是依托小组这一载体进行的，如法学论坛、学术沙龙、法律实务与案例研究、模拟法庭等，可以将学生间的互评作为考核的依据。实践工作者评定是指法官、检察官、律师等参与法学实践教学的人员对参与实践的学生的表现所做的评价。这是实践教学区别于其他课程评价的重要特征，也是实践教学开放性原则的重要体现。而教师的最终评定主要通过实践教学活动，考察学生的法律研修能力是否得到加强，对法律的学习方法是否有更深一步的了解，以及在实践中学习到的方法能否应用到其他课程的学习来实现。

2. 考核方式的多样性

实践内容的丰富性决定了实践形式的多样性。实践课程可以采用多种形式的综合考核，如实践报告、口试、笔试、现场操作等，以使考评成绩更趋于合理。每一种考核方式体现出学生不同的能力。例如，实践报告能够反映出学生对法律问题的认识、思考、总结的整个过程，因此，实践报告对学生的综合分析能力有着一定的要求。口试能够体现出学生的专业术语运用能力、口头表达能力、应变能力、与人交往能力等；笔试能够考查学生对知识的掌握程度以及对写作技巧的把握；现场操作则最能体现学生综合性的实践能力。通过多种模式的考核，才能够全面、客观地对学生的能力进行一个准确的判断。

第七章 高校法学教育实践教学模式探索

法律是一门实践性极强的学科，仅仅进行理论教学，没有一定数量的实践活动是无法真正学好法律的。社会对法律人士的要求是能够运用法律解决纠纷，而不是对基本概念的熟悉程度。但是，目前传统的法学教育在很大程度上忽略了这一实践过程，还是以满堂的理论学为主，以书面的试卷进行考核，要求学生熟悉书本，背诵法条。本章就以上问题主要论述法学教育实践教学目标指引性设计、实践教学模式系统化建设以及实践教学形式多元化发展。

第一节 法学教育实践教学目标指引性设计

我国法学教育层次之多堪称世界之最。不仅有法学本科、硕士、博士三个基本层次的学历和学位教育（其中硕士学位教育又分法学硕士和法律硕士），而且还有法学大专、中专教育，另有大量的法学成人教育，各级党校也在从事一定形式和规模的法学教育。此外，我国各级法官院校、检察官院校和公安院校还形成了各具特色的法律职业培训。鉴于此，国家发展大计以及教育政策都开始研究如何对法学教育各层次进行目标定位。

有人认为，我国法学教育的培养目标应建立在区别对待基础上的分类型和分层次定位。法学本科教育要培养出法律及其他专业知识丰富，能够适应现代社会多方面需要的法律人才；法律硕士教育完全定位为法律专业的职业教育；法学硕士定位为法学研究和法律职业综合培养目标；法学博士定位在法学研究类型人才的培养方面。我们从中发现，培养层次越高，法律人才的职业性和理论性水平要求越高。也就是说，高素质法律人才的培养必然以职业化为目标，也必然要走理论促进实践、实践反哺理论的良性循环的发展道路。那么，在法学本科教育层次，就应当培养法学学生基本素养，对本科阶段的人才培养目标进行定位。

一、传统法律人才培养目标

长期以来，我国法学教育界对法学教育的培养目标并没有形成完全统一的看法，存在精英培养目标、职业教育目标、通识教育目标等不同观点。

（一）精英培养目标

精英培养目标认为，仅面向司法机关及律师事务所法律实践部门是法学专业培养人才的目标，需要具有法律专门知识与技能、掌握法律理论以及良好的思想道德修养。

（二）通识教育目标

该目标认为，高等法学教育培养的人才不能只通晓法律，而是要熟知各种相关学科知识，包括人文社会科学以及自然科学的知识。法学教育应以培养学生的能力、提高综合素质为主要内容。

（三）职业教育目标

职业教育目标指的是高等法学教育应该以培养法律职业人才为最终目标。其主要在于对学生进行法律理论知识、实践能力及应用法律处理现实问题的训练。

目前，很多高校课程设置都以精英教育为轴，尤其是实践课程的设置，有些直接以审判、检察、辩护业务为内容；以职业教育为侧重，毕竟就业对于学生来说是十分重要的；以通识教育为拓展，通过公共选修、辅修、自考等方式提供学生自选拓展的机会。其实这些法学教育目标之间并非对立的存在，而是相辅相成、相互促进的存在。总的来看，在法学人才的必备素质和拓展素质方面，各目标还是达成了一定的共识，比如，通晓法学理论、具备实践能力、深谙法学伦理等是必备素质，熟悉相关学科知识、具备涉外能力等则为拓展素质。

有人认为，法律人的职业性是知识、能力、素质三者的有机结合；也有人认为，法学本科教育必须完成三大任务：①培养学生的法学素养；②培养学生的职业素养；③培养学生的综合素养。虽然大家从不同的角度对法学人才所需的素质进行了界定，但是，对于法学学生应具备一定的实践能力已经达成了共识。法学实践教学的目标亦应符合法学人才培养的目标，按照知识、能力、素质的要求或者按照法学素养、综合素养、职业素养的框架来构建法学本科实践教学的科学目标和系统模式。

二、政策法律人才培养目标

在我国法学学生的能力构成中，仅仅能够完成基本的知识储备，不仅不具备法律职业人的综合能力，甚至连最基本的法律应用能力都不具备，因此培养应用型法律人才便成为法学教育改革的硬性目标。

改革政策如此导向的原因是因为作为知识储备的重要环节，研习法学理论已经得到了广泛的重视，无须再度加重力度；另外，复合型人才属于对法律人才拓展素质的要求，各政策均未做出硬性规定，也未纳入考核体系，属于各院校按照自身办学实力和学生能力进行选择的扩展科目；而对于应用型法律人才的培养则受到了各大政策的重点关注，弥补法科学生实践能力的重要途径便是加强法学实践教学。

（一）卓越法律人才培养计划对应用型法学人才培养的要求。培养应用型、复合型法律职业人是实施卓越法律人才教育培养计划的重点。

1. 适应多样化法律职业要求。坚持厚基础、宽口径，强化学生的法律职业伦理教育，强化学生法律实务技能，培养提高学生运用法学与其他学科知识方法解决实际法律问题的能力，促进法学教育与法律职业的深度衔接。

2. 把培养涉外法律人才作为培养应用型、复合型法律职业人才的突破口。适应世界多元化、经济全球化深入发展和国家对外开放的需要，培养一批具有国际视野、通晓国际规则，能够参与国际法律事务和维护国家利益的涉外法律人才。

3. 把培养西部基层法律人才作为培养应用型、复合型法律职业人才的着力点。适应西部跨越式发展和长治久安的需要，结合政法人才培养体制改革，面向西部基层政法机关，培养一批具有奉献精神和较强实践能力、能够"下得去，用得上，留得住"的基层法律人才。

（二）高等学校本科教学质量与教学改革工程的工作重点。实践教学与人才培养模式改革创新是该工程的重要内容之一。它要求大力加强实验、实践教学改革，重点建设500个左右实验教学示范中心，推进高校实验教学内容、方法、手段、队伍、管理及实验教学模式的改革与创新。开展基于企业的大学生实践基地建设试点，拓宽学生的校外实践渠道。实施大学生创新性实验计划，支持15000个由优秀学生进行的创新性试验，促进学生自主创新兴趣和能力的培养。择优选择500个左右的人才培养模式创新实验区，推进高等学校在教学内容、课程体系、实践环节等方面进行人才培养模式的综合改革，以倡导启发式教学和研究性学习为核心，探索教学理念、培养模式和管理机制的全方位创新。

三、对法学实践教学科学目标的选择

关于法律人才的培养目标经过了激烈的争论，有人支持法学本身是一门逻辑性很强的学科，做好学术型研究是法学本科生的基本学习内容；更有人把"法律是经验的，绝不是逻辑的"奉为至理名言，所以，支持法学本科生应当注重法律的实践和运用，同时，法学学生的实践能力培养和法学实践教学体系的建设已受到了自上而下的政策性关注，所以，应用型、复合型人才培养是法学人才培养的科学目标。总体看来，两种争论是站在法学人才所需素质的两个方面各执一词，然而现实情况是，学术研究和实践应用对于法学学生而言犹如硬币的两面，根本就没有必要区分高下，对于法学本科学生的培养可以通过专业理论教学和实践教学两种方式达到两种能力的培养，理论教学是法学本科学生基础构建的必要，而实践教学的目标应当适当服务于理论教学、促进理论学习，同时，尽可能地实现对学生应用能力的培养，把服务于理论教学和培养应用型甚至是复合型法律人才作为法学实践教学的科学目标，并结合不同的教学形式，细化各教学内容的具体实施目标，比如，促进理论学习的认知型实践教学，以及促进学生实践操作的能力型实践教学。

现如今人们面对的现实是：法学实践教学的总体目标尚可大致明确，但是具体到各实践教学科目、单项教学活动时，实践教学目标就显得不够清晰。无论是理论课程，还是实践教学活动，都要在特定的、专属的教学目标指引下进行。如在理论课程中，对于每个章节、每个知识点的学习都会设置相应的掌握程度的要求，如对某知识点要求识记、理解、熟练运用等不同层次的掌握程度。因此，在实践教学中也应当设置课程环节的具体目标，如庭审观摩实践教学活动，可以把目标定为促进理论认知，而对于模拟法庭、法律诊所等形式的教学，可以把目标确定为实践能力的培养等。当然，这种区分并非绝对，而是一种相对的、分主次的对待而已。这一点在案例教学法中体现得尤为明显，在理论课堂上开设的案例讲授应以促进理论认知为核心，而单独开设的综合性案例分析课堂则应以学生的动手能力培养为核心。这种现象总结起来即体现为：穿插的实践环节随意性强，专设的实践课程目的性不足，有些仍旧只坚守着以"教"为主的模式，只能够使学生的实务认知能力有所提升，而其实践能力却无法得到锻炼。所以，制定更细化的实践教学目标是科学地为实践教学定性、定位、定量，促进实践教学的目标化、系统化、规范化的必然要求。统一、规范的指导和部署是避免事倍功半，达到有目标、有步骤、分阶段锻炼的必经途径。

正如人生的规划需要长期和短期目标的有效结合，法学实践教学的目标建设也需要大目标和小目标的紧密配合。在最外延的目标范畴内，应当是法律人才的培养，这个人才培养目标既含有人文的目标，也含有职业的目标，囊括了知识、能力、素质三个层次。所以，法律人才的培养必然要求理论与实践的双重结合，如果说理论教学的目标更侧重于知识，则实践教学的目标更侧重于能力，二者共同累积成为法律人才的素质。所以，不可以片面地看待理论教学和实践教学的目标指向，坚持理论与实践、知识与能力的相辅相成、相互促进才是处理二者关系的正确态度。就小目标而言，落实到各个实践教学活动、理论教学课堂的教学目的，基于确切的目标指引才不会使师生在教学中偏离方向，减少师生在教学活动中的无用功。

总而言之，在培养法律人才的教育目标之下，区别于研究型的理论教学而进行的法学实践教学活动，当以促进理论研究和培养学生复合型、应用型能力为目标。在教学活动中，应当具体结合各教学形式的时间、特点，制定明确的教学活动目的，区分认知型实践教学活动和能力型实践教学活动，再结合学生的个人兴趣选择以及能力范围，对其进行基础理论知识、复合知识以及基础应用能力和复合能力的培养，进行分层分段式的培养，从而使教学活动更具有目的性和综合性，全面地服务于提升法律人才素质的终极目标。

第二节　法学教育实践教学模式系统化建设

"法律人才培养模式"是指在现代教育理论的指导下，按照特定的培养目标，以相对稳定的教学内容和课程体系、管理制度和评估方式，实施法律人才教育过程的总和。而法学实践教学当属于法律人才培养中的一个重要环节，也必须置于宏观的"法律人才培养模式"之下构建属于自己的"法学实践教学模式"。

其中，目标的确立是人才培养模式的设计基础，因为法律人才的培养必须将培养目标与培养方式联系起来进行合理的安排。应当把应用型、复合型法律人才的培养目标作为法学实践教学的科学目标，在此目标指引之下，法律人才培养模式需集学术教育和职业教育于一体，从法律人才培养模式的历史和国外的培养模式中总结经验教训，在宏观上为法学实践教学创建一套系统的体系。

那么，首先应当关注的是构成系统化法学实践教学模式的各个环节和步骤。其中包括法学实践教学的教学计划、教学管理、教学配套等环节，也包括教学形式等实践教学内容的具体载体。

一、教学计划的现状

一个完整的法律人才培养计划既应该包括法学理论教学计划，也应该包括法学实践教学计划，两个计划的均等重视和有机配合将在宏观上影响法学人才培养的效果。实践中，法学人才培养计划存在不能与理论教学严密配合等问题。

实践教学计划通常会涵括教学目标、课程设置等法律人才培养最基础的问题，所以，计划的制定反映着人才培养的需求导向，也会作用于学生学习的实际效果，其在法学实践教学中的地位举足轻重。目前，各高校实践教学计划中往往包括以下几点内容：

（一）现下盛行的是"3+1"人才培养模式

即在校法学专业学生3年内学完公共基础课和包括教育部确定的法学专业14门核心课程在内的所有专业基础课及方向课，最后1年进行法学知识与技能的强化训练与提升，或者着重培养学生某一方向的理论知识与技能。对于基数"3"，各院校的理解大同小异，只是课程设置略有不同；但是加项"1"的内涵和执行情况则千差万别，效果也不尽相同。

在基数"3"中，各高校均以理论学习为主，同时，兼顾课内实践教学和课外社会实践等，虽然前3年的课程主要以理论学习为主，但并不因此忽略课内实训环节，各校的培养方案中通常会规定课堂实践实训教学时间，专业科目会根据各自科目的特点分别设置不同形式的课堂实践教学，利用法律实务教学平台开展案例教学、观摩教学、情景教学以及模拟法庭等实务训练来巩固理论学习，促进学生从实践中进行理论创新。其一般设置有"法律英语""法律文书写作""法律实务课程""疑难案例分析"等专业课程，以提高法学专业人才实务中的阅读、分析、写作等能力。除此之外，穿插其中的课外社会实践也分阶段、分层次、有条不紊地开展着，也许前两年学生的专业素养不足以进行专业实践，但是社会实践形式是多样的，包括社会调查并撰写报告、三下乡社会实践活动、送法下乡活动、师生互动论坛、观摩庭审、业余实习等；当法学素养累积到一定基础，即可开展学年论文以及司法文书写作类实践等。而这些实践形式在教学活动中存在的最大问题是穿插的教学活动细化目标不明确，实践课程形式单一，多数为案例分析教学法的运用，且无法突破教师填鸭式灌输的教学模式，不能真正调动学生的学习积极性，提升学生解决法律问题的实践能力。理论课程和实践课程安排也存在缺乏连续性、完整性、协调性的问题。

就目前的形式分析加项"1"，其原则在于加强学生的职业技能训练，即符合实践教学的原则性要求；其内容多指专业实习、实务写作、各类考试培训等。但就目前的形势而言，最后1年的加项训练往往都收效甚微，学生们在大三暑假疲于应对司法考试，开学后又在找工作和考研之间徘徊穿梭，本应得到重视的实习、实践等环节由于时间、精力的限制受到了前所未有的忽视。很多同学的专业实习采取分散实习的形式，实习变成了一种形式，加之法学专业就业压力大，同学们全国各地赶场似的追逐着公务员考试的考场，浮躁而迷茫是这最后一年最生动的写照。所以，经过以上分析发现，"3+1"的加项"1"收效甚微，只有那些已经落实了工作、不存在就业压力的同学方有时间和精力进行实践锻炼。

随着人们越来越认识到法学人才的培养必须把知识、能力、素质三方面进行合理组合才能适应社会对法学人才的市场需求，人们开始在复合型法律人才培养的目标之下探索其他更符合复合型人才培养要求的学制模式。

（二）"2+3"或"3+2"的人才培养模式

通过这样的培养模式，以一种类似于法律硕士（非法学）的培养方式进行复合型人才的培养。这种模式通常结合相关院校的优势专业，集中学习后再转向法学基础的学习，进而达到法学和优势专业两个专业的兼顾学习。如会计专业与法学专业、管理专业与法学专业、外语专业与法学专业等，这样的组合在理论上实现了跨专业的复合度。但是，这种培养模式在现实中并未取得预想中的完美效果。从目前的情况来看，该种模式过度分散了学生的精力，致使相关专业和法学专业均达不到精学的程度，更达不到可以实践应用的水平，该模式的复合型人才培养仅停留在知识的形式复合层面，也仅是在理论素养上进行了一定程度的复合，在根本上无法适应法学本科生"能力复合"的要求。

（三）"2+2+J"的人才培养模式

鉴于前一模式的局限性，有些高校提出"2+2+J"的法律人才培养模式。其与前一模式的相同之处在于，"2+2"指分两个阶段进行两个专业的学习；而"J"主要是指法律实践教育，也可以称之为对法律职业教育的尝试和培养。这种方式固然考虑到了法学学生实践能力的培养，却只是简单的复合，并未全盘综合地考虑到学生和本专业的特色。由此可见，该复合型人才培养模式最终落入传统法学培养模式的窠臼，不能真正发挥双专业的优势。这种模式若想实现复合型人才培养的目标，就必须加大改革力度，提升教师的理论水平，做好双专业的协调与衔接；同时，最主要的是要选择合适的实践教学平台，真正发挥其优势作用。

(四)其他人才培养模式

除上述模式之外,各高校还探索了双学位培养、辅修专业设置、自考专业设置、选修专业设置等模式,用以扩展法学本科学生的知识构成,扩展复合型法律人才的知识储备。

因法学本身是社会科学,具有开放性,和其他社会学科亦有很强的交叉性,因此,在课程设置上应重视对社会学、管理学、政治学、经济学等相关理论成果的借鉴吸收,扩大学生的视野,以期使学生在未来的职业生涯中具备更强的适应社会需求的复合型能力。

除了制定校内的选修课程之外,还要满足不同学生对于扩展能力的需求而开展其他辅修专业以及自考专业。很多非法学专业学生会选择辅修或者自考本校的法学专业甚至参加司法考试,很多学生在毕业时即可成为兼具本专业知识和法学功底的复合人才;而对于法学专业学生而言,也有相当一部分同学会选择辅修外语、金融、会计、管理、政治学等相关学科,以丰富自己的知识储备。但是由于教学资源的缘故,法学专业学生辅修或者自考的比例远远小于非法学专业学生。所以,目前国内各高校均会制定一些跨学科的培养计划,为学生的多样化成长提供了平台。

这些选修、辅修等拓展法科学生视野的培养计划虽然对于培养复合"知识"型人才起到了一定的积极作用,却不能从根本上培养出复合"能力"型人才。通常因为计划设置的不严密而不能使法科学生能力得到应有的提升,往往造成双专业没有主次、学而不精的情况,非但没有培养出高水平的法律复合型人才,反而因为双专业而分散了学生精力。所以,在设置教学计划时,理应明确选修科目、辅修科目在法科教育中的作用,有所偏重、有所取舍地予以传授,真正建立起适合法科学生综合素质培养的特色知识体系结构。

二、教学管理的现状

实践教学课程与其他专业课程一样,要想获得预期的效果就必须对其进行有效的管理。目前,各高校对实践教学或多或少都已建立了配套的运行管理机制以及评价机制。实践教学管理运行机制通常包括三个方面。

（一）实践教学的相关规范性文件

建立大量与实践教学科目相关的规范性文件，以期对实践教学的管理有章可循。这些规范性文件一般包括：

1.毕业论文写作相关的规范。包括撰写要求、指导要求、评分细则、答辩细则等。

2.学生社会实践获得相关的规范。包括实践指导书、社会调研方法简介、社会调研报告写作及运用等。

3.法学专业学生专业实习相关的规章制度。包括实习大纲、实习计划、导师制度、纪律要求、评优规范等。

4.其他从宏观或者细节上对法学专业实践教学起到规制的文件材料。

（二）法学实践教学运行的保障机制

1.事前、事中、事后的教学质量监控制度。①通过对实践成果的考察来进行质量监控。这些实践成果包括成果论文、调研报告、实践工作总结等，考察方式也有交叉评阅、答辩、汇报等多种形式。②通过对实践活动的领导、带队、抽查等形式，对毕业实习、社会调查、暑期三下乡等社会实践活动进行跟踪式质量监控。

目前实践教学缺乏对过程的监控。很多法学实践课程、法学实践活动，包括实习、论文写作、社会调查等形式，对于学生实践质量的监控往往都是抓两头放中间；注重形式的开拓、实践对学生的覆盖、指导老师的配备、实践基地的开拓等，效果考核也是通过成果论文、实践总结、调研报告等形式进行最终裁决。这就导致了重开头和结尾，而轻过程的实践质量监控模式，忽略了实践过程中的问题。因此，要想提高法学实践教学的实效，加大过程监控必不可少。

2.构建相应的激励机制。建立激励机制就要做到教者有功、学者有奖。以一系列的制度对积极响应者以及获得优秀成果者给予肯定性评价。①综合测评的评价激励机制。综合测评是对学生在校期间综合素质的全面评价，是评定奖学金、免试推荐研究生、评优、推荐就业等的主要依据。其中，除了学生干部任职、活动竞赛获奖之外，凡在公开出版的学术刊物上发表过论文或取得过科研成果者（一般要求第三作者以前），根据刊物及成果的级别（国家级、省部级、市局级）分别加分，而本科阶段科研文章的创作多源于实践中的感悟或者调研成果，这就能够鼓励同学多参与实践、多著述文章，从而达到法学专业实践教学的目标。②评选先进的榜样激励机制。目前，各高校根据《中华人民共和国教育法》与《高等教育法》的有关规定，为了贯彻党的教育方针，促进学生德、智、体、美全面发展，鼓励学生刻苦学习，奋发向上，成为有理想、有道德、有文化、有纪律的社会主义合格建设者和可靠接班人，对德、智、体、美全面发展或在学习成绩、科学研究、社会工作、社会实践、精神文明建设、文体活动等方面表现突出者，依据各高校的《学生先进集体、先进个人评选表彰办法》予以表彰。③各类社会实践活动组织部门的奖励机制。如，团中央学校部以及学联组织开展高等院校的社会实践活动以及组织实施全国大学生"挑战杯"系列竞赛活动，这些活动都相应地设置集体和个人的先进奖项，以起到鼓励大学生实践的作用。

总之，现下从教育部、团中央至各高校，对社会实践以及在教学实践中表现优秀者均采取了相应的激励机制，这些旨在努力提升大家对于实践的重视程度。

3. 各校课程学分制对实践教学的底线要求。各高校人才培养计划中均有关于对实践教学科目的最低学分要求，学分修习不满将直接影响到学生能否顺利毕业。这通常表现在几个重要的领域：①毕业论文，各高校均按各自的《大学本科毕业论文管理办法》进行选题、开题、撰写、修改、定稿、答辩等程序，完成毕业论文，提交合格的毕业论文材料，并通过论文答辩方可获得相应学分。②专业实习和实务写作技能训练，旨在训练学生运用专业知识解决实际问题的能力，并且要求学生以专业实习的素材撰写自己参与处理的某一个典型案例的分析报告或法律文书习作。③第二课堂，有些高校规定本科学生在校期间除修读完成培养方案所规定的课内学分外，还必须取得第二课堂的最低学分方能毕业。学生可以通过参加各类学科竞赛、发表学术成果、参加文体活动、投身社会实践及公益活动等方式获得第二课堂学分。

除此之外，有些高校针对法学专业学生还设置了"庭审报告""案例分析""法律意见书"等与法学专业相关的实务写作技能训练方面的必修学分，以及法律实务课程的必修学分、学年论文和社会调研报告等必修学分。这些课程的设置多是分阶段、分年级、分层次进行培养和考核的，充分适应了学生的学习能力和学习需求。

高校实践课程最低学分的设置，旨在提高学生参与社会实践的次数和发现、分析、解决问题的能力，运用专业知识解决实务问题的能力，以及从实践中汲取能量以开展创新学习的能力等。而此项教学管理措施或者称之为教学计划安排往往呈现出形式大于实质的状态。

（三）实践教学存档及实践教学工作的评估制度

各高校均不同程度地建立了正规的教学档案管理制度，包括课程档案、学籍档案、实习档案、毕业论文档案、试卷档案等，归档和保存都比较完整、准确。

目前，各高校均在各自的教学工作要点的要求之下制定年初实践教学计划，进行期中教学检查、期末教学工作总结等，也有各自的工作评估方案、质量评估标准。教育部在《高等学校本科教学质量与教学改革工程项目》中又明确提出了质量标准建设项目：组织研究制定覆盖所有专业类的教学质量国家标准，推动省级教育行政部门、行业组织和高校联合制定相应的专业教学质量标准，形成我国高等教育教学质量标准体系。如此，便可以逐步形成涵盖实践教学质量评估的教学质量评价指标体系，更加有利于实践教学目标的确立和质量的提升。

我国评估主体制定的指标体系指向学术队伍、科研情况、人才培养的数量以及高校学术声誉，这样的体系对我国法学教育"重科研，轻教学""重理论，轻实务"的格局无疑是有影响的，所以，很多人都会认为老师的教学水平高低均在于其科研能力的强弱，而不会有人在乎教师的实践能力的高低。

三、教学配套的现状

实践教学和理论教学一样，都离不开基础的教学配套建设，需要专业的师资、可供参阅的图书、多元的实践指导资料和广阔的实践空间。相应的法学教育具有内在二重性，即理论教学与实践教学，二者在法学教育中具有不同的价值和功能，因此在教学配套方面亦有不同的标准和要求。

（一）师资队伍配套要求

传统法学教育的师资配套更加注重教师的理论功底，这是无可厚非的，因为从本质上看，法学实践教学仍为教学而并非法律实践，亦非脱离理论而单独存在的教学目标。我国大学类型中多有"研究"二字，即说明理论研究是多数高校不可回避的基本目标，这样教师的理论功底就显得尤为重要。另一方面，实践教学与理论教学之间有着千丝万缕的联系，不可孤立地实现，实践教学更离不开学生对法学理论的基本掌握和理解，实践教学要想取得卓越的成效，理论指导是必不可少的。

但是，随着实践教学的提出，高校法学教育对教师提出了更高的要求，它要求教师是复合型的，即融理论知识和实践经验为一体的"双师型"教师，只有法律实践经验丰富的老师才能更好地将理论知识生动且适用地传授给学生；也只有理论功底扎实的老师才能更好地指导学生的实践，于实践中汲取经验教训，进而促进法学事业的进步。很多高校为解决教师的实践能力问题煞费苦心，一方面制定教师挂职锻炼或者校外兼职目标，敦促教师增加实践经验；另一方面，很多高校聘请校外公检法等实务部门专家，特别是兼职教授到校开设短期实务课程，或者聘请兼职的法律实务部门人才作为学生的实践课程导师。这些方法在一定程度上改变了法学教师的知识结构，更适应了法学实践教学的现实需求，但是同时也必须清楚地看到，法学实践教学的师资力量仍存在严重的不足。

第一，其存在师资力量绝对不足的现实困境。即指从事法学教学的教师绝对总数严重不足。受制于经费、人才等各方面因素的影响，各高校法学院的师资力量均存在或多或少的不足。这导致每位教师的教学任务非常重，多数都是大班教学，很难实现更深入的指导。

第二，其受总数不足以及其他因素的影响，引发了从事法学实践教学的师资力量的严重不足。目前，各高校大力施行扩充法学实践教学师资队伍的诸多举措，包括教师能力扩展训练、外聘实务教师等，但仍不能解决法学实践教学师资队伍不足的现状。

第三，教师能力扩展训练很多时候受制于教师精力的有限。他们既要致力于理论钻研，又要兼顾实务工作，还要完成数量庞大的教学任务，这确实使各位老师应接不暇、疲于应付，进而影响到教师实践锻炼的积极性。

第四，聘请的实务专家很多时候都是兼职教学，而并非长期致力于实践教学研究的专职人员，因此这批老师流动性强，教学内容也具有非针对性的特点，往往起不到预想中的效果，而且会造成理论教学与实践教学的分离，从而不利于实践教学实现其应有的价值和目的。

第五，无论是从总数上扩充教师数量还是从质量上对教师进行能力扩展，抑或是聘请兼职实务专家，都必须要有庞大的经费保障，法学专业大部分支持教学的经费来源均是下拨的教育经费，现实困难造成了法学实践教学的师资问题、配套问题都不能得到很好地解决，从而成为法学实践教学甚至法学教学的一个难以突破的瓶颈。

（二）文献资料配套要求

1. 图书资源配套

各高校法学类图书的馆藏量往往是评价一所高校法学研究水平的重要标准之一，这也就引导了法学类图书向研究型即理论书籍偏重的现实和趋势。而随着实践教学的提出，馆藏图书开始将案例教程、诊所教育等与实践相关的图书纳入收藏目录，逐步构建了涵盖理论和实践的全方位馆藏图书架构，这样有助于学生自主学习，通过书本的间接经验掌握法学实践的脉络和框架。

除此之外，许多学校还通过电子图书的形式，广泛搜集案例、司法文书等来更新实践类文献的时效性。有许多学校建立了电子视频库等，通过搜集知名法治节目的链接、庭审现场资料等形式来扩充同学的视野，进而达到以观摩促认知、以认知促实践的效果。总之，为满足教师和学生的多元化、多样化文献信息需求，各高校图书馆已经开始从收藏单一的印刷型文献转向印刷型文献、电子文献、网络数据库以及其他电子出版物并存互补的多元化轨道上来。

2. 网络教学资源配套

（1）对知名数据库的配套链接。各高校图书馆积极购买和引进了一些教师和学生使用范围广、利用频率高的中外文数据库资源，如中国期刊网、万方数据库以及专业数据库北大法宝、北大法意等。这些数据库涵盖了法学专业重点学科的基本内容，成为支撑图书馆构建重点学科文献保障体系的重要数字资源。

（2）对全国、本校、本院教学资源的网络共享。针对我国目前法学教育教学资源缺乏、分配不均、浪费严重、资源没有得到合理利用的现状，辅之以教育教学资源本身具有的共享性，很多高校开始探索和尝试校内、校际和高校与社会法学教育教学资源共享机制的建构。

教育部也把"国家精品开放课程建设与共享"作为高等学校本科教学质量和教学改革工程的重要项目之一，强调利用现代信息技术，发挥高校人才优势和知识文化传承创新作用，组织高校建设一批精品视频公开课程，广泛传播国内外文化科技发展趋势和最新成果，展示我国高校教师先进的教学理念、独特的教学方法、丰硕的教学成果。按照资源共享的技术标准，对已经建设的国家精品课程进行升级改造，更新完善课程内容，建设一批资源共享课。完善和优化课程共享系统，大幅度提高资源共享服务能力；继续建设职能完善、覆盖全国、服务高效的高校教师网络培训系统，积极开展教师网络培训以及教师个人以法律博客等形式分享成果。

法学实践教学的网络资源共享已经在政策方面得到了认可和支持，各高校也取得了一定的成效，但是现在校内、校际、学校与社会之间的共享程度和深度尚显不足，所以，在未来校际合作和实践教学基地的建设过程中应注重资源共享方面的洽谈，努力建设高水准的网络资源共享平台，以促进理论和实践的共同进步。

实践性书籍及网络资源的从无到有、从少到多可以说是学界重视实践教学的一项重要体现，但是单就其文献资料的利用程度而言仍存在很大的不足。

①实践教学文献资料在数量上的不足。实践类图书数量有限、教学运用不足、学生重视不够往往使之被冷落于图书馆的角落，发挥不出应有的作用，这也造成了该类图书馆藏量少的现实状况。

②实践教学文献资料在时效上的不足。实践性书籍并不像理论性书籍那般亘古不变，几千年前的法学著述仍可散发其光辉，但几千年前的案例往往都是作为理论来源和理论支撑的一部分而非实践运用的结果。这就显示出实践类书籍的时效性和寿命短的特点，购进此类书籍需投入大量的成本，却只能收到短暂的效果，这就造成了图书馆多会尽可能购进一些用以辅助理论研究的实践类书籍，而非现实地用以实践指导的书籍，以此来提高实践类书籍的价值和使用寿命。如何让付出的成本获得最大的收益、如何保障实践类文

献资料的时效性是每个资料收集者的必修课题，也是法学实践教学文献资料配套建设所面临的重大问题。

③实践教学网络数据在运用上的不足。都说21世纪是信息爆炸的时代，所以，如何在万千信息之中找到自己所需要的资源也是大学生的必备能力之一。而摆在我们面前的现实是，很多学生罔顾学校、老师所努力建设的数据资源库和网络资源信息，没有充分认识到数据库的重要性，更加不会合理有效地运用已有数据库学习知识、掌握技能。这就造成了资源的重大浪费，也打消了很多老师继续创建网络数据的积极性。

从很多已毕业学生处反馈到这样一些信息，读书时没有意识到学校提供的数据库多么重要，毕业后方追悔莫及，欲学习而无门，欲累积而无路。所以，学校应该千方百计地促进在校生对网络资源的重视和运用，尤其是对案例、司法文书等实践类网络资源的累积将对学生的法律实践能力起到质的突破作用。

（三）实践教学基地与教学实验室的配套

现在很多高校还是沿袭重理论、轻实践的传统教学思路，缺乏对实践教学基地的认识，在基地建设方面的人、财、物投入甚少，也无法发挥出基地应有的巨大作用。

现在各研究型大学均建立了很多科研基地，吸纳很多同学对社会热点课题进行调查和研究。此外，多数高校均已意识到实践基地建设对于毕业生实习的重要性，先后建成了许多校外实习基地，包括公安、法院、检察院、律师事务所、企业等，旨在对学生进行全面的培养。而作为实践教学硬件配置的场所，法学实践教学基地建设仅停留在实习基地建设层面本身是远远不够的。单就实习基地建设而言，其纵深拓展亦有不足，软硬件条件也不理想，学校与实习单位的合作不紧密。目前，对实践教学基地建设的重视度和建设规模均得到了长远的发展，但是规模扩展的背后也引起了无数教学工作者的反思，大多数人认为现在的实践教学基地建设不具有系统性、全方位性和大局性，不能基于此落实系统的法学实践教学计划，也不能基于此很好地发挥实践教学的人文目的。仅将其作为教学的最后环节纳入学生的视野，而不能使其贯穿始终地扮演自己的角色，这是现下实践基地建设的重要弊端。高校与实践基地深入密切地合作将是大势所趋。除此之外，实践教学的资源、平台、师资是实践教学得以生存的重要物质基础，没有这些资源的保障，实践教学活动的开展将变成空中楼阁。

法学实践教学实验中心配套方面，法学应用实验室当贯穿法学运行的各个环节，广泛涵盖立法实验课程、司法实验课程、执法实验课程和模拟法庭（仲裁庭）等实验课程，同时配备模拟法庭、案例分析室、法律诊所、物证实验室等，做好相应课程的物质保障工作。可以为学生提供交流、模拟、仿真、实践等具有互动性质的环境和条件，在此模式的表述下，法学实验教学平台则包含了职业模拟能力训练平台、网络虚拟实验平台、法律实务综合仿真实习平台，校外实习基地教学平台也是其中的重要组成部分。

四、法学实践教学模式系统化建设的设计

（一）选择"嵌入式+集中式"实践教学模式

现实中"3+1"的实践教学模式在国内外备受推崇。如，美国实行绝对的精英化教育，法学专业只有非法学学士毕业后方可研习，如此，学生的人文素质培养早已完成，法学教育的目标即是培养律师职业人才。英国亦规定大学学习3年、律师学院培训1年、实习2年后方获得职业资格。德国也是分为两个阶段，大学学习4年和职业预备2年左右，学习后参加一次考试，合格者进入预备期，在法院、检察院、律师事务所进行专业实习，实习后再参加第二次国家考试，通过后方可从事法律职业。在法国，法律人才培养也分为两个阶段，大学学习4年和法官学院培训2年。这种方式就是分阶段培养法律人才的知识、素质和能力。这种模式的优势在于可以在扎实的基础上进行实践教学，提升学生的应用能力，但是这些模式的缺点则在于过分地耗费时间和精力。

当下必须清楚地认识到我国的国情，只有法律硕士培养层次方面与上述模式略显相似，而其他层次的培养均与此方式大相径庭。尤其是法学本科教育，4年的时间里既要完成知识的教育、素质的培养，也要完成能力的锻炼，这样的要求使得4年的时间捉襟见肘，无法完全适应上述分阶段培养学生能力的要求。目前尚未探索出比"3+1"人才培养模式的更科学方法，所

以，只得在原有"3+1"模式之下进行完善以及改革，与其过分强调"1"的作用，不如将目光转向更大的基数"3"，逐步构建嵌入式实践教学体系，以"3"的职业教育为学生打下扎实的基础，再用"1"来进一步提升学生的实践能力和理论能力。

1.在"3"的基数里加大嵌入式实践教学比例。嵌入式实践教学体系的切入点在"1+3"模式的基数"3"上。所谓嵌入式实践教学体系，概括而言，是指在本科前3年的学习阶段穿插实践教学环节，使得3年学习中实践不断，在这段时间内完成专业认知型、实践教学和应用技能型实践教学，为第4年的综合应用和理论研究实践打下坚实的基础。

第1学年，由于学生的公共理论必修课刚刚开课，其理论基础尚不扎实，宜通过采用第二课堂的形式，包括到法院进行庭审观摩、到社区进行社区矫正、到基层进行普法宣传等，培养学生的专业认同感和使命感，同时，完成学生法律职业伦理的初步构建。这些实践教学的嵌入可以体现在课外的社团活动当中，以校园文化建设促进法学认知性实践教学目的，也可以体现在课内观摩式教学方法的运用上。

第2学年，学生接触到更多的是专业主干课程，除了各新开专业的认知性教学外，还要加入专业课理论应用的教学方式。如，倡导自主实习以加深学生对所学专业的认知，以课堂案例分析教学、仿真模拟实验、模拟法庭、法律诊所甚至课外法律援助等方式进一步促进学生对所学知识的认知水平和运用能力。

第3学年，由于国家司法考试的安排，多数时间被学生安排为复习时段，受时间和精力的限制，法学实践教学无法深入地开展，虽然这样的考量具备非常浓厚的功利主义色彩，但为师者不得不为学生的就业有所考虑，法学本科教育既要教书育人，又要完成职业教育，这早已成为不争的现实。所以，在实践教学体系设计上只能够维系与课程相伴的嵌入式实践教学。但事实上，司法考试的小案例式考查方法恰恰使得司法考试成为本科理论学习和实践锻炼的系统性总结和融汇，不妨把此也当作一种实践教学的平台，从而为最后一年进行"综合运用"和"理论研究"的实践教学做足准备工作。

嵌入式实践教学的另一项题中之义，自然也包括法科学生复合型能力的培养，通过以上实践教学的形式对其他与法学相关学科的专业知识进行引入，帮助学生形成相关专业的简单认知。这样，嵌入式实践教学加上专业理论教学，使得法律人才的知识要素和能力要素都达到了一定的高度，剩下的便是水到渠成的跨越，跻身于高素质法律人才行列。以另一些教师的目标分类法来衡量，嵌入式实践教学和专业理论教学完成了法学学生法学素养和综合素质目标的实现，仅剩一个法律专业职业技能目标有待于最后的提升。

2. 在"1"的加项中重构集中式实践教学任务。根据对加项"1"的重新理解，"1"不仅仅指学生在校最后的1年，其更深的含义在于是一种对学生集中式的锻炼和培养，"1"要完成的目标是认知型实践和能力型实践的综合，即从认识到再认识的提升与飞跃。在"3+1"的传统模式下，"1"表示在最后的1年里学生可以有机会接触法律实践，在实践中完成法学实践认知的任务，而无法进一步完全实现法律的综合运用任务和以行促知的理论提升任务。

而在重新审视的"嵌入式法学实践教学＋集中式法学实践教学"模式之下，我们必须重新审视集中式实践教学的任务。在嵌入式阶段，学生已完成了法学基本理论的学习、相关专业的粗浅认知、法学实践的认知和法学专业知识的基本运用，基本达到了法学人才需具备的知识储备和能力要求。而不同阶段适当的集中式实践教学可分阶段提升学生的实践认知能力、实践动手能力，并在最后完成实践综合能力的提升，实现飞跃，使学生跨入另一个高度，成为一名高素质的法律人才。学校应当把最后一年的实践教学设计为法律职业教育环节，以学生就业意向为导向选择实践基地进行毕业实习，完成对学生法律综合运用能力的培养，并据此设计毕业论文写作和指导环节，促使学生在实践中发现理论问题，又以理论知识来解决实践难题，以促进法学实践教学和理论教学双重目标的实现，培养出应用型和研究型兼顾的高素质法律人才，实现卓越人才培养的终极目标。

（二）"嵌入式＋集中式"实践教学模式体系化的建设

如此庞杂的体系工程若想得以实现，必须要有精心设计的教学计划、实效显著的教学管理和经验丰富的师资队伍作为必备条件。

1. 教学计划设置的科学化

该体系的设置是按照学年逐次实现目标的。因此，在教学计划中各课程的教学安排必须科学合理，能有效协调理论课程和实践课程，形成完整的、连续的法律人才能力培养架构。

（1）注意课程设置的协调性。首先，理论课程要符合其内部协调性要求，如，开设了民法学课程之后方可开设民事诉讼法课程；其次，理论课程和实践课程之间要符合协调性要求，如，开设民事疑难案例分析课程应以各民法学科的有效学习为前提；再次，要兼顾学生知识能力同所学课程之间的协调性，以免出现接受困难的局面；最后，教学计划如何完整地体现各学年阶段的理论和实践要求则需要各院校结合本校实际情况加以规划。连续性、完整性和协调性是教学计划、课程设置的原则要求，最大限度地实现该要求才会最大程度地发挥嵌入式实践教学的功效。

（2）注意实践课程的创新性。实践教学课程的设置，现下多局限于实体法案例教学或者实体与程序相结合的双师教学，这些课程通常有助于学生对所学理论知识的认知，也可在一定程度上达到增强法律运用技能的效果。即便如此，各案例教学科目的任课教师也必须根据各自学校、学生的特点进行适当的损益和创新，使案例教学课程不断适应变化的社会需求和学生需求。除此之外，若想构建一个完整的法律人能力结构，尚需要其他实践课程的创新，如，模拟仿真实验课程、锻炼学生竞争性陈述能力的论辩课程、实际操作的司法文书课程以及WTO法律的双语教学课程等。

除了以上两点之外，还应该注意实践教学计划的时间性问题，实践锻炼或实训环节不应以牺牲理论教学为代价，应当合理布置在课余或假期时间内。

2. 实践教学管理的规范化

无论对嵌入式还是集中式实践教学而言，制度的规范化管理都是其不可或缺的外在监督和内在激励措施。全面的实践教学监管，有助于及时总结实践教学过程中的经验教训，以外力敦促师生对实践教学的重视程度；科学的实践教学激励，有助于激发师生参与实践教学的热情，以兴趣为出发点，更好地践行实践教学的宗旨。

在教学管理方面，要树立精细化的培养观念，建立以指导为主的教学模式。长久以来，我们法学专业的培养模式都是停留在以"讲授为主"层面，这一点对于理论教学而言是无可厚非的，但是，若在理论教学中加入实践教学的目标，那么，在制度上就必须把以"指导为主"的教学模式确立为法学实践教学模式，要求教师在课堂上，多运用启发式教学法、讨论式教学法、参与式教学法、判例教学法、诊所教学法以及模拟教学法等，始终突出教师的指导作用，教师对学生发现问题、分析问题及解决问题能力进行点评，并在技术方面为学生提供比较好的选择方案，这是实践教学模式中教师地位的最佳写照。

3.教学师资队伍的社会化

没有丰富实践经验的教师自然难以培养出具有实践能力的学生，故而师资队伍的配套建设必定成为践行"嵌入式＋集中式"应用型人才培养模式的关键所在。

就师资队伍建设的整体布局而言，首先，要在政策和经济上加大对法学实践教学师资培养的力度，从数量上保障实践教学的教师队伍，再从经费等方面激励教师对实践教学的研究；其次，在教师整体资源方面，注重不同学科背景和不同专业领域的整合，以促进教师提升解决实际问题的能力；最后，注重对专家与学者的整合，专家是拥有专门知识并能够将专门知识转化为实用知识的实务型人才，而学者系拥有广博知识的研究型人才，只有将这两方面的精英进行整合，学生才会在受益广博知识的同时掌握实用的职业技能。

目前各高校致力于将自己的教师培养成实践理论兼具的全面人才，同时又注重在实务界招贤纳士，这些举措虽不能从根本上使教师达到专家和学者双身份的兼任，但也是一种阶段性的必要手段。但在过程中也要注意一些细节：①在实务型教师遴选引进的过程中必须要注重其本身理论功底的考量，一般从具有较高学历的实务型人才中选任比较妥当，否则聘请的专家将会是没有"灵魂"的工具论提倡者，而非集专家学者素质为一身的高层次法律人才。这会对学生的培养造成很大的负面影响，会拉大实践与理论间的差距，打击学生的学习热情。②要建立开放式的教师管理制度，促进不同学科背景及不同专业背景教师间的交流与合作，促进实务教师与理论教师的共同切磋，更要大胆地将教师放入社会中进行历练，以此达到提升教师实践水平的目的。

（三）战略性实践实验平台

如果理论教学是讲授—理解的模型，那么法学实践教学便是以设计—指导—练习—提高为教学模型。而法学实践教学平台即是围绕此模型构建的，是旨在训练学生的法律技能，为学生提供交流、模拟、仿真、实践等互动性质的环境或条件的所有平台的总和。为了防止该平台中的实践环节与法学实践教学的混淆，在此将该系统的实践教学平台改称为实验教学平台，实验平台包含了虚拟、模拟、仿真、实践的内容。

实验平台是根据学生能力的形成规律，为学生创建不同阶段所需具备的环境、条件，帮助学生通过观察、模仿、练习、实践等方式循序渐进地提升法律实践能力。这个实验平台中包含了网络虚拟平台、真实模拟平台、仿真综合实验平台和校外实践基地教学平台，是一个可以让学生在各个平台中锻炼寻找法律的能力、证据判断的能力、辩论能力、法律文书写作能力、法律谈判能力等的完整训练体系。这样的实验平台刚好服务于体系化的"嵌入式＋集中式"实践教学模式，是在目标指引下与系统实践教学培养模式相匹配的科学配套建设。

其中，网络虚拟平台、真实模拟平台以及仿真综合实验平台的建设集中在实验课程和配套实验室的建设方面，包括培养与模拟职业能力相关的模拟法庭、模拟仲裁庭、模拟谈判、法庭辩论、法庭科学等课程设置，以及在学校内部建立"模拟仿真实习情景"，配置模拟法院、检察院、律师事务所、仲裁委员会等，同时将所需的实验室和设备配备齐整。

可以说，以上的实验平台建设可以服务于理论知识的"讲授理解"模型，也可以独立地实现实践教学的"虚拟、模仿、仿真"要求，这些都是"嵌入式"实践教学的题中之义。而最后的"实践"阶段要在实践基地中完成，这便是对"集中式"实践教学的最后提升。

1. 网络虚拟实验学习平台。虚拟实验学习平台是通过现代信息技术设计开发的法学实验教学软件系统，学生通过网络可以完成法律实务的全部操作流程。它的优势在于可以弥补传统模拟教学由于时间、场地等原因所带来的学生受益面窄的问题，学生可以不受时间和教学场地的限制，实时通过网络进行协作性、自主性的学习和模拟。例如，Blackboard（数位）网络教学系统可以构建一个以教师为主导并以学生为主体的教学环境，在这个环境中，任何教师、学生和研究者都可以在任何方便的时间浏览内容、获取资源、评估教学效果、实现彼此的协作。在Blackboard教学管理平台中，教师可以有效地管理课程、制作内容、布置作业和加强协作，从而协助学校达到与教学、交流和评价有关的重要目标。其服务于实践教学的重要功能包括：课程管理、课程内容制作、在线教材资料补充、教学工具支持（如术语表、电子记事本等）、讨论区（支持多议题的异步讨论）、小组合作项目（每个组都有自己的文件交换区、讨论区、虚拟教室和给小组所有成员发送信息的小组邮件工具）等。网络虚拟教学平台的应用使学生的学习交流障碍大大减少，所以无论是服务于实践教学，还是服务于理论教学，其都是非常强大的主平台。

2. 职业模拟能力训练平台。职业模拟能力训练平台的实质就是角色模拟的平台环境。它主要是根据不同法律职业的特点构建模拟训练所需要的环境或条件，以便学生在校内就可以置身于法律职业环境，体会并学习不同法律职业角色所需要的能力和技巧。常设的模拟训练平台包括模拟法庭审判、模拟仲裁、模拟谈判、模拟辩论、模拟侦查实验等实验课程，同时配备相应的实验室，如，谈判室、法庭、仲裁庭、模拟犯罪现场、法医学实验室、痕检实验室等。

公安及其他专门的政法院校一般会开设法学实验实践课程，不同学校的实验实践教学有不同的风格。而中国人民大学的法学实验实践教学中心对于此类模拟实验平台的说明最具有典型性，该中心开设了模拟专业技能训练、职业意识培育等，课程设置不仅面向公安、检察、审判、仲裁及律师实务等司法活动，还面向行政机关法务、工商企业法律顾问等与法律相关的职业。为此，人民大学实验实践教学中心通过物证技术鉴定中心、地石律师事务所、法律援助中心、法律诊所等机构的运作，方便学生掌握诉讼文书写作、谈判与调解、证据调查、法庭辩护、法律咨询等各方面的实务技巧。其还通过建成证据技术实验室，为学生学习物证技术学、法医学、司法精神病学、物证显微镜学等与法律实践密切相关的知识与技能提供了实验和实践场所，强调培养学生全面的法律执业能力。

此外，该中心还依托人民大学作为综合性大学的优势，着力培养学生跨学科的全方位综合素质。例如，中心整合本校资源，同其他院系共同组建了司法影像技术实验室、计算机取证实验室、司法统计实验室及司法现象调研分析室等跨学科研究部门，已经培养出数届知识产权双学士，并准备开展信息—法学双学士的培养，为学生的成长提供综合性的平台，既着眼于现在，又面向未来，从而实现学生的全面协调可持续的培养。良好的职业模拟能力训练平台不仅可以解决实践平台资源不足的困难，也可以培养学生的多样化能力，在模拟的环境中促进法学学生综合实践能力的提升。

3.法律实务综合仿真实习平台。法律实务工作一般包括很多类别，如，审判工作、检察工作、律师工作以及仲裁委工作等，各个法律实务部门的工作性质不同，相互之间的程序衔接点和业务上的配合性也各不相同，所以单一的实验教学平台无法展现完整的工作状态。因此，在高校内打造一个综合的法律实务仿真实验平台可以有效解决这个问题，例如，广东商学院开展的全校性的"校内仿真实习"教学活动，就是模拟真实的企业运作环境，完整地体现现实社会中法律实务部门的工作状态，全面地训练学生的综合能力和素质。

（4）校外实践基地教学平台。实践作为系统实践教学模式中的一项重要内容，可以通过诊所式教学和实习得以实现。就诊所式教学而言，它所建设的不同类型的"诊所"即是学生实践的平台，在此并不单独进行介绍，而是归于实践教学形式的介绍当中。所以，以下介绍的实践教学基地目前最广泛的用途即是作为学生的实习基地而存在。

①实践基地建设之于实践教学的意义。实践教学基地是高校提高学生实务操作能力和人才综合素质培养的重要物质基础，也是提高高校对实践教学的认知和理解的重要经验来源。基地教学不仅有助于提高学生的能力和水平，也是提升教学科研水平、打造高校品牌和扩大社会影响的重要途径。实践教学基地建设是高校教育改革的重要内容，对于提高人才培养质量具有重要意义，有利于提高对实践教学的认识，有利于提高教学水平和人才培养质量，有利于提高学生就业率，有利于培养高水平的师资队伍。

首先，有利于提高对实践教学的认识。实践出真知，而实践需要场所，只有加强实践教学基地的建设，才能有助于增加高校师生接触社会、接触实际的机会，进而增强师生对实践教学的认识和了解。一方面，高校教师可以更好地了解经济社会发展对人才素质的需求和发展趋势，推进与社会实际需求紧密结合的教学改革；另一方面，学生在实践中参与和体验工作，可以克服重理论轻实践、理论脱离实践的不良倾向，大大提高实践操作能力。

其次，有利于提高教学水平和人才培养质量。在实践教学基地内获得的一手经验才更有助于教师根据社会需求和学生能力锻炼的实际状况，促进教学内容和教学方法的改革，提高教学水平，彻底打破传统教学模式，推动教学改革的不断深化。实践教学过程中，应将学生的理论知识、技术技能训练与职业素质训练有机结合起来，提高学生的综合素质；教与学融为一体，调动教师教学与学生学习的积极性和主动性。

再次，有利于提高学生就业率。实践教学基地的开发和建设将有效增加高校与企业的接触和沟通，有助于企事业单位了解学校和毕业生的具体情况，一定程度上解决企事业盲选员工和毕业生盲选单位的窘境，促进真正意义的双选。实践教学基地的建设中，企业和高校可以根据需要或者其他实际情况和条件共同开发课程，完成对学生的针对性培养。学生参加校外基地企业的实习可以深入了解企业的情况，企业也可以通过实习来考察学生的实践能力和综合水平，通过实习使双方增进了解，实现双向选择以达到双赢。这种做法既可缩短工作适应期，也可使学生的实习和就业真正实现零过渡。

最后，有利于培养高水平师资队伍。实践教学基地建设可以将企业的设备优势、经验优势和高校人才优势相结合，共同开发新项目。我们应当明白，法学是一门经验的社会科学，无论是大陆法系还是英美法系，无论是否承认判例法，有一点是达成共识的，那就是经验对于法学教学、科研和学习的意义重大。实践教学基地不仅有助于学生从无经验到零星经验的累积，也有利于教师参与科研，以理论解决现实中的问题。实践基地为科研提供了一个平台，一个真实且资源丰富的平台，这个基地恰恰是高校与社会、理论与实践集合的突破口。教师利用假期参与实践基地的工作，有效促进其学术水平和实际动手能力的提高，也为教学活动提供了教学案例。实践教学基地不仅能为学校解决实习的困难，同时，长期合作也能为高校培养出一支优秀的双师型教师队伍。

②巩固和发展现有实践基地的举措。各高校对实习基地的建设是比较全面的，虽然水平不一，但是确实具有一定的广泛性。所以，巩固和发展现有实践基地，最快捷和最有成效的切入点便是对现有实习基地进行改良，加深实习基地和高校的合作深度，进而将单纯的实习基地发展为供高校系统化实践教学的重要基地。对此，武汉大学的实践基地建设方案便是一个典型的成功案例，他们在传统的实习基地建设经验之上清晰地认识到实习基地发展的必要性和重要性，在致力于扩展实习基地数量的同时，严格把握实习基地质量，密切注意双方的合作深度，把实习基地的作用由单纯的毕业实习环节转

向全方位的深度方向发展。武汉大学这个成功的典型案例可以作为其他法学专业院校对现有实践基地进行巩固和发展的榜样，以努力实现现有实习基地的"全覆盖、全方位、全过程、全年度"建设作为实践基地发展的新目标。

首先，集中统一的教学实习实现对应届毕业生的"全覆盖"。虽然现在各高校法学毕业生的数量有增无减，做到每一名毕业生都实际参与统一的毕业实习实践锻炼具有一定的难度，但是，这个困难并非不可解决，各高校应当充分利用当地资源、教师资源、校友资源甚至学生资源，努力扩展实践基地数量，把对应届毕业生的全覆盖作为最低限度来要求。

其次，法学实践教学基地类型"全方位"服务于法学专业人才的培养。基地类型包含各级法院、检察院、司法局和监狱，还包括仲裁机构、律师事务所和银行法务部门，传统的职业部门岗位和实习机会有限，则要不断扩展可能的实习场合，除了公检法司、律师事务所，还要不断拓展代理机构、服务机构、房产机构、破产清算公司等，凡是与法学专业相关的、能够提供法律服务的各领域均要覆盖，以实现法学实践基地类型的多样性。

再次，教学实习实现"全过程"质量管理。这一点是实践教学基地的作用得以充分发挥的重要制度保障，只有充分利用、充分监管，才不枉费辛苦建立的基地，不罔顾教师的辛勤工作。实效性的考评是对教师进行的激励和监督，实效性的收获是学生对实习乃至对实践教学发挥主观能动性、积极响应的必要鼓舞。

最后，与实习基地的合作"全年度"运行。除了安排毕业生专业实习外，暑假期间则安排学生的社会实践活动，至于法院旁听、庭审观摩、监狱参观等活动，在全年时间里可随时联系、随时安排。

这样的巩固和发展模式，是基于对实习基地改良而形成的更密切的基地合作关系，是目前各高校可以掌握的最方便资源，也是各高校开展基地建设的重要起点，但不可以成为实践教学基地建设的终点所在。这样的改良建设可以为各高校的实践基地建设获取经验上的实效，也可以解决各高校关于毕业生实习或实践教学的基本型问题，但这并不是实践教学本身对基地建设的全部要求，可以说这仅仅是系统化建设道路上的奠基石。虽然如此，这至少为我们提供了一套可以借鉴的巩固和发展实践教学基地的思路，为那些尚未达到实习基地普遍化的高校提供了指引。

③新背景下实践基地的开辟方向。在实践基地的普遍度和纵向深度建设同时，各高校可根据自身实力和条件，对实践基地建设赋予更多的功能和要求，建设有梯度的实践基地，从满足"实务型"应用人才的基础要求向国际型、复合型人才的高端要求提升；把学生从"以法谋地位，以法谋金钱"的错误择业理念中拉出来，培养法科学生"投身西部，投身基层"的法律人使命感。

方向一：西部基层法学实践基地建设

2011年，秉承着提高法律人才培养质量的目标，教育部提出了"卓越法律人才教育培养计划"。卓越法律人才教育培养基地包括应用型、复合型法律职业人才教育培养基地、涉外法律人才教育培养基地、西部基层法律人才教育培养基地三类。对此，西南民族大学迅速做出反应，秉承着法学教育始终坚持"为民族地区和少数民族服务、为国家发展战略服务"的宗旨，将"突出区域特点和院校特色"作为其学科建设的重点，提出要"立足西部、面向民族地区和少数民族，结合西部地区快速发展而法律智力支持严重不足的实际"，倾听基层的声音，改变教学培养方式，结合政法人才培养体制改革，面向西部基层政法机关，培养一批具有奉献精神、较强实践能力，能够"下得去、用得上、留得住"的基层法律人才，以适应西部跨越式发展和长治久安的需要。

而仅仅是教师倾听基层的声音还是远远不够的，教师的倾听可以让他们知道如何进行教学、如何进行引导、如何按照西部基层的需要来培养人才，可是培养出的人才只有真正自愿选择到基层去，教育才会通过他们的实践起到作用，那么也只有学生的倾听才能真正促进这批法律职业者选择基层，所以，在西部基层甚至少数民族地区建设实践教学基地就显得尤为重要。这既是为了对学生进行实践能力的培养，扩大实践基地的来源，更是为了给予学生倾听的机会，帮助学生正确认识基层工作的重要性和工作环境，唤醒学生内心的使命感，用基层群众的朴实和需要增强学生的职业认同感，让"被需要"的力量成为学生择业的重要考量。

方向二：商业型法学实践教学基地建设

诚如，律师业务分为诉讼业务和非诉讼业务一样，法律职业工作者应当不仅仅是诉讼的机器，更是服务于经济建设大局的掌舵者。在法治国家，法律应当成为人们一切活动的准则，尤其是商业活动。但是，我们现在不得不面对的一个现实就是,各高校的法学教育多注重对裁判者或者辩护者的培养,却很少注重平时对商业活动中的法律运用能力的培养,以致很多法学毕业的学生都以为自己的就业路径只有公检法司和律所。事实上,对于法律知识的学习,一方面可以作为职业进行规划,另一方面将之作为自己其他职业的必要基础也是一个明智的选择。目前就学生在商业这一领域能力的培养并未得到足够的重视。

  随着商事活动发展得越来越成熟,对综合性法律人才的需求就越来越多,而只有把学生实践教学基地建到商事主体当中去,才能达到锻炼学生商业意识和法律意识的目标。在商事主体中,建立法学实践基地存在着先天的困难,如普通的商事主体当然是以商事活动为主,而以法律实务为辅,短时间内无法集中锻炼学生的实务能力,那么,也就无法体现出法律工作者固有的价值。所以,法学实践基地要选择适用的商事主体,可多集中在与法律服务相关的非诉代理机构或者其他纠纷处理机构。比如：①企业的劳动仲裁委员会。可以协助处理企事业单位法律顾问事务,包括解答有关法律的询问、业务谈判、合同起草与审查、劳动纠纷的调解与处理、法律知识培训等。②破产清算公司。可以协助清算组进行相关法律工作,包括清理公司财产,分别编制资产负债表和财产清单；通知或者公告债权人；召开债权人会议,处理与清算有关的公司未了结的业务；清缴所欠税款；清理债权、债务；处理公司清偿债务后的剩余财产；向工商税务部门进行注销登记；代表公司参与民事诉讼活动等。③专利代理机构。可以协助专利代理人处理专利申请业务,包括会见发明人、提供咨询、技术查新、讨论技术方案、起草专利申请文件、提交专利申请文件、答复审查意见、代理专利复审和无效等。④商标代理机构。可以协助商标代理人处理商标注册业务,包括会见申请人、提供咨询、商标检索、准备商标申请文件、提交商标申请文件、缴费、答复审查意见、提出商标异议、代理商标复审和撤销等。⑤知识产权代理机构。可以协助知识产权代理公司专业人员进行软件、文字作品、音乐作品等的著作权登记；协助修正软件的源代码的规范性,审查各种资质证明的合法性；协助判断文字作品和音乐作品的可注册性,修正其注册的规范性,判断以何种方式能为委托方争得最大的正当利益；充分利用知识产权代理公司中介平台的优势,将客户双方或多方的技术优势和市场优势相结合,起到技术对接的平台作用；帮助产品尽早进入市场，增大尽早获利的可能性；协助跟进项目，做尽职调查报告，协调双方关系，撰写技术对接的合作文本，安排现场调研、协助聘请专家等。

之所以建议将商事法学实践教学基地建立到上述各种法律事务集中、专业要求高的场所，就是为了照顾广大学生的多元发展需求。法律服务者应当全方位地服务于商事活动的始终。在商事主体领域，从申请成立到最后注销登记，每个环节都离不开法律的建构，因为，法人本身就是法律的产物、规则的集合体；而知识产权的法律保护已经越来越受到普遍的重视，也有很多学生对相关方面的内容非常感兴趣，但是无门了解行业情况及业务情况。因此，把更多的法律工作者吸引到那些需要他们专业的场所，并给他们一个为之努力的目标和方向，这是一种引导，在这样的商事主体中建立法学实践教学基地，既是一种职业的引导，又是一种复合能力的锻炼，也可能为法学专业学生探索出更宽广的就业路径。

方向三：国际型商事法学实践教学基地建设

随着中国的入世，国际型商事法律人才的需求越来越大，除了专业的商事主体需要涉外法律人才以外，国际贸易的发展也进一步扩大了对涉外商事法律人才的需求。从大的方面讲，我国面临着更多的反倾销、反补贴案件，涉外的诉讼、仲裁也越来越多，为了保护国家的整体利益，在WTO的争端解决中发挥法律的应有作用，急需一批WTO法律适用的专业人士。2012年4月14日，商务部条约法律司与西南政法大学举行了共建"涉外法律人才教育培养基地"协议签字暨揭牌仪式。双方合作共建涉外法律人才教育培养基地以及世贸组织法律与实务教学研究基地。这也是商务部条约法律司在全国范围内首次联手高校建立两大基地，打造涉外法律精英，足可见商务部对于WTO法律实务人才培养的大力支持。而从小的方面来说，我国越来越多的对外贸易型企业发展迅速，对于在国际贸易中维护各自企业的正当利益，法律的武器当然是必不可少的。对于国际贸易中的国际法律规则、国际习惯甚至不同国家的法律等知识的学习，仅仅通过书本是远远不够的。

随着卓越法律人才计划的提出，商务部、司法部甚至各国际联盟组织均对涉外法学人才的培养提出了新的要求。目前，把法学实践教学基地建到国外去，并非停留在想象层面，而应成为许多有能力、有条件的院校积极努力的方向。如，清华大学法学院便提出了要把教学实践基地建设到国外去，并在近年来开展了一系列旨在培养国际化法律人才的法学教育改革，包括双语课程和全英文课程建设、开办国际班（从优秀本科生中选拔学生，强化国际法律事务的学习）、模拟法庭、法律诊所、社会实践基地、国际交流等，投入了较大力量，培养和训练学生处理国际法律事务的能力。在实践环节上，清华大学法学院正在筹划建立与国际型法律人才培养计划相适应的实践基地，为学生提供了解和处理国际事务的机会和平台。

法学实践教学是集"虚拟模拟—仿真—实践"于一身的系统工程，而在这个工程中法学实践基地是最重要的平台，无论是对本国法或是国际法的认知型实践教学，还是侧重于各法律技能的运用型实践教学，都要在其特定的土壤中生长。当前，各法学院校必须在充分认识实践教学基地建设的基础上加大力度，实现传统公检法司、律师事务所等实践教学基地的深度化建设，积极进取地扩展商事型、国际型法学实践教学基地建设，为应用型、复合型、国际型高端法律人才的培养目标提供平台保障。

（5）实验平台的配套管理。各高校根据各自的实力创建实验平台的种类和深度各不一致，但是就实验平台的管理而言，则需要遵循一些共通的原则。

①必须树立合理的实验室管理理念。以学生为本，以学生利益最大化为一切实验室建设和管理的根本出发点和落脚点，必须避免实验室建设空而无实效的浪费现象的出现。另外，要努力追寻实验室效益的最大化，对实验室进行经营，如，对依托于某些高校的司法鉴定中心进行有效经营等；准确定位院系、校与实验中心管理职能，各司其职，以形成管理合力，有效服务于学生的实践性学习。

②必须充分认识实验平台建设的重要意义。第一，校内的虚拟网络平台、模拟训练平台以及综合仿真实验平台，在建设方面并未受到广泛的重视，我们必须看到，这些平台的建设可以弥补实践基地不足的现实困难，可以提供多元的实践环境和条件，所以，各高校应当系统地进行适合本校的校内模拟仿真平台建设。第二，校外实习基地建设的重要性已经得到了广泛的重视，今后要做的重点工作是深化拓展相关基地的功能，密切基地与高校之间的合作程度，进一步拓展校际、校企之间、高校与科研院所之间的合作，加快各种形式的实践教学基地和实验室建设。第三，必须秉承科学的实验平台建

设理念。一是把提升学生的实践能力、创新精神作为评价教学效果和质量的重要标准。二是必须高度重视综合实验平台和实习基地建设的质量，对数量的追求固然重要，但对质量的追求才是决定实践教学质量的关键所在，盲目扩大基地规模却不能提升基地质量的做法是不可取的。要以点带面，以示范性基地带动其他基地的发展。在示范性基地内进行实习等实践教学方式的实验，从管理制度、实践效果到实践教学内容等方面进行全方面实验，以推动典型的建立，进而带动一批高质量的实践基地建设。三是要把共建、共享、共赢作为实践基地建设的基本方针。在校外实践基地的建设过程中，必须努力调动各方的积极性，最大可能地追求各方利益的共同点，只有互惠、互利、双赢的合作模式才是基地建设长期稳固发展的前提。

第三节 法学教育实践教学形式多元化发展

《普通高等学校本科专业目录和专业介绍》（教育部高等教育司1998年颁布）中做出规定：主要实践性教学环节包括见习、法律咨询、社会调查、专题辩论、模拟审判、疑案辩论、实习等。

从最初引进美国福特基金支持的诊所式教学实践教育，到如今法学实践教学方式百花齐放，中国的法学实践教学探索迈出了从无到有的关键性一步。目前，法学院校采用的法学实践教学方式主要包括案例教学、研讨教学、法庭观摩、模拟法庭、法律诊所和毕业实习等形式。除了这些课堂教学形式外，为了配合锻炼学生的动手能力，寓教于行，各高校还开展了一系列的课外实践活动，包括法律咨询、法律援助、社区矫正等公益性法学实践活动，以及法庭辩论、诉状写作等多种形式的竞赛，以激励学生进行实践操作。

各高校均采取了多元化的实践教学方式，可能因为基础的不同而导致实践教学形式的发展程度也有所不同，但是，总的来说还是建立起了多元化的实践教学工程。从量的角度而言，实践教学形式已经得到了普遍建立；但是，从质的角度衡量，实践教学形式的发展良莠不齐。所以，越来越多的教师和学生把视角转移到如何更好地发挥各种实践教学形式的作用上来，把实践教学形式问题，由从无到有发展到从有到好的阶段。整体上，实践教学正朝着系统化、精细化的方向不断发展，即在完善路径上，结合"嵌入式+集中式"教学模式的具体操作要求，配套服务于学生能力循序渐进的形成过程，开展有层次的教学方式和实验方式。

一、案例教学法解析

案例教学法，在1870年由美国哈佛大学法学院院长首创。指由学生运用所学法律理论和知识对某一个真实或者模拟案件应当如何定性、处理或围绕其他争议问题进行分析、讨论和辩论的教学活动。

（一）案例教学法的运用现状

案例教学法的运用往往可以体现为两种方式：①穿插在理论教学中的实训环节；②单独开设疑难案例教学课程。在课程讲授中穿插运用案例教学法可以促进学生对所学知识的有效吸收，也有助于教师活跃课堂气氛，吸引学生的兴趣。单独开设的案例教学课程则更多地体现为一种锻炼学生综合运用能力的过程。如，程序法与实体法的结合考虑，各部门法在诉讼中的选择与适用，甚至案件争议焦点的总结等。经过如是的讨论分析，除了可以提升学生对知识点的认知以外，还可以无形中锻炼学生的法律人思维和法律人视角。其可以让学生逐渐在纷繁的实事当中养成自觉的法律评价习惯和权利观念，可以说是认知教育与伦理教育的双重收获。

（二）案例教学法运用的困境

案例教学以其便捷、多功能而在法学课堂中得到了广泛运用，但是，运用的效果是否理想、方式是否得当则是另一个层次需要考虑的重大问题。目前，案例教学法的运用存在以下几个问题：

1.学生参与度不够高。案例教学的主要意义在于启发学生思考、独立分析并得出自己的观点，而在教学过程中，常常会因为学生课前无准备、课上没有思考甚至因怯场而不敢表达等原因，导致案例分析收效甚微。

2.对案例分析的定位不准。因此，学生会像追求数学算式的标准结果一样去追寻法律问题的标准答案，但是，鉴于案例分析的主观性以及案例裁判需要考虑的诸多不确定因素，很多有争议的问题并不能获得一个满意的标准答案，所以，探讨结果的开放性往往成为学生放弃该探讨的原因所在。因此，案例分析的定位一定要明确，强调案例分析的过程重于结果。

3.案例的选择难度较高也是案例教学法的重要问题。其既需要代表性和真实性，又需要启发性和疑难性，同时，也需具备一定的针对性和浓缩性，精挑细选的过程极其重要。

（三）案例教学法的实施路径

法学理论的基本认知是法学本科学生学习所要达到的基础目标。在知识、能力、素质人才要素三分法的世界里，对法学理论的认知尚处于知识的层面，如何以实践教学的形式更好地促进理论的认知是认知型实践教学的核心意义所在。在理论学习的过程中，必须时刻伴随着认知型实践教学，并在认知过程中，达到培养职业伦理道德的人文教育目的，而最主要的认知型实践教学形式则是案例教学法。

1.认知型案例教学的定位与方法

对于案例教学的目标不应当一概而论，必须对穿插式及单设课程两种模式进行界定。作为认知型实践教学方式的一种，案例教学形式特定在理论课的穿插环节之中，将案例辅助理论教学视为目的。穿插于理论教学过程中的案例多数由教师导入，列举相关案例以佐证理论知识，这样的认知型课堂必须要保障教师和理论学习的主导地位，尤其是对待低年级本科生的实体法学课程，案例教学只能作为辅助，不可动摇，更加不可替代传统的课堂讲授方式。在传统理论授课不可动摇的基础上，教师应当发挥案例教学可以使抽象问题具体化的优势，不断更新案例选材，提升课堂掌控能力。

第一，案例的选取一般要保证其真实性、典型性、权威性与生动性。如此，案例选材库则可以定为人民法院报、司法考试题库以及央视节目中报到或刊载的真实案例，在来源上保证其真实、典型和权威。选好了题材，表达又是一个问题，为了增强案例的趣味性和生动性，教师通常可以通过有意识地运用多媒体技术来介绍案情，如，视听资料或自行制作漫画式动画等，这样就可以有效地调解课堂的气氛，增强案例的吸引力。

第二，穿插式案例教学的课堂掌控是十分重要的。尤其对待低年级本科学生，不能任其自由讨论，因为，他们尚不具备系统的法学知识，也未养成专业的法律人思维,若是此时贸然使用案例讨论,则必定收效甚微。所以,对待低年级本科学生,合理的步骤应当是:首先按照教学大纲的要求传授知识点,选择合适的案例,经归纳总结后,在课堂上介绍给学生,并分析案例中与知识点相关的法律问题。从一定意义上讲,认知型实践教学意义上的案例教学法就是为了促成案例分析与理论知识讲授之间的相得益彰,应当广泛适用于无基础的低年级本科学生。

2. 技能型案例教学的设计方法

技能型案例分析课程不同于认知型案例分析,技能型案例分析课程往往是单独开设而非穿插于理论教学之中,设置的前提通常亦是学生已掌握了相应的基本知识,开设案例分析课程的目的,就在于把所学的知识运用到实际案例当中,进而培养法学本科学生的法律运用能力、分析能力甚至是法律职业思维。这种案例课程的设置推荐采取互动式讨论的形式开展,具体有以下五个环节:

(1)课前准备。该阶段的主要内容在于案例的准备,不同于认知型案例,用于讨论的案例必须还要具备一定的启发性和疑难性。其启发性不仅包括对于分析案例思维的启发,还应当包括对于职业道德、人生价值的启发。案例甄选完成后,要求学生课下进行讨论和资料查阅。

(2)课堂互动。该环节是互动式案例教学的核心环节,但是,大班教学带来的顺风车效应往往会造成讨论课的冷场现象。对此,有些老师根据授课班情况对学生进行分组,要求课下先进行小组讨论,课上就小组意见进行发言。为了杜绝搭顺风车的行为,各位老师也是绞尽脑汁,但始终无法做到让每一个人都心甘情愿地参与进来,这是无法规避的现实。

(3)教师进行综合评述。学生的发言可谓是各抒己见,但是,教师的点评是点睛之笔,如若一节讨论课最终没有一个点评,那么,就会发展成为一场无意义的争论。点评的意义不在于评判学生观点的对与错,而在于对分析问题的思路进行总结和推广。"授人以鱼、不如授人以渔",方法上的学习才可以解决更多的问题。

(4)学生撰写案例分析报告。成果报告具有两个方面的作用,一方面是锻炼学生的文书创作水平;另一方面是以压力促进学生的积极学习。

(5)成绩评判与考核。一般各高校的考核标准中,均有平时成绩考核的项目，但大多情况下没有受到足够的重视。对在案例讨论课中，表现优异的同学给予平时成绩上的奖励，以此激励同学的参与度，或者以罚来威慑同学积极参与，这些都不失为以外力促进学习的有效手段。

以上五个环节的构建仅是简单想法，具体实施需结合每个教学班学生的层次以及时间、精力甚至教学配套等相关因素进行综合考量。总之，在技能型实践教学目标的指引下，该课程当以培养学生的法律人思维、案件分析及法律运用能力为目标，进行职业伦理道德的渗透式教育。

案例教学法作为传统的实践教学形式，势必存在并将长期存在于法学学生素质教育的各个环节，区分不同学生层次，区分不同课堂的侧重点，因材施教，方可促使案例教学功能的最大化。理论课中穿插的案例教学，以促进理论知识认知为核心，单独开设的案例课程，以培养学生职业技能、法律逻辑为侧重，各司其事，相互促进，这是案例教学发展的必然路径。

二、庭审观摩法解析

为配合讲课内容，一般会有针对性地选择法院审理的案件，组织学生进行旁听。这种方式对程序法课程的学习尤其重要，随机旁听的案件可以不够典型、不够疑难，但需要学生揭开审判的神秘面纱，深入了解审判的全部程序。这样可以让学生对司法程序形成初步的印象和了解，有效缓解程序课程的枯燥性。

（一）庭审观摩教学的特征

1. 直观性。观摩是一个直观的过程，这个过程对知识点的记忆有着其他方式所无法比拟的优势。如果说记忆的规律是识记、保持、再认、回忆和遗忘，那么，识记是指对学习材料进行编码、组织并储存在记忆系统中；保持则是指对学习过的事物在脑中保留一定时间；再认是指当感知过的事物重新出现在眼前时能够识别出来；回忆是指已感知过的事物不在眼前时仍然能重新回想起来。再认和回忆是对记忆的信息加以提取的形式，而视觉和听觉相结合的情景观摩会对事物的回忆和再认起到不小的刺激作用，进而达到以观摩辅助学习的目的。

2. 真实和丰富。学生在法庭观摩到的情景是真实且丰富的社会写照，任何理性的解释在对于形象的直觉感悟面前都往往显得简单、枯燥和拙劣，庭审给学生展示的是一个丰富生动而又真实的社会形象，这对促进学生的社会认知起到了十分重要的作用。

3. 生长性和教育性。庭审是一个充斥着丰富的法治符号和社会真实的综合场所，在这里学生可以发现很多课本上没有的知识。社会是学生的另一个课堂，法庭是同学们汲取经验和教训的重要渠道。对于学生而言，这是一种自我成长；对于教师或者法律自身而言，这也是一种法的一般预防作用的教育和体现。

4. 成本低且便于操作。公开审判的案件均接受群众的旁听，所以，观摩庭审的成本也仅仅是一个路费而已，相较于其他形式，其成本低而效益高。

（二）庭审观摩课的问题

1. 观摩后缺乏老师的及时系统分析可能造成第一手观感资料和第二手课本资料不能有效衔接，从而影响教学效果。

2. 观摩的组织主体过于官方化，不能有效发挥学生的主动性。此类观摩一般仰仗校方联系法庭到高校进行审判，或者组织学生集体到法院进行旁听，对人员协调等要求过高，其易操作性也不能得以有效体现。

（三）庭审观摩作用的拓展

观摩式教学虽以其直观生动、真实丰富以及低成本的优点见长于其他实践教学形式，但其所应发挥的作用也因诸多原因而没有得以充分发挥，所以，在观摩式认知教学的过程中必须扩展其作用：①引导学生以不同的立场看待问题、分析问题；②引导学生运用比较的方法认知相似的知识点；③引导学生在知其然的情况下探索其所以然；④引导学生在观摩的同时，总结案件事实认定和法律适用的相关技巧，把观摩与案例教学结合起来。

除了扩展庭审观摩的纵深作用之外，还应当不断探索观摩式认知教学的其他方法。亲临庭审现场的观摩具有一定的时间性和偶然性，学生自主前往的积极性也得不到保障，所以，探索其他便捷有效的观摩教学形式可以解决由学生惰性和劳师动众带来的不必要麻烦。如，指定学生观看特定的网络电视节目、具有启发意义的电视电影或者网络公开课等，把观摩的场所扩展至无尽的网络空间。同时，可以依据学校能力创建网络资源共享平台，组织专门人员进行网络资源的上传和共享，达到观摩式教学横向拓展的目的。另外，应把观摩庭审与模拟法庭进行结合，促进教学目的由理解掌握向技能训练方向发展。

三、研讨课教学模式解析

（一）研讨课教学模式概述

在美国某些高校法学院的教学计划中，研讨课是与讲授课并列的一种课程形式，而非一种单纯的教学方法。其在法学本科阶段，研讨课就已经相当普及，诸如，公司法等许多课程均在讲授课之外安排研讨课；至于研究生阶段，研讨课所占比例几乎可以达到一半以上，甚至有些课程只设置研讨课。研讨课可以分为两种，它们分别是适应课程模式和专业课程模式。其中，适应课程模式是一种以引导教育为侧重，为学生在不同的生活、学习环境中实现过渡提供支持和帮助的课程模式，它更加注重师生的互动，对学生进行心理疏导，培养学生的适应能力和协作精神；专业课程模式则是以学术性专题为主，着重在互动讨论中培养学生的研究型思维方法的课程模式，侧重于对专业学术型问题的探讨、专业思维的训练和专业技能的培养。而研讨课的主题是非常广泛的，其包括主题型话题（Topic）、一系列的具体问题（Question）、案例（Case）等。所以说，研讨课并非理论教学所独有的形式，它既适用于理论教学，也适用于实践教学，是一种综合性的法学专业教学模式。

将该教学模式纳入法学实践教学模式的探讨虽不具有独特性，但不得不承认的是，法学实践教学所追求的深度实践认知和综合实践能力都可以通过研讨教学的形式得以实现，所以，在法学专业开展研讨教学对于法学专业实践教学是非常必要的。如，若在开展的研讨课程中，对具体问题和案例的内容加大比重，完全可以达到实践教学的目的。可以说，研讨课程的设置是案例教学法的更深层次延展，它以一种更专业、更具有针对性的形式对案例教学进行拓展，可以更有效地提升学生分析问题、解决问题的能力。

（二）我国开设研讨课的现状

在我国，自2003年清华大学首次开设研讨课以来，上海交大、南京大学、北京化工等大学也相继开设了研讨课。基本上理工科类目院校开设得比较多，法学专业的研讨课开设情况目前并无权威统计。开课模式一般都是由教授或者副教授向学院申报。就法学专业开设研讨课而言，其与其他课程开设研讨课的要求并无太大区别，一般都是规定开课教师的职称需为教授或副教授，选课人数在8—30人，学分根据学时记为1分或者2分，课程要结合学生的知识水平和认知能力，鼓励多元化的教学方式等。总体而言，法学专业开设研讨课的情况比其他专业略逊一筹。然而，法学专业作为一门具有极强实用性的学科，开设研讨课而对相关课题进行充分的讨论和研习是十分必要的。所以，必须正视研讨课教学模式目前在法学专业方面应用的缺点和不足，努力构建符合法学教学需求的研讨课程体系。

法学专业研讨课表现出开课院校极少、开课数量不足和开课信息反馈欠缺等问题。开课院校极少是指在百所重点大学和几十所985研究型高校中，开设研讨课的学校屈指可数，而开设法学专业研讨课的院校更是凤毛麟角。开课数量不足是指在开课院校本身极少的情况下，把研讨课程设置为小班模式的选修课程，对于广大学生来讲，接受人群过于狭窄，可选课程太少，完全无法满足学生的需求。开课信息反馈及经验总结严重不足是指在前两个问题的基础上，少量开课院校的少量课程并未及时进行总结和交流，没有大规模的研讨会等，使得研讨课形式向更大范围的进一步发展受到了严重的制约。

（三）法学专业实践性研讨课程的设定

1.提高法学专业对研讨课程的重视程度

应当提高法学专业对研讨课程的重视程度，尤其是探讨研讨课程对法学实践教学的作用。在这一点上，毋庸置疑，法学专业研讨教学无论在法学理论教学还是在实践教学领域都具有十分重要的作用。法学专业作为一门社会科学，本身并不存在亘古不变的真理或者符合自然规律的公理。法学作为国家上层建筑的组成部分，只能做出价值上妥当与否的判断，却无法给出科学上真伪的论断，甚至在解决纠纷的方案中，也只能选择最优方案而并非唯一的方案。所以，法学教学必须在观念上进行革新，提高对研讨型课程的重视程度。在法学专业研讨课方面，应采取"整体规划，重点突破"的方针，对观念、制度、器物进行综合协调。

（1）要求在观念上重视研讨教学对法学专业教学的重要性，强调"独立性"思考和"创新性"思考之间的关系；在价值方面摆正研讨教学的地位；在作用方面认清研讨教学对传统教学的重要补充作用，进而促进更多的高校开设并尽可能多地开设法学专业研讨课程。

（2）在制度建设上，将研讨课程纳入教学计划当中，循序渐进地更新计划内容，逐步完善计划方案，达到逐步实现研讨课程管理制度化、规范化的目标。同时，要注重研讨课程教学的信息反馈制度的构建，可以以召开研讨会、撰写经验总结、鼓励申请教改课题等方式，逐步汇集研讨课程的一手资料，为建章立制夯实经验基础，也为制度改良提供借鉴意见。

（3）在器物方面，要加大对法学专业研讨教学人力、物力、财力的支持力度。大力开展教师培训，除了要求教师了解自己所传授知识的内容以外，还要培训教师选择何种方式和技巧进行知识的传授、如何进行课程设置、如何推进课程进度等，以免教师不懂得适时地变化传授方法以适应不同学生的个性需求。在物质保障方面，可根据研讨课小班教学的模式建设专门的研讨教室，配备多媒体设备，如，圆桌教室或者小型会议室等。同时，要求在预算方面必须为研讨教学划定特定的款项，并且做到专款专用，用于研讨教学的师资培训或者物力投资以及教学活动经费需求等。

2. 针对新生开展适应课程模式的研讨课

新生教育是法学教育的重要环节，虽然我国法学教育并非一种精英教育，而是某种意义上的通识教育或者职业教育，但是，除了职业技能培训之外，无论什么模式的法学教育均要求法学专业学生必须具备相应的法律思维和学生综合能力（包括资料查阅、分析问题、口头表达、综合运用）等，所以，对法学新生进行法学思维模式的训练是必需的。除此之外，法学本科学生多是通过高考后直接进入大学学习的，而对法学专业的选择很大程度上都是盲目的、随机的，存在对法学学习完全提不起兴趣、有兴趣却不知道法学是什么或者法学该怎么学等一系列问题。这都要求必须为法学新生开办适应型法学研讨课，从而激发学生的学习兴趣，更直观地展现法学专业的学习内容，更有效地将学生循序渐进地引入法学知识的殿堂。法学新生适应型研讨课的设计可以分为以下五个方面：

（1）新生教育的目标人群。新生教育课程对象特定为法学专业本科一年级学生，适应性研讨课本身即为这样的一批学生量身定做，来帮助学生从惯性的应试教育、标准答案环境向松散的、专业性的、多元的学习环境过渡。

（2）新生教育课程开设主体。开课主体限定为各高校具有较高学术造诣的教授、专家等。从国内外经验来看，开课主体均是如此，这样的学者本身对学生具有很大的吸引力，辅之以大家深入浅出的讲解、博学多识的累积和生动丰富的阅历，很容易引人入胜，可以做到真正的育人而非单纯的授课。

（3）新生教育课程人数。课程人数最好限定为30人以下，但可根据师资和学生情况略有调整。如，哈佛大学研讨班人数为12人；加利福尼亚大学为15人；普林斯顿大学则要求各课程根据自身特点自由设定，但多数在30人以内。小班教学是保证充分互动的前提，但是，作为适应型研讨教学，也可以不必像专业型研讨教学那般严格。比如，可以通过对社会热点问题讨论的形式，帮助学生认识社会问题的多因性，再探讨法律之于社会问题解决的作用等，来促进学生对法学专业的认知。这类内容的课程没必要开设整整一个学期，例如，可以设计为6个课时，分3周开展课程，每10—20个学生为一个研讨班，每周1个主题，这样可以很多研讨班同时开课或先后轮流开课。如此设计既可以保障适应型研讨课目的实现，也可以保障学生的充分参与。

（4）课程推进宜采用互动模式。教师首先布置一定的话题，该话题内容不宜过于专业化，亦不宜过于浅显，最好是结合法学教育或者社会上的热点问题展开讨论，同时，应当选取具有较强综合性的话题，尽可能包罗万象，同时，也要避免歧义性言论。这样的话题一方面可以锻炼学生的多方面思维能力，另一方面也可以保证学生都有话说，以此打开学生的话题，引起学生的兴趣，启发学生的思考。选取好合适的话题后，教师对相应的话题进行问题设置，如，针对某一社会热点问题可以进行原因分析，可以要求学生提供解决问题的建议，可以请学生思考法律在相应问题中起到的作用等；要提前布置给学生相应的内容和问题，使其提前进行准备；在课程过程中，可以采取交叉提问、分组讨论等方式。最后，教师一定要进行一定的点评，此画龙点睛之笔，既是实现认知型研讨课教学目的的关键所在，也是学生实现自我肯定和进一步改进的有效途径。

（5）研讨课程保障方面必须予以重视。如，在师资方面，既可以由在校教师来完成，也可以由已退休教授、机关工委老师等来完成，充分利用学校资源，调动各方积极性。另外，在师资方面可以给每位老师配备 1—2 名助教，硕士研究生或博士研究生即可完成相关工作，辅助教师进行内容收集、问题设计、课前布置、课后答疑等工作。这样的师资配备既减轻了在校教师的工作压力，也充分发挥"老中青传帮带"的作用，对于学校师生的深度交流和感情建设都是非常有益的。

3. 以学生为中心展开专业课程模式的研讨课

研讨课教学模式本身是一种借鉴和移植的教学模式，若想在专业教学中发挥研讨课的优势作用，可以采用比较研究的方式，通过借鉴他国相似背景高校的研讨课教学经验，来构建属于自己的研讨课程体系。其中，在国外比较有代表性的即是牛津大学的研讨课教学活动，而国内比较有代表性的即是清华大学的研讨课教学活动。

（1）课程内容的安排。这一点是专业型研讨课和适应型研讨课的关键区别所在，也是理论型研讨课和实践型研讨课的划分依据。一般来说，专业型研讨课和适应型研讨课的区别就在于对专业学术基本功的要求不同，若适应型研讨课是以帮助学生适应法学教育、理解法律的作用、激发学习兴趣为目标，那么专业型研讨课则是以培养学生的法学职业思维，提升学生分析和解决现实问题的能力作为目标。目标的不一致则要求对话题内容的选择必须要有所区分。适应型研讨课的话题可以多选用当下热点话题，不宜太过复杂，以启发式为主。而专业型研讨课的话题则要尽量专业，更学术、更复杂、更具有现实意义，一般根据内容可以分为"学术专题""社会热点""系列问题""案例解析"等。除了"学术专题"的内容侧重于法学理论研讨以外，其他的专题均更侧重于法学实践能力训练，是一个从提出问题到分析问题再到解决问题的一整套的法学思维锻炼过程。所以，研讨课内容的设计是研讨课成效的关键所在。以研讨"多元纠纷解决机制"为例，则可以在理论上完成"诉讼是纠纷解决的一种方式"的认知教育，在实践上可以罗列出多元的纠纷解决办法，从而给法律人提供一种思路，就是纠纷的解决并不是以诉讼为唯一的方式，通过对各种纠纷解决方式优势及劣势的比较性探讨，掌握在纷杂众多的解决方式中选择最利于己方的最优方案的原则和方法，进而实现当事人利益的最大化或损失的最小化。这样的研讨课事实上就是一个法律人综合思维、全面思维的锻炼过程，所以内容的设计对于学习效果的取得具有非常重要的作用。在专业研讨课程中，一定要选取综合程度高、在本领域内或社会范围内热议并与法律学科密切相关的内容，以此来实现专业研讨课辅助理论认知和锻炼学生能力的目标。

（2）课程同步设置。一般要将研讨课程与同门讲授课程结合起来，并在考核中合并考查，以此来保障研讨教学的质量。这样就可以通过在考试题目中设置对研讨课相关问题进行论文创作的形式来实现理论的更深化教育，或者理论与实践的结合；也可以此来告别法学教育只考查知识点而不考察法学思维和法学功底的应试模式，把法学学生培养成为有知识、有能力的复合型人才。

（3）师资配备要求更专业化。如果说适应型研讨课的教师要选择综合造诣深厚的法学大家，那么专业型研讨课的教师则要求是精通本领域的法学专家；适应型以广度见长，而专业型以深度见长。虽然在专业型研讨课方面也可以由助教进行协助，但是其对教师的工作要求明显提高，不仅要求教师认真甄选课程内容，也要求教师课前对相关问题进行深入的思考和研究，甚至在必要的时候要有相关专业其他教师或者实践部门人士的参与，诸如，律师、研究员、设计师、会计师、清算师、经理、公关部门官员等，"术业有专攻"在专业型研讨中体现得最为明显，而这些人员参与到课程当中是需要在课程计划中事先进行设计的。

（4）研讨推进方式。在专业型研讨的推进中，可以采取不同于适应型研讨的形式。如，采取轮流主讲的形式，由固定的小组或者个人在课时时间内轮流主讲，主讲发言人承担选题、启动、衔接、总结研讨课的基本职责，其他人包括教师均可以交互提问或进行讨论；也可以由教师担任主讲人的角色来推进研讨课程的程序。相比较之下，选择学生主讲的形式更好一些，这是因为：①可以减轻教师准备课题内容的压力，每个学生每学期最多准备一个内容即可，但如果全数交由老师准备则压力过大，难免会出现粗制滥造的现象。②也可以最大程度地发挥学生的主观能动性，集合大多数人的智慧，使研讨内容的全面性得到更大的保障。在这个过程中，教师作为一个把关者，可以为主讲学生的选题、问题设计等进行把关审核；同时，其也是一名参研者、研讨共同体的成员，这样可以充分依据学生个性设计学习内容，更彻底地摆脱"讲解—传授"的模式，使教师也可以平等地参与到学生主持的话题当中去。这对于法学教学改革而言也是一种全新的探索，甚至可以邀请多名教师或其他专业人士一起，形成一个学生和教师共同参与的研讨共同体，促进智慧的深度碰撞。

总之，研讨课对于法学学生的意义是重大而深远的。无论是对于学习兴趣的激发还是法学样貌的认知，无论是对于理论知识的拓展还是实践思维的锻炼，研讨课均可以发挥其他实践教学形式无法比拟的优势作用。它是一种综合的教学模式，不会过分偏重于讲授式的理论教学，也不会过分偏重于动手式的实践（如诊所），这种综合的方式恰恰是我国法学教育最应追求的集理论与实践为一体的教学方法。

四、模拟法（仲裁）庭解析

（一）模拟法（仲裁）庭在高校的存在形态

所谓模拟法庭，是指教师组织学生就诉讼的中心环节——开庭审理部分进行模拟和再设计的一种实践性教学方法，扩大其框架则可以归入角色扮演的实践教学方法。模拟法庭由法官、书记员、律师、当事人等角色同台构成，事实上就是一种在假想环境之下真实行为的能力，起初人们将其认定为诉讼程序的教学手段，不要求激昂的诉讼辩论，基本要求仅在于庭审流程的正确、流畅以及法官庭审驾驭能力的展现，学生所要做的是展示一个正确的庭审流程而已，对于实体的关注并非重点；而更进一步的要求则是要所有的"角色扮演者"把自己当作案件的当事人，从收集、分析、判断和确认事实，到运用心理学、语言、行为分析的方法，以及经济、文化、社会、道德等分析方法分析法律的实际运行和操作，把庭审当作真正的庭审，既考查法官的庭审组织力，亦考察原被告双方的案件分析能力和辩论能力。这是一个综合的模拟和表演场所，所追求的已不再仅仅是程序的正确，当然包括了实体辩论的对抗。所以说，这两种样态是模拟法庭的初级模式和高级模式的不同要求，这样的表述并不构成模拟法庭本身价值的混乱，通过抽取同类项，即可得出模拟法庭所追求的价值样态，即在完成程序认知和实践的基础上，尽可能地实现学生在模拟法庭中对实体问题的对抗式辩论，尽可能地还原一个庭审从最初收集资料到最终判决的全过程。

模拟法庭不仅在追求目标上存在两个样态，就连实行状态也是有学生自发组织、课程设置两种状态。学生自发组织的模拟法庭有时像兼具表演性质的"话剧"，有时又像极具文化色彩的辩论竞赛，这些自发组织的活动有些是对实体的侧重，有些是对程序的侧重，根据主办学生组织的策划和规则来决定其定位和价值。模拟法庭作为学生课外活动的重要组成，为法学实践教学的课外形式增添了不少活力和成效。然而对于模拟法庭的课程设置而言，虽然模拟法庭课程是高等院校法学院系的一门实践性质的专业必修课，但是就目前来看，单独设立该门课程的高校尚属少数，而伴随着程序课程推进的教学相伴环节则更多地配置了模拟法庭活动，由程序法课程的任课教师在本班级内组织模拟法庭，并进行评断，这是模拟法庭形式用于课堂实践教学的通用形式。

（二）模拟法（仲裁）庭实践形式的现状

学生自发组织的模拟法庭活动基本上都是效仿国际模拟法庭大赛的形式和要求，如，久负盛誉的"JESSUP国际法模拟法庭竞赛""维也纳国际商事模拟仲裁辩论赛"和"亚洲杯国际法模拟法庭辩论赛"等，多以法庭辩论竞赛的形式开展。这种形式的模拟法庭活动事实上是学生综合能力的较量，在各高校内部是结合学生的兴趣和能力来开展的第二课堂活动。扩展开来则是区域性、全国性的模拟法庭竞赛，并在全国性的竞赛中选取代表参加国际比赛。目前，比较突出的全国类比赛即是"理律杯"全国大学法学院模拟法庭竞赛，有包括北京大学法学院、清华大学法学院、西南政法大学、中国政法大学、武汉大学法学院在内的等11所高校参与，通过这样的比赛，培养学生书写诉状、当庭辩论等基本技能，以比赛代替平常练习，通过比赛来提升学生的专业能力。至于收效则不同程度地取决于活动主办方的权威性、活动的宣传力度、学生的兴趣、竞赛的激励以及案例的难易程度等因素，暂时并不具有普遍教学的特征，是属于精英的自我锻炼平台。

而至于程序法课程教师在行课学年给自己班学生布置的模拟法庭活动，

则与学生自发组织的模拟法庭活动大不相同。这些内容设置具有普遍性，是一种对程序知识进行认知掌握的重要途径，这种方式的模拟法庭教学在我国大部分高校法学院的法学实践教学中已得到广泛应用，并取得了一定成效，但就课堂模拟法庭实践教学形式而言，仅仅这样是不够的。就整体而言，课堂模拟法庭存在以下问题：

1. 课程保障问题。课程缺乏计划性、规范性和系统性的运行制度保障，课程独立性没有得到充分认识，模拟法庭教学的地位不明。目前的常用做法是将模拟法庭作为诉讼法学的一个教学内容，由诉讼法教师根据需要在课内布置；或者将模拟法庭作为诉讼法学的实践活动，由诉讼法学教师在理论课余自行安排。此种模拟法庭的开展模式随意性较大，容易导致以下几点问题，不利于模拟法庭教学的长期发展。①模拟法庭教学单纯地沦为诉讼法学理论课程的附庸，其独立地位得不到彰显，将模拟法庭教学的目标限定得过于低端。②因为并不能作为一门独立的课程，所以模拟法庭教学通常缺乏教学大纲、考试大纲、教学计划等配套管理规范，这样不利于模拟法庭教学的有序有效开展。③没有充足的课时保障，诉讼法学教师组织模拟法庭的次数往往非常有限，参与的学生也非常有限，进而收效也非常有限。

2. 教学流程控制缺乏完整性。课程往往只是注重庭审环节而不注重庭前准备和庭后总结以及材料的归档和保存等流程，这也是程序法教学的重要弊病所在。其对开庭审理环节特别是法庭辩论阶段特别重视，而事实上在司法实务中，法庭审理仅仅是其中的一个环节而已，开庭审理前仍存在大量的准备工作，如，对律师代理的授权委托、起诉、立案和受理、诉讼文书的送达以及证据的取得等，通过这些内容的"模拟"才能使整个模拟法庭的完整性得以充分保证。而开庭结束后的总结与材料的归档保存工作往往也会被忽视或简化，这部分工作在真正的司法活动中的意义有时更甚于开庭审理，根据审理的记录进行文书的写作并认真进行归档是模拟法庭完整性的重要组成部分。既然"模拟"，则要在最大可能的真实标准下严格要求模拟法庭各环节的完整性，以实现全方位提高学生法律素养的目标。

3. 模拟法庭的表演性质浓厚。事实上，由于一些原因，模拟法庭的戏剧效果大于模拟效果。模拟审判活动本身具有一定的局限性，受时间和空间上的限制，模拟庭审很难使低年级法学专业学生做到对案件进行全面的注意和观察。如，模拟审判不像真实案件中会遇到许多预料不到的情况，当事人也不像真实案件中的当事人那样具有切身的利害关系，从而导致模拟审判成了提前安排好情节的话剧。究其原因，不外乎两点：①在案例的选择上，原则上要选择那些具有典型性、可操作性且与授课内容相关的真实案例，但受制于教师的主观态度以及时间、资源等客观条件，多数被选择的案例都是简单无争议案例，甚至是内容编造的虚拟案例。这么做只是为了保证庭审活动的顺利进行，甚至有时将开庭审理的过程制作成剧本，交由学生照本宣科，使模拟法院活动徒有热闹的表象，而无可供学习的实质内容。②一味追求场上可控局面及顺畅效果而忽视审判的真实性。多数情况下，庭审双方会进行庭前沟通、交流甚至彩排，使真正庭审时的效果看起来有板有眼，实则难以达到训练的原始目的。

4. 教师分配问题。指导教师配备不合理，不利于对学生的指导。目前，模拟法庭活动多由诉讼法教师指导，从数量上而言，模拟法庭指导教师非常有限；从质量角度而言，又严重缺乏实体法教师的专业指导。这就造成了模拟法庭教学中老师的指导不到位，具体表现在三个方面：①教师平时工作过于繁忙，无暇顾及模拟法庭工作。②教师本身的法律实践很有限，理论讲解多于实践演练，指导模拟法庭略显吃力。③教师只对自己所教课程了解得比较深入，综合素质不高或者对其他相关的课程则了解不多，无法适应模拟法庭的综合性特点。

5. 实验室配套建设问题。缺乏硬件和资金支持，模拟法庭实验室建设不到位，使用不便捷，受制于经费、资金等影响，模拟法庭实验室并未能广泛地在各高校建立起来。有些学校利用教室代替法庭场景，仅作粗浅的布置即可，这样的环境不利于法庭庄严、肃穆环境的营造，会使模拟法庭教学的效果大打折扣。而有些学校虽具备有限的模拟法庭实验室资源，但利用率并不是很高，一般要经过复杂的审批使用程序，而管理实验室的相关方由于担心实验室内物品毁损丢失等，对使用者缺乏支持。

（三）模拟法庭教学完善路径

模拟法庭教学若想取得进一步的成效，必定要求广大师生进一步对其进行系统、科学的探讨，形成规范化的计划、管理体系，落实切实可用的配套设施，在软硬件条件上为模拟法庭教学贡献力量。对单纯的程序型模拟法庭进行适当的重构，建设综合型模拟法庭，从宏观上来看包括以下四个方面：

1. 模拟法庭活动需明确目标。模拟法庭教学本身即存在认知和能力的双重目标，一方面是作为程序课程传授—理解模式的需要，是促进学生理解程序的关键所在，这属于一种认知型的模拟；另一方面，法律实务本身即是一个非常复杂的综合性过程，单纯的程序学习不能满足法律实务学习的客观需要，模拟法庭同时就是一个学生综合能力训练和展示的能力型模拟。在这两个目标的处理上，目标很显然是一个方向，不应将模拟法庭这种优越于其他实践教学方式的教学仅仅定位在认知型教育的位置之上，而是应该在秉承完成认知教育以促进理解的基本目标的基础上，进一步利用模拟法庭促进学生实际发现问题、分析问题和解决问题的能力，把其定位于能力型实践教学更为恰当。也许实践的效果仅达到了认知型目标，但是我们的理想必须放在能力型目标上。只有这样，才会促进我们进一步完善模拟法庭教学，开发模拟法庭教学的更多价值。

2. 实验室配套建设。模拟法庭是一个典型的实验课程，它是通过模拟的形式来综合锻炼学生的庭审驾驭能力、辩论能力、文书写作能力甚至表达能力等，这样的综合性实验课程必须配备相应的实验室建设。首先，要以独立的模拟法庭实验室取代原本以教室作为模拟法庭开展的场所，当然也不能以多功能厅等场所来替代独立的实验室，为了保障模拟法庭的庄严性，应当建立一个尽可能体现法律公正与内涵的专门场所以服务于模拟法庭的需要。其次，要按照《人民法院法庭规则》的要求布置实验室，购置服装、道具，添置国徽、审判桌椅、书记员席、原告席、被告席、旁听席、法槌和诉讼参与人员标牌，并参照正式法庭的样式摆放，配备法官服、检察官服、律师服、法警服及其他诉讼参与人员服装及道具等，同时备齐主要的法律文书和相关资料。再次，除了要在场地上实现法庭的原貌模拟外，还要在设备配置上符合教学的目的，即适应现代教育技术的发展，配置先进的教学仪器设备，加强多媒体手段在模拟法庭教学中的运用。主要设备包括电脑、投影机、电视机、数码相机、摄像机和音响设备等。有条件的学院可以对模拟法庭的开庭过程进行同步的录像，这既有助于庭后的评价，也可将一些好的开庭资料保存下来。最后，最好在模拟法庭实验室建设中规划出档案室，以用来存档一些实验室使用的规章制度、登记手册，同时归档各登记过庭审的资料，包括所有的文书、流程设计、总结等，这样可以避免档案随开庭人员流动而带来的不固定性，保障案卷资料在时空上的相对稳定，有利于后期进行模拟法庭学习的学生借鉴经验，更好地发挥模拟法庭教学的余热。

3. 独立的模拟法庭课程设置。对于程序规则的认知教育未必要以模拟法庭的形式达到目标，其实庭审观摩等形式足以完成这样的教学要求。所以，应当尽早把模拟法庭课程从程序法当中解放出来独立开设模拟法庭课程，集中训练学生的模拟法庭综合能力。就具体的课程设置而言，可以在学生的第五或第六学期开展独立的课程，这个时间段内学生已经完成了实体法和程序法的课程，掌握了相关的基础，且在毕业实习前，进行集中式的训练，符合模拟法庭教学的价值位阶和追求，有利于模拟功能的最大化发挥。至于课程内容的设置，应全面覆盖刑事、民事、行政类模拟法庭和模拟商事仲裁庭。在师资配备上，不应以固定的某一位老师来进行指导，这样的方式似乎是在要求一个"全知全能"的万能老师的出现，这样很显然是不科学的，而应当进行各学科的双师指导，这样不但可以减轻模拟法庭课程教师的负担，也可以最大程度地发挥教师的特长。"双师"设计模式的理想状态是程序法老师和实体法老师同堂，而这两位老师中又要至少合理地存在一位实务型教师，以众师之合力促进学生能力的大幅提升。

4. 模拟法庭流程的设计构想。模拟法庭流程的设计情形通常包括确定案例、分角色讨论、诉讼文书准备、开庭和综合评价总结五个阶段，最后还要进行材料归档和保存的工作。现在就各个阶段来说均存在不当的问题，如，案例确定不够典型、可操作性不强，角色讨论容易陷入事先彩排的误区，文书写作缺乏专业指导，过分重视开庭过程但显现出机械化的特征，总结和归档工作做得不到位等。

为了流程设计目标的明确性，可以将上述流程归纳为开庭前准备工作、开庭和庭后收尾工作。模拟法庭各个环节的配合就像一部机器的各个零件，只有实现准确而完美的衔接，才能达到最佳的运转效果。其具体可以分为以下五个步骤：

（1）要选择合适的案例。案例可以从法院、律所等单位收集、借阅已审结的刑事、民事案件来选择，也可以充分利用互联网资源进行选择，并且所选择的案例要具有一定的典型性、新颖性和可辩性，能够有足够的空间让各个角色充分发挥自己的才能，施展自己的才华。一定要避开过于简单无争议的案例，否则，无法锻炼学生的判断、逻辑推理等方面的能力，且案例要尽可能做到各方当事人较齐全，若是刑事案例则既要有被告人又要有被害人，既要有刑事辩护律师也要有代理人，同时，尽可能地配备证人、鉴定人等角色，使案例模拟尽可能完整和全面。

（2）角色分配与分组讨论环节。要根据案例的具体情况对学生进行分组，如，刑事案例可分为公诉组、审判组、辩护组以及综合组等，民事案例则可分为原告组、被告组、审判组等。分组可以通过抽签、志愿选择、指派等方式进行，但是受制于模拟法庭的规模，班上的每个同学不可能悉数分配到角色，这对于激发学生的积极性是极其不利的，所以，在分组方面必须充分顾及其他同学的感受和参与度，也可以通过固定分组、各组轮流承担不同角色的形式对所有同学进行编组。另外，尽量组织庭前观摩活动，为模拟法庭做些准备，在角色确定后，教师可以略对审判长、公诉人等比较关键的角色扮演人进行一定的指导，保障基本的程序稳定和顺利也是出于对其他同学的责任。

（3）准备相关诉讼文书（如起诉书、代理词、公诉书、证据目录、辩护词等）。另外，若是当庭宣判，则审判组需要提前准备判决书，但判决书必须根据庭审现场有所调整，或者可以选择另行宣判。

（4）正式开庭。虽然这是模拟法庭中最核心、最重要的环节，但是经过充足的准备，顺利开庭是没有困难的，只是在庭审过程中必须要按照正式的开庭程序进行，与相关诉讼法规定保持一致，这是庭审的最基本要求。另外，在法庭的座位安排、各角色着装等方面也要尽可能地与真实庭审保持一致，使学生切实感受到法庭的庄严、肃穆。

（5）庭后点评。庭审后指导教师一定要根据学生的庭审表现进行点评，条件允许的话可以凭借录像回放进行逐句逐字的点评，点评内容包括：对案件难点、重点进行总结，点评学生对案件事实认定是否准确，案件的法律适用是否正确，以及要指出学生对实体法和程序法的了解及运用程度，指出模拟法庭过程中的优点和缺点，同时，对案件各角色的扮演做出补充、完善和提高性的评价。这个评价和总结的环节是教学最重要的环节，教师最后的点睛有助于学生的提高,否则,会沦为一种单纯的表演性活动,失去其应有的价值。

另外,模拟法庭过程中,还要注意制定一套较为完备的关于模拟审判方面的规则和使用办法,对模拟法庭教学进行规范管理;关注模拟法庭活动的整体性衔接;选择实践经验丰富的教师作为指导老师,在理论和实践两个方面进行深入全面的指导;还要不断加大支持学生社团组织模拟法庭活动的力度,在教师方面积极指导,在活动物资方面鼎力支持,最大化地实现模拟法庭活动的自主性。

五、诊所式实践教学解析

(一)诊所教育的背景

法律诊所教育是20世纪60年代在美国法学院兴起的一种法学教育新模式,它借鉴了医学院诊所与临床实践的教学模式,在有经验的教师指导下,让学生在真实度案件中代理社会弱势群体,为其提供所需要的法律服务。诊所式法学教育模式源于美国,而美国的法学教育模式相继经过了学徒式教学、判例教学、诊所式法律教育三个阶段,诊所式教学方法最终得以确立是因为其内在的价值和优势。它诞生于贫富差距日益分化的背景之下,来源于法律人的社会正义感,也通过这种形式达到了职业技能训练和职业道德训练的职业教育目的,可以说是一举三得。然而,在与我国法治背景相似的法国、德国等大陆法系国家却很少听闻法律诊所教育的声音,所以,在诊所式教育引进之时,人们也不禁开始考虑诊所式教育是英美法系还是大陆法系的;不同的教育理念和教育目标是否允许这种高强度的实践模式的存在;诊所式教育在中国会不会发展成画虎不成反类犬的窘态等问题,这些都是法律诊所教育本土化过程中所必然面临的问题。舶来品只有经过本土的吸收才能正常地生长,避免在诊所教育中出现蝴蝶效应则是诊所教育本土化的重要课题。

诊所式教育之所以在中国得到确认和推广,是一种选择与被选择的结果。早在1999年底,中国人民大学即开始系统地探讨诊所教育在中国的可行性论证,终于在2000年美国福特基金的大力支持之下,中国人民大学、北京大学、清华大学、复旦大学、华东政法大学、西北政法大学及中南财经政法大学 7 所高校首批开设了法律诊所课程，法律诊所教育自此在神州大地遍地开花，到如今已是百花齐放。诊所教育之所以能够在中国落地、生根、发芽、结果，其教育模式内在价值当然起到了极其重要的作用，也就是人们常常论证的诊所教育的价值和意义。除此之外，诊所教育与其他实践教学方式相比较的优势也是其被选择的重要原因。

1. 沿袭最久的法学实践方式便是毕业实习，虽然学生确实可以到司法机关、律师事务所进行学习和锻炼，但实习生所从事的工作多是些送达、记录等非专业性内容。通过实习，学生最多只能熟悉法律职业的工作流程，而且多数实习单位因业务压力及对学生缺乏实际工作能力的不满，对学生的实习也疏于指导，从而严重削弱了实习的教育意义。

2. 在法学实践教学中，风行全球的案例教学方式一直被当作最重要的教学方法，但是，案例教学中所采用的案例都是已知的或虚拟的案件，事实和证据都被确定在一定的范围内，而且最后一般都有一个所谓的标准答案，难于培养和训练学生的实际操作能力。案例教学忽视了影响法律实践的社会事实，它并不能代替学生的亲身法律实践。也正因为如此，法律诊所教育便在比较中应运而生了。

（二）诊所教育的发展现状

中国法律诊所的发展应该具有以下成果和特征：

1. 法律诊所主题多样要涉及中国社会变革的各领域。诊所课程的主题涉及劳动者权益保护、消费者权益保护、公益诉讼法律服务、弱者权利保护、妇女权益保护、环境保护、刑事辩护、青少年社区矫正、刑事和解、老年人保护、青少年保护等。

2. 国内外的诊所教师之间交流广泛。在福特基金会与中国法学教育研究会诊所法律教育专业委员会（CCCLE）的组织安排下，中国诊所教师多次与国外诊所教师进行经验交流。在国内，安排各校诊所教师互相观摩诊所课程，对新教师进行培训，同时，积极举办和参加国内外诊所法律教育研讨会，进行广泛的交流。

3. 诊所的教学方法还被运用于其他法学课程。中国诊所教师将以下方法更多地运用于其他课程的教学，并获得了生动的教学效果。①以学生为主，以学生为本。②教学互动，教学互补，教学相长。③平等参与，平等教学。

4.诊所的学生收获颇丰。学生既锻炼了适应不同情况、接触不同类型的当事人、处理不同种类法律问题的能力，也提高了表达能力，包括提问、回答以及归纳总结问题的能力；可以将书本知识和法律实践相结合，对原有理论知识有了更深入的了解；在课堂内外学到了许多为人处世之道和做人、做事的有益方法；树立了坚定的为实现法律理想而不懈奋斗的信心和决心等。

5.法律诊所已成为法学教育界与社会联系的桥梁。学生在诊所课程中，通过办理法律援助案件和在社区进行法制宣传，感受到了中国的社会变革对法律适用产生的影响，了解了法律职业道德的重要性和法律人的社会责任感。

6.法律诊所在各高校的发展状况。最早起步的北京大学诊所教育经历了多种尝试。最初作为传统实习课程的替代品进行构建，而后又通过与机构见习相结合的模式，将诊所学生安排到校外事务所或公益服务机构进行挂靠式训练，到最后选择了不依附任何课程或机构的独立自主方式，建立起了属于自己的实体法律诊所机构，即北大大学生法律服务中心。这样的探索历程很大程度上代表了诊所式教育在中国的发展路径。迄今为止，全国知名的诊所包括北大的民事法律诊所以及社区法律诊所、清华的消费者权益诊所和劳动诊所、武大依托"武汉大学社会弱者权利保护中心"而建立的综合性法律诊所等，大多是以独立职能的诊所机构而存在的，无论是通过课堂讲授还是个案指导的方式开展，均以真实案例的形式进行运作。

这些成果无疑展示了一个勃勃生机的诊所教育现状，我国的诊所教育模式经过了系统而慎重的选择和精益求精的研讨，作为独立的综合性实践教学方式，在法学实践教学当中扮演着十分重要的角色。

（三）诊所教育面临的困境

1.诊所学生的办案身份问题。限于法律的制约，诊所学生在办理真实案件时所享有的权利远不及律师。

2.法律诊所课程经费的需求。学生选修该课程的需求很大，但诊所课程所需经费显然超过了其他课程，有相当多的法学院系还没有为此做好准备。CCCLE为了在全国推广诊所教育课程，需要面临和承担筹集经费向各校提供资助以帮助他们设立诊所课程的任务和压力，需要法律帮助的弱势群体对诊所课程的学生有着期待，但是，办理案件又需要一定的经费支持。

3. 诊所教师超负荷工作问题。目前，尚无独立的诊所教师考核晋升体系，我国的诊所教师都有自己的专业研究领域，从事诊所教育的任教工作也需要一定的经费补贴。

4. 法律诊所教育的本土化问题。法律诊所教育的本土化即其能否与中国本土教育环境、教育资源相结合。中国作为成文法国家，在法学教育领域也存在"以教为本"的理念和灌输式为主的教学模式，现在对理论和实践之间关系问题的解决，直接影响着对诊所教育的态度和本土化建设的方式、程度。由此可知，法律诊所教育被教育界、司法界及社会各界所认同与接受还需要一个过程，还有很长的一段路要走。

5. 法律诊所教育的规范化和评估问题。中国法学教育体系中有一套评估讲授式教学模式的评价体系，也有对教师从助教到教授的考核晋升评价标准。然而，针对法律诊所教育教师的评估体系尚未建立，更没有针对专门从事法律诊所教育教学的教师的单独评价体系。

6. 法律诊所教育课程的持续发展问题。如何使诊所课程进入法学院的课程菜单并吸引学生选课；如何鼓励教师坚持授课并提高他们的教学能力；如何使教育管理部门和各大学能够重视诊所课程等实践性课程的发展，从而给予经费的支持；如何使诊所教育课程与社会更好地协调与配合，更好地倡导诊所学生向社会学习、向实践学习；又如何促进和积极争取社会各界对职业法律人才培养的理解与支持等，这些都是诊所教育实现长期可持续发展过程中必须要解决的重要问题。

从量的考量上看，诊所教育在中国已经牢牢扎根，如今已是挺拔青翠、枝繁叶茂；但是从质的考量上看，诊所教育仍存在诸多问题。无论如何，我们有理由相信在发展中出现的问题也必将会在继续的发展中得以认识和解决。

（四）法律诊所的多元化与本土化建设

在重新勾画的法学"嵌入式＋集中式"实践教学模式中，应当明确诊所教育的位置和功能，这样才更有利于进行整体性的布置和设计。诊所式教学和专业实习最具有可比性，诊所教育和专业实习具有内在的一致性，二者均属于实践教学的教学方式，且综合程度比较接近。所以，在诊所教学的引进过程中也有人提出以此取代专业实习，作为学生综合实践能力培养的方式。按照这样的建议，法律诊所教学的重要性要远远排在实习之上，其位于"嵌入式＋集中式"法学实践教学能力培养金字塔的最顶端。而事实上，诊所教育本身的定位不应过于高端，应当在诊所教育中正确看待理论和实践的关系，将诊所教育定位在"嵌入式"实践教学设计中，遵循其最初的追求，即"培养学生的职业技能、职业伦理，服务于社会公益"，在掌握人文教育、知识教育的基础上，以诊所的形式扩展学生的能力。因此，诊所教育在设定的实践教学模式当中应当侧重完善以下三点：

1.诊所课程的主体设置。法律诊所课程的设置应当以学生能力为本位，以诊所类型为依托。按学习的内容可以分类别涵括劳动者权益保护诊所、消费者权益保护诊所、公益诉讼诊所、社会弱者权益保护诊所、妇女权益保护诊所、公民权益保护诊所、环境法诊所、民事诊所、社区法律诊所及综合性法律诊所等；按照学生能力的培养需求构建包括会见技巧、咨询技巧、事实调查技巧、法律研究技巧、调解技巧、谈判技巧、诉讼技巧等内容的诊所理论课程，以及在系统的基础性技巧培训之后，学习与亲自来中心求助的当事人接触、会见、咨询、代写法律文书甚至代理诉讼与非诉讼案件等。学生的所有活动都将在诊所教师的指导下进行。除此之外，教师还可以综合利用所建立的实验平台，通过分组讨论、定期个案指导、跟随诊所学生旁听案件审理等方式，在仿真训练等平台中，训练学生熟练运用律师技巧的能力，提高学生对法律职业道德的理解。另外要提的一点是，也许各种技巧类课程的学习均可通过程序法教学或者观摩、案例分析等方式进行一定的涉猎，但法律谈判实务内容则无法在传统的学习中得到涉猎，必须单独设立该门课程。

"律师的工作就是谈判"，这句话充分道出了谈判能力之于法律工作者的重要性。现下的中国正在努力探索多元纠纷解决机制建设，律师等法律工作者势必在将来的纠纷解决中扮演更加重要的角色。由此，学员的谈判能力问题将成为纠纷解决成败的关键所在。所以，在法律诊所课程设置中，必须首先加入法律谈判课程的设置，具体教学方案可以设计为谈判学及谈判技术、谈判心理学、谈判基本原理、诉讼与仲裁谈判、贸易实务谈判等，以促进学生把握不同类型谈判的注意事项、注意谈判对象的心理变化等，通过这样的实验课程增强学员解决实际问题的综合能力。

第七章 高校法学教育实践教学模式探索

2.建立多元化的诊所类型。诸多因素决定了诊所类型的多样性，对于诊所类型的选择和运作则是诊所教育所要构建的第一步。

（1）在美国，人们对诊所的认识也是不统一的。在有些人看来，只有具备"真实当事人要素"的诊所才是真正意义上的诊所式教育，否则，都是伪诊所；而另一部分人则认为应当把以分析解决案件的方式培训律师职业技巧及职业道德的教学行为均视为诊所式教育。所以，在广义上，诊所式教学可分为：①虚拟的法律诊所，即从头到尾均不存在真实的当事人和真实的案件，是一种纯粹模拟的实验教学模式，并辅之以教师的专业技巧指导，但是，由于学生并没有身临其境地处理案件，所以，此方式究竟是否属于诊所式教育仍备受争议。②真实当事人法律诊所，这种诊所模式也被称为校内的真实当事人诊所，是指依托法律院校，通过与真实当事人的接触、解决真实问题的形式来培养学生成为理性的、具有责任感和职业技能的执业律师的诊所模式。需要强调的是，所谓校内真实当事人诊所要求设立在法律院校中，并不是指场所一定在校园内，其本意是指以法学院为基础，诊所的管理和指导都依托法学院校聘任的诊所教师等来完成。③校外实习诊所，又称为校外真实当事人诊所，其区别于校内真实当事人诊所之处在于校外实习诊所是将学生指派到校外某法律实务部门，在有经验的法律工作者的指导下，参与真实的法律实务并获得学分的教学模式。这种模式不必高校花费大量的人力、物力来建设诊所平台，只需要与已有平台建立合作关系即可达成，但缺乏对学生的直接管理和监督可能成为此种模式发展的一个难题。④街道法律诊所，也可称之为社区诊所，此种诊所是指通过学生深入街道、社区、学校、监狱、少年法庭等场所，运用角色模拟、庭审模拟、案例讨论以及讲座等方式讲解、传授法律知识，为弱势群体提供法律帮助的模式。

目前，在我国各高校建立的诊所中，大多是以校内及校外真实当事人模式开办的法律诊所，即指那些要通过与真实特定的当事人的接触来实际解决真实问题的诊所培养模式。这样定位诊所模式可以有效区别于法律援助、法律服务、普法宣传等针对不特定人的社区诊所，也可以区别于纯粹实验模式的模拟诊所，因为，在我国已经有其他形式的实践教学或者实践活动在从事相同的事务，如，法律援助社团的活动、模拟仿真实验课程等。

（2）我国各高校在不断探索中，形成了多元化的诊所实践经验，但也存在一定程度的一致性。我国的诊所多以真实当事人和真实案件为实践对象，以学生法律援助机构为平台，通过法律咨询、纠纷调解、诉讼仲裁等活动，在为社会弱势群体服务时培养学生的职业责任感和职业技能。于是，有人将我国此类诊所的设立模式概括为：①内置型，即诊所载体依托法学院，成立法律援助机构等作为诊所教育的平台，通过教师的指导以及学生对弱势群体免费提供援助的形式实现诊所教育的目标；②外置型，即以法学院系之外的机构为依托，在非教师身份的法律从业人员的指导下，直接从事法律服务工作，完成代理事务的模式；③模拟型，即通过教师带领学生进行法律实务模拟训练来达到学习职业技能、提升职业道德的目的。其中，内置型诊所设立模式应用得最广泛，也是最能锻炼学生能力的一种模式。除此之外，我国的诊所还有诉讼型与非诉讼型、综合型与专业型、校内与校外等其他标准的划分方式。从以上划分当中可以总结出，我国的诊所式教育类型正呈现出多元化的发展趋势，正在创造更多的条件建设内置型以及外置型的真实当事人诊所，并建立起了多功能、多类型的诊所模式。另外需要明确的是，一所高校建立的多类型诊所应当服务于统一的管理，资源共享，形成主题多元的总体综合；同时，还要求各所相互独立，分别运行，既要保障有效的统一性，又要保障适度的独立性，以此来解决只有少数学生才能参与诊所学习的状况。

3.法律诊所教育本土化建设。本土化要求创作出适应本土生长环境的诊所教育。针对诊所教育出现的现实困难，要做到以下五点：

（1）建章立制，赋予法律诊所学生适当的办案身份。若诊所的学生以职业律师的身份出现在庭审之中，似乎并不符合规定；若以公民代理的身份出现，则又违背学生法律援助的公益性宗旨；若以法律服务工作者的身份出现，则没有得到相应司法部门的认可。所以，应当建章立制，将诊所学员统一纳入司法局管辖的法律援助组织当中，由其出示相关推荐信函，来赋予诊所学员代理案件的合法身份。

（2）加大投入力度。无论是诊所教育的配套实验室，还是诊所学员的相关培训，最主要的是诊所教育的师资配备。建设独立的诊所教师晋升机制和经费补贴办法，在师资上保障诊所教育的多元和高端。保障指导教师能力多元、知识结构多元、社会经验及生活经验丰富等，以达到高效教育的目的。

（3）建立诊所课程的评估体系、授课标准，尽可能地克服诊所教育可能出现的随意性问题。对此，不能刻板地套用传统评估模式的考评制度，以标准答案确定分值、以考试成绩决定效果，而是要建立全面的、主客观相统一的、新型的评估标准。

（4）与法律援助等校外社会实践工作紧密结合。法律援助、法律咨询、普法宣传、社区矫正等与法治建设相关的活动均可纳入诊所活动当中，这样可以拓展诊所教育的内涵：它不仅仅是面对当事人的诊断、代理，更肩负起一种社会责任，以进一步实现教育的目的。一定要明确，诊所式教学仍旧是教学活动而非实践活动，学生实践固然是诊所教育的重要部分，但是，也不能偏废其他方面，尤其是职业道德方面的建设。所以，应使教学与实践完美结合，实现诊所教育的目标。

（5）多渠道扩展诊所经费来源。一方面，可以通过社会捐赠、基金、拨款等各种方式建立诊所经费库，为诊所学员开展援助活动提供必要的经费保障。另一方面，诊所要特别注重本身的形象声誉，以出色的公益服务援助活动获得更优的口碑，进而为获得更多的经费支持打下良好基础。诊所式实践教学犹如沙滩上的珍珠，经过广大中国法学教育者的甄选而进入人们的视野，其与案例教学、模拟法庭、专业实习和其他法学学生的实践活动共同组成了我国法学实践教学的多元方式。其中，在实验教学的环节中，它与实习一样处于"虚拟、模拟、仿真、实践"模式的顶端，同属于实践的方式，即使诊所式教学定位在"嵌入式"环节之中，它也是循序渐进过程中的最顶端所在。虽然在运作上存在着这样或那样的问题，但是我们有理由相信，诊所式教学会成为实践教学的中流砥柱，诊所学员也将成长为维护社会公义的战士，在法治公平的推进中扮演愈发重要的角色。

六、课外实践形式的解析

多彩的课外实践活动其实也是进行法学实践教学的重要平台，作为法律职业技能、职业伦理锻炼的辅助手段，其一般包括法律咨询活动、法律援助活动、普法宣传活动、社区矫正活动、辩论竞技活动等，这些活动有的可以作为专业实践教学课程的补充，有的可以作为校园文化建设的重要部分而存在。其中，法学课内实践教学最为重要的补充形式就是法律援助活动。我国法律援助工作的自我定位既是政府保障公民合法权益的应尽职责，又是全社会和法律服务者应该关心的社会公益。所以，在积极设立以司法行政系统为主体的国家法律援助中心的同时，亦应努力调动各种形式的社会力量，开展力所能及的法律援助工作。

（一）法律援助作为实践教学补充的特征

鉴于法律援助活动在以政府法律援助机构为主导，以民间公益组织为补充的中国法律援助模式的指导之下，各高校法律院系充分利用知识优势，纷纷成立法律援助机构，致力于解决法律援助和法学实践场所的供需矛盾。目前，我国高校法律援助机构呈现出以下特点：

1. 灵活性。与政府法律援助机构相比，高校法律援助机构的运作机制更灵活，具有民间社团的性质、雄厚的知识实力以及非营利性的公益性特点。除此之外，在筹集资金的渠道上亦体现出多元和灵活的特点，不依赖于政府的拨款，可以从各种渠道获得资金支持。

2. 人才优势。与其他社会团体法律援助机构相比，高校法律援助机构更具有人才优势、知识优势，其由有经验的专家教授和热血的学生共同组成，他们所富有的纯洁风气、正直无私、崇尚公正的形象使高校法律援助机构具备更好的口碑。

3. 与高校法律诊所之间存在紧密的关系。在某些情况下，高校法律援助机构既包括诊所，也包括高校法律援助社团；在某些情况下，高校法律援助机构仅指法律诊所以外的机构。在严格区分的情况下，高校法律援助社团可以有效地补充法律诊所教学的不足。社团会员与诊所学员几乎可以从事完全相同的活动，但法律援助社团可以弥补法律诊所教育受众小的缺憾，因为社团具有开放性特点，可以吸纳更多的人成为其会员来参加各种法律援助活动，帮助社员累积一些法律实践经验。有人指出，考虑到法律援助社团与法律诊所的关系，更觉得法律诊所是法律援助社团的进阶版，学员可以从社团中选拔，较困难的案件交由更专业的诊所学院处理，法制宣传、社区矫正等公益服务类活动则社团和诊所均可开展，甚至可以联合开展。如此看来，若诊所是精英式的实践型人才教育，则社团是大众化的实践型能力锻炼。二者互相配合，一个作为补充，一个作为提升，促进二者之间的相互交流可以使诊所教育的受众通过民间的形式实现扩大。这既可以减轻教师的工作负担，又可以切实达到诊所教学的能力目标，课外实践活动的补充作用在此发挥得淋漓尽致。

（二）法律援助作为实践教学补充的困境

1.法律援助的根本意义。法律援助的本位系公益事业，社会效果是其追求的首要价值，而法学实践教学的效果系属法律援助的附加效果，其教学价值的认识并未得到足够重视，所以，法律援助机构的管理机制不健全，基本上仅能获得各高校学生处、团委、教务处或者相关院系的一定支持，却无法得到司法行政机关的指导和帮助。法律援助工作的开展无法与正规政府支持的法律援助事务接轨，浪费了大批的人才资源。

2.法律援助服务质量低下。虽然高校法律援助机构的组成人员具有强大的知识优势，但更多的是纸上谈兵，经验不足，所以，在处理法律援助服务事项的时候展现出一种心有余而力不足的窘迫。调查显示，接受过高校法律援助咨询的当事人，对学生所提供的法律服务的满意率仅有50%。

3.法律援助服务案件数量不能满足社会需求。一方面是学生办案能力有限，无法得到当事人的充分信任；另一方面则是受制于经费、人员稳定性等因素，高校法律援助机构不能充分发挥作用。如，办案经费不足，这直接导致高校法律援助机构放弃了一些应该办理的援助案件；同时，办案人员流动性极大，每个办案人员加入法律援助机构的收益均在个人学习需要上，当学生经过培训或一定锻炼而达到一定水平时，经常因为就业、升学等因素而离开服务机构，所以，高校法律援助机构更像一个培养人才的"孵化器"，既无法完全实现人才培养的目标，也无法达到法律援助需要的高标准。

（三）法律援助活动发展的完善

针对法律援助活动所存在的问题，可以从以下三点进行完善：

首先，促进司法部门法律援助中心对高校法律援助机构的指导和管理。针对高校特点进行有效的管理，推动高校法律援助机构的发展。除了与当地司法行政部门的合作外，还要促进法律援助机构之间的合作交流，包括与非高校法律援助团体和其他高校法律援助团体之间的合作，彼此订立合作协议，交流经验，实现资源共享。这不仅可以促进各自办理的案件质量的提高，还可以在异地办案的情况下缩减开支，避免人力、物力、财力的不必要浪费。

其次，注重法律援助服务的培训工作，把法律援助服务场所作为实践教学科目进行指导，提升法律援助质量，把实践教学和理论教学有效地结合起来。

最后，优化人员结构，建立一定的激励机制。高校法律援助服务人员的过分流动性，使得学生犹如走马观花般在机构内飘荡一回，既无法真正学习到实用知识，也无法真正地帮助弱势群体解决纠纷。所以，优化高校法律服务机构的人员结构，保持一部分稳定人员的存在是很必要的。一方面，这些人可以作为学生进行法律援助的导师，系统培训学生的办案能力；另一方面，这些人可以切实地解决一些案件，实现法律援助的最原始目的，提升高校法律援助机构的口碑。另外，对于积极参加法律援助服务的学生给予激励，稳定其积极性也是很必要的。

除了法律援助活动之外，各高校还应当积极引导和鼓励学生参与法治相关的实践活动，包括扶植法学实践类社团的建设，支持该类社团开办学术讲座、学术沙龙活动等。

七、毕业实习解析

当前，对于毕业实习的计划和安排，各高校普遍采取集中实习和分散实习相结合的方式，并且致力于扩大集中实习的比例，尽可能地促进更多的学生切实投入到实习当中去。这两种实习方式各有优缺点，也各自面临着不同的现状和难题。虽然各高校因自身地域及自身质量的缘由，存在困难的程度并不相同，但全国各高校中所存在的困难类型具有极大的相似性。毕业实习方面，不仅集中实习和分散实习两种方式面临不同的现状，实习单位性质的不同也使毕业实习面临着不同的挑战。

（一）公检法司等职权部门作为实习基地的现状及问题

从集中实习来讲，在公检法司单位里，实习生可以全面地了解公检法司的从业概况，为学生的职业规划提前做足准备。除此之外，可以夯实理论基础，了解办案流程、细节。然而与这些相关单位订立"实习基地"协议常受制于各种客观条件。首先，如果想在实习中得到老师专业而又具体的指导，则对实习基地的地域要求会比较高，将其限于高校所在省市或者邻近省市才比较方便。其次，这种单位的实习并不能解决学生的就业问题，往往也都停留在对学生的认知教育阶段。很多实习生反映只是做些订装档案等琐碎繁杂的工作。最后，实习基地要考虑学生的食宿安全和专业指导等问题，往往受制于经费预算以及人员数量，从而导致实习基地的容载量极其有限。

从分散实习来讲，其也可以达到与集中实习相似的作用和效果，只是在有效指导和管理方面会存在诸多问题，最主要的一点在于毕业实习安排的时间与研究生入学考试、公务员考试甚至司法考试之间存在一定的冲突，不能有效处理实习与这些事情之间的关系成为很多学生的困扰，如，有的学生选择将大把的时间用在考试方面，而对毕业实习采取应付甚至根本就不实习的态度。这也同时决定了这批人要选择管理宽松的分散实习形式，最终仅以盖章的实习鉴定表应付了事，而无视过程的有无或者好坏。究其原因，一方面受制于实习单位有限，庞大的毕业生数量使各高校所联络的实习单位根本无法负荷，所以，不得不允许大量的学生自主实习，自己选择单位来缓解学校设定实习单位的压力。但究其根本，分散实习的泛滥主要来自就业的重大压力，无论实习还是其他教学活动都要服务并服从于就业安排，这势必导致毕业实习也要为就业让路，所以，分散实习的形式变得非常有存在之必要。

无论分散实习还是集中实习，在公检法司部门的实习生都面临着实习内容无实质性可言的重大弊端。大多数情况下，实习生在实习单位的主要角色即是"临时工"，主要工作也仅限于打印复印、整理卷宗、装订材料等相关工作，接触业务实习的锻炼机会很少。

（二）律师事务所作为实习基地的现状及问题

律师事务所作为接纳法科专业实习生的最主要场所之一，具有优于公检法司的先天优势，诸如，学生可以接触更多类型的诉讼案件，而在检察院实习的学生一般只能接触到与检察业务有关的刑事案件，在法院实习的学生则要根据分配的法庭来决定所接触案件的类型。在公检法实习的学生往往只能接触到案件处理的某个阶段，而在律师事务所实习的学生则可以全面接触案件的每个阶段，这对于整个办案流程的认识和文书写作的学习都是有很多好处的。再如，在律师事务所实习的学生可以充分发挥主观能动性，尤其在律师事务所可以接触很多非诉讼类业务，这大大有助于学生对法律事务进行更深入、更广阔的思考，对纠纷的解决进行更多元的策划。此外，由于律师事务所的私人性质，其可以在一定程度上与就业挂钩，通过毕业实习对实习生进行考察，进而决定是否录用为本所工作人员，这一点也是在律师事务所实习优于在公检法司实习的重要原因之一。所以，在律师事务所实习的最大优势就在于对纠纷解决的全面策划、掌握和跟进，这是一个最广阔的平台。同时，它也是一个可以解决部分实习生就业问题的现实平台，有利于学习与就业双丰收。

在律师事务所实习虽然具有公检法司系统无可比拟的优势，但是，在现实操作中也存在这样那样的困难：①非诉业务对效率的高要求排斥实习生的参与。非诉业务是律师事务所业务的重要内容之一，如，对合同进行审查、出具意见书等，这些业务本身具有专业性和高经验值的特点，且往往这类业务也具有高效率的特点，所以，根本不适宜给实习生用来练习，这就使律师事务所的实习生无法有效接触此类业务。②涉及商业机密或个人隐私的业务，实习生不宜参与。这种不宜参与不仅仅在于其秘密性，更在于此类案件具有连续性和完整性的特点。实习生往往只在一个律师事务所实习几个月甚至更短的时间，而涉及商事主体的业务往往都是与律师事务所长期合作的，所以，此类业务就无法交由实习生来参与，因为实习生的参与会导致案件处理跟进人员的非连续性，不利于与商事主体的长期合作。③指导律师的特定业务范围对实习生的影响。律师事务所的案件类型是多样的，但是，每个指导老师所专长的部门是特定的，实习生的指导老师的业务范围往往就是实习生的业务范围，所以，实习的全面与广泛性无法得到保障。④学校要求的实习内容与实际实习内容随机之间的冲突。每所高校对于实习可以学习到的东西都有一个细致的规划和期待，可是在实习中接触的案件是随机的，进而决定了实习生学习到的内容也是随机的，如此就导致很多实习生的实习工作无法达到学校的基本要求。⑤实习指导任务的非强制性。实习指导老师并非学校的员工，也非国家工作人员，对实习生的指导全凭自觉和自律。具有责任感的律师会积极指导学生，使学生受益良多；不具有责任感的律师则会松散对待，使学生在律师事务所空耗时间而无所收益。律师指导学生的非强制性使实习的效果完全没办法保证。

（三）企业单位作为实习基地的现状及问题

企业单位作为实习基地的构想一直存在着巨大的障碍。于一般企业而言，其对于法律专业知识的需求仅处于辅助地位，所以，没有非常适合学生的岗位提供给学生全面学习法律知识；于特殊企业主体而言，如，专利代理、商标代理、破产清算等，这些业务要求高度的专业性和连贯性，不适宜实习生的介入；而于学生而言，选择企业实习是一种很小众的决定，大多数的法学学生毕业后还是希望可以到公检法司或律师事务所工作，把法律专业作为自己的就业方向，这很大程度上是受就业观念及对企业的不全面认知的影响。所以，法科学生到企业实习还是处于少之又少的探索阶段，不具有普遍性。这一点非常不利于法学学生为经济建设保驾护航宗旨的实现，而法学学生对其专业价值定位的单一是造成此种局面的重要原因所在，也是未来解决该问题的症结所在。

在系统化的实践教学模式中，实习是一种提升型的实践教学内容，它的存在不仅仅是为了促进法学学生对某理论科目的有效认知，也不仅仅是为了锻炼法学学生某一方面的能力，它是一个综合性的提升过程，是把本科学生三年来学习的理论知识和应用能力在实习中加以巩固和扩展，结合其职业规划为其职业生涯积累一定经验的综合提升过程，这同时也是"3+1"学制模式的要求。其在具体实行上必须要结合各高校的实践教学基地现状进行设计，因而受到各种现实条件的制约，而要做到的就是把有效的实践基地资源最大化地加以利用，实现实习的终极功能价值。虽然本书在这里将要提供的是一个类似理想国式的设计，但是，希望它可以成为法学实践教学的一个努力方向。

如果说实习基地建设是实习的硬件保障，那么，对实习制度的设计则是实习成效的软件保障，实习基地如何实现最大化利用就是实习制度设计的首要原则。实习制度设计可以借鉴国内外经验，合理整合各方优势，促进实习目的的实现。

（四）在教学计划中明确实习的地位

首先，各国对于实习的认识不一，有些大学将其视为必修课之一，给予高度重视，如，大陆法系的德国；尽管存在职业准备阶段的实习，但是，很多著名的法学院仍坚持将法学专业实习纳入必修课范围之内,如,德国的汉堡大学;而英美法系的国家则对是否将实习纳入学分管理、是否将之划定为必修课程存在多样的做法,如,耶鲁大学法学院在其教学计划中把实习计划列为选修课,纽约大学法学院则不把实习计划作为独立课程而只是视为一种教学模式而已。英美法系国家存在这样的做法并不是忽略专业实习的重要性,而是由于其判例法特点以及案例教学法和法律诊所的广泛应用,使得专业实习的功能在其他形式的实践教学方式中得到实现。

但是在我国,必须清醒认识到实习依然存在其独立而深刻的价值。并非如判例法国家一般,教学从始至终都以判例为中心、以判例应用为核心。如果说英美法系国家的法学教育是一种从始至终的经验式教育,那么,它的教学环节的分分秒秒都是一种实习。而法学教育在重视经验之前更注重对成文法逻辑的理解和掌握,进而才是应用,所以,教学就不会出现从始至终的应用型锻炼,尽管在学习的过程中会穿插认知型和技能型实践教学环节,但是,实习作为法学学生综合实践的最后环节,是一种从认识到实践再到认识的第二次质的飞跃,所以,在实习的地位方面必须将其提升到必修课范畴,并把保障实习质量作为一切制度设计的核心所在。为了规避由于就业、升学等压力所带来的实习形式化道德风险,必须把其放在必修课学分管理体系范围内,在地位上明确其重要性,在根本上建立实习的质量保障意识。

(五)在教学管理中构建配套实习制度

1. 灵活处理实习的时间安排

如,德国汉堡大学法学院将法学本科实习分成两个阶段,即入门实习和深入实习,由学生在假期里完成,分别设计为4周和9周。而我国大多数实习的时间安排存在着重大问题,实习时间与升学、就业、司法考试等时间安排严重冲突,致使传统毕业实习质量无法得到保证。原本合理的毕业实习时间是设计在第6学期结束的暑假,这个时间学生已经完成主要的专业基础课和主干课的学习,距离就业和升学也还有1个学期的准备时间。而现在由于国家统一司法考试已向在校学生开放,并且时间安排在第7学期开学的9月份,这样大部分的学生在第6学期暑假都在全力复习司法考试,而现下司法考试的通过率是决定学生甚至法学院校命运和评价的最重要指标,所以,第

6 学期暑假的实习时间变得不再合理。很多院校无奈地将时间顺延至司法考试结束后，从 10 月到第 7 学期期末前都是实习的时间段，可是这段时间恰好与研究生入学考试以及就业高峰期相互冲突，如，9 月份过后各大银行的招考、部分省份的公务员考试、大型企业的招员等都在陆续进行，而研究生入学考试就在第 7 学期末的元旦过后，如此的时间安排愈发加剧了实习形式化的风险。对于选择考研和全力找工作的学生，学院并不能以牺牲就业率、升学率为代价强制学生实习，所以，分散实习甚至虚假实习变成了这批学生的常态，能够坚持集中实习的学生不到总人数的 1/4。

所以，要对实习采取"化整为零"的时间安排，借鉴国外分段实习的方法，并以教学计划等与实习安排进行高度结合。这既可以解决实习的时间问题，也可以更大程度地促进实习的全面性。其具体可以设计为以下三个阶段：

（1）第一阶段的专业认知实习。认知学习即学生在 1 年级结束的暑假里进行入门实习，这段实习的定位是认知型实习，这就要求教学计划随之有所调整，如，在 2 年级下学期开设刑法及刑事诉讼法，可以选择安排学生在检察院或者法院的刑庭进行为期至少 4 周的实习，这样至少在实习安排时可以保障实习学生对诉讼法和实体法的结合有一定的认知能力，并以此类推于民事审判活动。之所以这样设置，一方面是因为民事法律的繁杂庞大，对基础理论的要求过高，另一方面是因为实习基地仅限于法院，无法在短时间内贯通学习。所以，要以刑事方向为切入点，在教学过程中加入观摩法和案例教学等方式，再以暑期的实习促进法学学生对法学知识的入门认知。

（2）第二阶段的专业技能实习。可以设计安排在第二学年的暑期进行，在教学计划安排上应当保障基本完成民事实体和程序主干课的讲授，也就是说可以余下诸如，知识产权、国际法、行政法等课程在第三学年进行学习，第二学年主攻各民事课程，这样就可以在第二学年的暑假开展大规模的能力型专业实习。可以说，现实生活中大量的案例都是民事案件和刑事案件，在第二学年进行综合实习，学生已经具备了足够的知识储备，无论从认知上还是从能力培养上都要求一个综合性的实习来促进法学学生对知识的掌握。也就是说，这次实习是相当于传统毕业实习的功能作用而存在的，所以，对于此阶段的实习必须以集中实习为原则，确保每个学生的实习。

（3）第三阶段的职业认知实习。职业认知实习阶段的实习安排在第六学期期末前的最后4周,这个时间安排要求教学计划随之有所改动,将课堂教学时间压缩1个月作为实习的专用时间。这种压缩本身并不是要缩减课堂教学时间,而是通过增加单周课时的形式完成教学任务。此种安排的实行可能在于第三学年所授课程的特殊性,一般第三学年的课程安排多是出于帮助学生构建完整的法律知识体系而开展的扩展提升型科目,如,《知识产权法》《经济法》等,很多时候这些法律知识的基本法理与民事法律相通,而诉讼法知识是与三大诉讼法共用的,所以,学习内容不具有根本性的难度,在体系架构完整的情况下,以上科目的学习仅是一种知识性的学习。另外,安排在第六学期的课程数量往往也是极少的,公共基础课已经全部修习完毕,上述主干课科目也是有限的,所以,增加每门课程的每周课时以压缩出实习时间是完全可行的。这1个月的时间安排首先考虑了保留完整的暑假司法考试复习时段,同时,考虑了毕业实习对职业规划和毕业论文选题的影响,是一个兴趣优先的实习科目。在第三阶段的实习中,学生在完整学习法律知识后,根据各自的职业规划选择实习单位进行职业前的职业认知实习,一方面可以通过对职业方向的接触帮助学生完善职业规划认知,另一方面也可以在实习中明确各自的升学方向和毕业论文的主题。本阶段的集中实习不再局限于专业的认知或者专业技能的提升,而是将目光锁向职业,更具有针对性和实质意义。

如此三段式的实习计划可以保障至少总量4个月的实习时间,并且以三段式的整体完成来构成整个实习学分,从而在制度上保障每段实习的落实。

2. 实习方式选择的多样化

在国外,大多法学院对法学专业实习采取的是一种学生自主选择的方式,他们认为专业实习环节不同于理论教学环节,学生的自主性应当发挥更大的作用。首先,赋予学生自主选择权可以克服强行安排的弊端,可以避免挫伤学生主动投入实践的积极性,也可以避免妨害学生个体优势的发挥。其次,招生规模的扩张速度远远超过实习基地容纳能力的扩张速度,全体强制安排实习具有现实的困难,所以,学生自主选择实习的模式正走向大众化、普遍化。在实习中,法学院大多扮演机会提供者的角色,如,耶鲁大学法学院就设有为法学院学生提供实习机会的基地。

而在我国,存在三种典型的形式:①统一组织、定点实习的统一组织形式，也称为集中实习方式，该种形式下学生的自主选择权也是存在的，即学生可以在学校安排的实习单位中进行选择，但最终要服从学校的综合调配，这种模式往往只有实力较强的法学院校才会采用，因为这类院校可以保障充足的实习基地的提供；②自行联系、分散实习的自行联系模式，也有人称之为分散实习方式，这种模式完全取决于学生的自主选择，此种模式下学校无法提供大量的实习基地，进而需要学生自主寻找实习机会，所以这种模式极其不利于对实习质量的监控和把握；③自行联系和院系安排并存的混合模式，也叫集中实习和分散实习混合模式，这种模式目前存在比较普遍，在学校力量控制范围内最大限度地保障统一的专业实习，以保障实习的质量检测和效果评估，在学院力量所不及的情况下允许学生自主分散实习，以缓解院校实习基地不足的压力，同时，也需要配套政策保障该模式下学生的实习质量。

（1）三段式实习安排。在"嵌入式＋集中式"实践教学模式下的三段式实习计划中，应当采用各种方式综合选择的方式。对于第一阶段的专业认知型实习，可以采取完全的分散实习方式，可由学生返回其户籍所在地进行实习。这一阶段的实习目标并不具有很强的专业要求，所以，完全可以通过学生的自主性来完成任务，此阶段与实习业务量少无关，在实习单位的氛围和语境中，通过与单位工作人员的接触和对社会纠纷的观感，仍然可以启动实习者的思维，促进其建立法学学习的兴趣和责任感。

这一阶段的实习需要在实习前做足实习者的动员工作，明确实习目的，充分调动法学初学者的学习积极性和兴趣。对于第二阶段的专业技能型实习，一定要以业务实习为主，以提高学生业务技能为目标。所以，最优的方式是采取统一集中实习的方式，但若院校能力不足，也可以选择混合型实习方式。此阶段必须充分保障实习的质量，配备专业的指导教师，发挥教师案例咨询指导和帮助学生提升做人处事能力的作用。首先，在思想和心理上，帮助学生认识到世界的精彩和世界的无奈，引导学生回归社会、认识社会，使学生毕业后更能够适应社会；其次，在业务方面，帮助学生把理论学习的内容通过实习进行检验，完成一次理论到实践的结合，教授学生业务知识，使其学会动手，提升操作能力，尤其是帮助其学习课本以外的法学思维方法；最后，在职业规划上，也可以为择业提供有益的参考指标。教师一直都是学生求学路上的指路明灯，无论从专业上还是在人生道路上都是学生的前辈，所以第二阶段的专业技能型实习必须充分保障教师的配备，在思想上为学生把关，在业务上为学生排忧解难。至于第三阶段的职业认知型实习，则主要在于鼓励学生参加更多元的单位的实习工作。如果说在前两个阶段的实习中学生分别有机会进入法院、检察院等机构，则最后一个阶段的实习要侧重于其他与法律相关职业的涉猎，在方式选择上以学生自主为主，院校作为机会提供者，根据学生意愿为其在实践教学基地或实验平台内提供实习机会，把实习场所尽量扩展至多元的律所、商事主体、公证机构等。

（2）仿真实习的运用。除了可以到实习基地进行实习的模式之外，还可以通过拓展仿真实验的形式来缓解实习基地的压力，同时达到实习的效果。如，律师事务所仿真实习、公检法司仿真实习、企业运作仿真综合实习等。

企业运作仿真综合实习是指通过构建模拟企业运作的仿真环境，让学生在仿真环境中运用已经掌握的专业知识进行企业运作的模拟演练，熟悉企业的运作。在这个过程中，最大的优势在于多学科学生的广泛参与，其中法律环境也是企业运作的重要环境之一。

在具体的建构上，可以选择将法律工作者角色加入其他专业的活动当中，如，在 EPR 模拟沙盘实训（EPR Simulation Game）过程中加入法律工作者角色的设计。

EPR 沙盘模拟是针对一个模拟企业，把企业运营所处的内外部环境定义为一系列的规则，由参赛者组成若干个相互竞争的模拟企业，通过对模拟企业 5—6 年的经营，使参赛者在分析市场、制定战略、产品开发、营销策划、组织生产、财务管理等一系列活动中参悟科学的管理规律，全面提升管理能力。每组由总裁 CEO、财务总监、财务助理（选加）、营销总监、生产总监、采购总监组成。

EPR 沙盘模拟是集管理、会计、营销等各个专业为一体的企业仿真模拟训练活动，已经是一个较成熟且实效性评价较高的综合性实验平台，在这个平台上加入法学的元素则是构建企业仿真模拟中的法学实践教学的追求所在。具体则可以加入法律顾问角色，在模拟企业从诞生到死亡的过程中加入一组人马，模拟企业设立的相关法律手续制作、模拟企业运行中合同风险审查、模拟企业在破产时的清算注销活动等。

加入法学元素的参与并不会破坏 EPR 模拟沙盘实训活动的完整性，相反会进一步地促进沙盘模拟中决策的全面性、科学性,加大法律与商事实务之间的接触。但是,这样的加入可能会造成 EPR 推进的难度进一步提升,使得 EPR 的评审规则不得不加入法律事务的考量,指导教师也不得不吸收法学方面的教师参与。可以说,这样的综合性实验平台的建设是一个浩大的工程,必须紧密配合才能达到完美的效果,进而促进商事学生和法学学生的综合全面发展。

该模拟实习形式之于综合性院校而言,是实现法学专业与商事专业的有机结合,将更有利于法律人才投入到市场经济建设当中去;同时可以弥补法学专业学生到企业单位实习的困境,以仿真模拟的形式打破企业用人的束缚。

3. 重构分散实习的条件和监管

以上的三段式实习计划允许分散实习的存在,但是对分散实习的条件提出了新的要求,也就是在不同的阶段,学生选择的分散实习场所必须符合相应阶段的目标追求。专业认知和专业技能实习阶段,必须选择专业型的场所,如,公检法司,职业阶段的实习则允许多元化选择。除此之外,必须加强对分散实习的管理和监督,如此才能保障实习的质量。建立实习效果测评体系并着重于对实习的动态监管是必要的,如,实习前进行申报审核。对拟实习单位进行介绍,拟定实习计划以及预期效果等;实习期间进行监管,包括实习简报的制作、实习照片及实习录像的保存、不定时地电话连线实习基地教师等,以多种方式促进对分散的实习过程的监管;最后要建立实习结束的考评,这种考评不应以简简单单的总结或者日志为对象,而是应当以具体的法律文书,如,在专业认知阶段撰写判决书、在专业技能阶段撰写案例分析报告、在职业认知阶段以毕业论文为考量等,如此可以有效地检验学生的实习效果,督促学生认真实习。在后续的工作中,应当建立充分利用实习资料的制度,包括利用实习资料中的单位扩建实习基地、利用实习资料中的案例作为教学案例、利用实习资料中的学生心路历程来做实习动员等。

4. 毕业实习与毕业论文的结合考评

最后阶段的实习是以学生兴趣为导向的,所以,在毕业论文的选择上应当做到学生在实习中明确毕业论文选题方向或学生根据选题方向而选择实习单位,只有这样,才能保障实习与毕业论文创作的关联性,进而在这个过程中,教会学生如何收集写作素材、如何为写论文进行准备、如何明确题目以及如何进行创作等。实习的过程就是学生在实践中发现问题，又以理论来解决实践中问题的过程，这才是促进再认识的必经途径。

5.实习激励机制的构建

一方面要对优秀实习生表彰和奖励，另一方面要联合实习基地对校内外实习指导教师给予精神和物质的双重奖励。

6.在教学配套中加强毕业实习的物质保障

（1）实习经费的投入。经费的短缺成为掣肘实践教学发展的瓶颈，无论是在实践教学配套建设方面，还是在实践教学活动的激励方面，离开资金的支持都是寸步难行的。对实践教学的一次性资金投入也许还可以解决，但是，对于维持实践教学的大量动态资金的需求确实使实践教学成为一个巨大的资金绞肉机。尤其在实习问题上，资金的影响是最大的，因为无论是在案例教学、观摩庭审上还是在模拟法庭、诊所式教育中，资金的投入往往是瞄准固定物资的建设，如，实验室建设、诊所建立等，流动的花费很少，所以，只需要一笔固定的投入即可源源不断地享受收益，维持以上教学活动的费用几乎是可以忽略不计的。但是，在一般情况下，接受实习生的单位都会收取适当的费用作为对实习生的管理费用，自建实习基地也需要一定的费用，否则，实习活动根本就无法启动。除此之外，还要对实习生的差旅、伙食等给予补贴，也许这笔钱看似数目很小，但是，庞大的基数也使得实习维持的经费需求远远超过拨付的款项，所以，多渠道地对实习教学经费进行开源节流是各高校实践教学、实习教学必须要面对的重要课题。

目前，诊所式教学的资金筹措方式比较多，诸如，基金、社会捐赠、一定拨付等；但诊所式教学是小众化的精英教育，且具有浓厚的公益色彩，所以，很容易吸收社会资金，且花费也并不庞大。但对于实习而言，它是大众化的、普遍的教学形式，吸收社会资金的可能性微乎其微，所以，主要努力方向应当在于与合作单位之间的协议，尽可能地以合作的形式转移部分压力到实习单位，另外要在拨付的实践教学款项中做到专款专用，切实使该笔资金有效激励师生投身实践教学、实践科研和实践学习活动。

（2）实习基地的保障。法学实践教学是一种虚拟—模拟—仿真—实践的模式，而实习和诊所式教学都是实践环节的重要内容，是实践教学体系金字塔的顶端。前面也提到系统的实践教学实验平台建设的最重要部分即是实践基地的建设，建立稳定的实习基地很明显是实习必须具备的场地和平台保障。市场经济体制改变了过去有关单位无条件地接受毕业生实习的状况，联系实习单位成为毕业实习面临的一道难题。而进入怎样的单位实习，实习单位能提供什么样的实习环境和条件，关系着实习质量的好坏及其预期目的能否的实现。因此，必须建立稳定的实习基地以保证实习工作的顺利进行。在这方面，有的院校已有所尝试，通常采用的方式有两种：①与有关单位共建，在相互协作的基础上逐步建立起稳定的毕业实习基地及制度规范。如，选择工作性质与法学专业相符又需要学生帮助其工作的单位，如，人民法院，与其建立联系，让学生能在毕业实习基地完成毕业实习。②独立创建实习基地，即建立法律咨询中心、法律服务中心等，为在校大学生和社会提供无偿服务，也为法学专业学生的毕业实习提供稳定的场所。

　　实践基地建设一方面要求巩固和发展现有基地，另一方面也要求不断适应新形势，发展新类型的实践基地，以满足学生的多元需求。建设系统化的法学实践教学体系是一个复杂而全面的工程，本书将实践教学的目标定位为"服务理论教学，同时，培养应用型、复合型法律人才"。在此目标指引下，设计了一套"嵌入式＋集中式"实践教学模式，在理论学习的过程中嵌入案例教学法、观摩法、诊所式教学、模拟法庭以及法律援助等形式，促进实践认知的形成和实践能力的培养，同时，以实习的形式集中对学生的专业认知、专业技能和职业认知进行教育，并为系统的实践教学模式设计了一套系统的实验教学平台，包括虚拟网络平台、模拟实验室、仿真实验室、实践基地等，希望以此促进大家对实践教学系统化建设的讨论和实践。

第八章 高校法学实践教学支撑体系与运行体系构建研究

法学实践教学是培养应用型法律人才的重要途径。建构立体化实践教学体系能够使高效的法学实践教学活动由分散而成体系。立体化实践教学体系要求实践教学在四年中持续不断，校内校外相结合，课内课外相结合。立体化实践教学体系的有效运作有赖于课程体系、师资体系、组织体系、保障体系及评估体系的协调运行。本章主要论述中国法学教育实践教学的背景与现实、地方高校法学实践教学支撑体系以及运行体系的构建三方面。

第一节 中国法学教育实践教学的背景与现实

一、背景分析：中国法学教育的转变

回顾我国 50 年法学教育，一个基本的结论是法学教育有着明显的 30 年与 20 年的分界。从历史的划分看，前 30 年的走向基本上是"政法"教育，教学上强调意识形态和政治性，较少关注和研究法学学科自身特点，多为对国家政策的注释和解说。后 20 年的法学教育则明显有一个转向：逐渐关注和研究起法学学科本身，关注民主与法治建设，关注和吸收西方法学理论成果和法治实践经验。[①]

为何会产生这种转向，并将法学教育引导到真正推进民主与法治建设的功能上来？这就有一个特定的时空与背景。这种背景使本文问题研究具有语境论的意义，可以有两个具有承接性的背景作为分析。

第一是后 20 年的法学教育的转向，逐渐关注与研究起法学学科本身，

---

① 段辉艳，罗丽琳. 递进式法学实践教学体系的探讨与实践[M]. 北京：知识产权出版社，2013.

并积极地吸取西方法学理论与法制实践的经验，其原因与背景在于中国实行改革开放，西方的法学思想与制度建设的成果被引入国内，引起人们深刻的反思与认识。在改革开放的初期，法学教育的开始转向，还有一个更为深刻的背景就是，中国开始重视制度建设的重要性，民主与法治建设被提到了一个前所未有的高度。

第二是进入 20 世纪末期，从培养法律共同体意识出发，进行法学教育的认识越来越深刻，这是基于政治、经济与社会发生更加深刻变化的背景。从总体上看，法学教育开始致力于培养法律职业共同体，或者称之为法律人的培养，主要有以下几个方面的宏观背景。

（一）依法治国

1998 年，"依法治国，建设社会主义法治国家"以宪法修正案形式宣告，法治实践将深入引导人们理解法治在治国方略上的工具价值和在更高意义上的目标价值。法治需要认同法律至上性和最高权威性、权利是法律的核心问题等观念；法治意味着政府行政法制具有统一性、法律调整具有一般性与有效性、司法应当保持中立裁判角色、法律工作具有职业性等制度化与实践性要求。

法治的所有问题实质上是权利问题。如何制度化地解决这个权利问题，一方面从权力入手，考虑如何制约，防止其权力滥用；也考虑如何促进其积极行使，发挥保障权利的功能。另一方面从权利本身入手，考虑如何维权的问题。

在这样一个全新的背景中，依法治国作为基本治国方略，方略的实施需要普法，促进国人的法律意识与法治观念。而它的制度化实践，实际上最关键的要素，在于按照法治的基本精神与观念塑造成一个能够推进法治制度化进步的法律职业共同体，这个群体可以说是法治最基础与最关键的力量，没有它的存在，法治无从谈起。

法学教育改革从法律职业共同体培养入手，显然可以看出其转向以及其基本特征。培养合格的法律人应是法学教育的最高追求。同理，对法律人的塑造，应当成为法学教育模式改革的最高理想和教育革新模式设计的中心和出发点。这就要求法科学生要以法律为信仰，维护法律正义，形成法律人特有的人生观、世界观和价值观。而法律教育和司法研修是形成法律人职业能力的必经途径，在此过程中，会产生法律人强烈的职业认同感。

（二）市场经济

经济环境的变化是一个基础背景。1980年，邓小平提出"计划调节和市场调节相结合"；1985年，他强调"把计划经济和市场经济结合起来，就更能解放生产力，加速经济发展"；1992年，他讲"计划多一点还是市场多一点，不是社会主义与资本主义的本质区别。计划和市场都是经济手段"。经济实践和理论突破发展到此，社会主义市场经济才正式提出，包括经济体制改革的目标、所有制改革、企业制度改革、分配制度改革、农村改革、市场体系建设、宏观管理体制改革等。

市场经济与依法治国具有高度的关联性，原因在于市场经济从本质上是一种法治经济，也是一种规则经济。显然，法学教育一味地强调意识形态和政治性，不在实践中研究法学学科自身特点，肯定不合时宜。这个背景要求法学教育必须研究法律规则，加强法科学生的实践。只有熟知法律规则与技术，并且在法治观念与法治精神的导引下，将法律规则与技术在实践中应用，从中加深理解，解决问题，才能真正促进市场经济的成熟，完成规范的完全的市场经济形态。

（三）中国入世

世界贸易组织是最具全球化含义的组织，其致力于维护和促进经济全球化和贸易的自由秩序。世界贸易组织是在《关税和贸易总协定》基础上发展而来的。20世纪30年代，经济危机使各国意识到加强国际贸易协调与合作的必要性。美国于1943年倡议成立国际贸易组织，主张在多边基础上，相互削减关税，促进贸易自由化。1948年，由美国等22国签约的《关贸总协定》生效。《关贸总协定》在促进世界贸易自由的同时，也暴露出其临时文件的弱点，许多规则缺乏法律约束力和必要的监督措施，"一般性例外""安全例外""边境贸易、关税同盟和自由贸易区例外"等种种例外，也助长了对文件宗旨的背离，削弱了文件原则和法律严肃性。随着新科技革命和跨国公司的发展，国际货物贸易带动了与此有关的银行业、运输业、保险业等服务贸易的发展，知识产权领域亦是如此。1986年，"乌拉圭回合"谈判启动，历时7年的艰难谈判，最终将服务贸易、知识产权纳入世界贸易范围，支持建立专门的贸易争端解决机构，在组织化、全面化和法律化等方面实现了对《关贸总协定》的超越。1994年，109个国家签约发表《马拉喀什宣言》，世界贸易组织（WTO）宣告成立。

世界贸易组织在目标上指向贸易自由化和经济全球化，但要求成员国政府建立法制的普遍立场说明，自由与开放的市场经济是需要成员国政府法制保障的经济形态，转换成学术命题就是"市场经济就是法制经济"。入世首先是政府入世，就意味着政府建立法制是维持和发展自由的市场经济的基础保障。由此不难理解，WTO重视成员国政府法制建设要超过其对贸易本身的关注。实行市场经济，就意味着在政府管理形态和管理职能上应当与此相适应，建设法制。

当中国融入全球化之中，我国的法学教育与法律服务进入全球化服务领域，社会需要大量的具有复合型、交叉型知识、能力结构的法律职业人才，法学教育在面向法律人才法律规则的理解与掌握的同时，还需要具备一种全球化的视野和国际化的视野，而这种视野仅靠书本知识是很难获得的，必须将自己融入实践中，在实践中体验和磨砺。

二、现实分析：中国法学教育实践性的凸显

在感受中国法学教育近年来迅猛发展的同时，也感受到法学教育观念的不断更新。其中一个具体表现就是，实践教学已日益受到关注。越来越能达成共识的是法学理论教学和实践教学必须有效结合。在探讨新世纪法学教育发展的问题中，正确认识实践教学与理论教学并重的作用，并在设计法学教育的评价体系中给予足够的考虑，同时不断促进实践观念更新，完善自身的发展模式与评估体系，将是十分重要的问题。[①]

（一）中国法学教育实践性的基本视野

中国法学教育的实践性凸显的贡献在于，在更新法学教育理念和探索法学教学规律过程中，形成了一个开阔而大气的视野，这个视野与法治实践的背景呼应，也是大势所趋。

---
① 岳彩申，盛学军. 卓越法律人才教育培养研究[M]. 北京：法律出版社，2012.

第一,法学教育应当置于整个高等教育所倡导的素质教育的大视野中。视野问题的正确认识直接关系法律人才目标培养的定位问题,也只有在素质教育的宽阔视野中,实践教学才得以深化发展,得以在整个法学教育中处于重要地位。

第二,在法学教育方向上重视理论教学与实践教学并重,凸显实践性的功能。这一定位,准确地把握了现代素质教育前提下的法学教育所要培养的人才特征。具体说来,有以下要求:①要体现法科学生的专业特点,能够比较系统地掌握法学基本理论、基本知识与操作技能;②要训练和培养法科学生创造性的思维,能够独立思考,有批判思维并能解决法律新问题;③要体现法科学生的实践能力,能够进行法律理论研究和实务处理;④培养学生宽阔的认知视野和能力,对政治、经济、历史、科技等诸多文化因素复杂构造而成的社会活动或者社会信息具有体察、感悟并建立起公平公正价值观的能力,逐渐形成法律职业道德和伦理规范准则。

(二)中国法学教育实践性的基本观点

首先,实践是重要环节,也是检验标准。之所以说实践是重要环节,这是相对于"实习训练"而言的,早期的实践教学主要是指毕业实习,即在走向社会岗位前的职前培训。这主要是在改革开放之后,法学教育发展的初期,法律系毕业的学生进入公检法系统的必要训练。而现在将实践作为法学教育教学的重要环节,是将实践以课程设置的形式进行建设,而不是毕业前的训练,贯穿于法学教育教学的全过程。

之所以说实践也是检验标准,这主要取决于通过理论教学与实践教学培养出来的法律人才,在法律的从业过程中能否得心应手,运用自如,以此来检验法律人才培养的质量。当然,这种检验有助于检视实践教学的模式与运行的科学性问题。

其次,实践是过程性培养,也是法律人格塑成的源泉。实践教学已经不仅仅是教学的重要环节,而是贯穿于整个法科学习全过程的系统性教学方式,并通过评估体系的引入,能够动态反映实践教学过程和实践教学成果,是培养学生反思能力的学习模式。比如,在四年的法学教育中,按照年级的不同,有所侧重地安排实践内容;逐渐将表演性模拟法庭改变为实战性模拟法庭;

在评价体系上，更多地导入学生过程性锻炼的感受与体验评价，而不仅仅是一个结果评价。设立在法学教师或者法律从业人员指导下的法律援助中心等实践模式，强调体验法律生活，培养法律职业所应具有的公正与责任等品质，养成法律职业道德规范意识。在实习实践中，更加注重反思性实践能力的培养等。

最后，实践是理论检视的视角，也是法学教育的目标。在引导学生实践性学习或者说从事实践教学的过程中，能够发现法学教育中理论研究的不足，促进理论的发展与进步。从这个角度来看，实践教学就构成了理论检视的一个重要视角。这个观点还表明，无论是理论教学，还是实践教学，归根结底都是为了法治建设的实践进步，那么，在法学教育层面的实践性教育就构成了一个基础，这是一个法律共同体形成的基础。

（三）中国法学教育实践性的现实意义

我国大学的法学院直接从普通高中招生，法律教育既要为法科学生成为合格的法律职业者提供技能技巧训练，使学生系统地掌握法学专业所必须的基础理论知识；同时，又要为这些刚刚接受了中等教育、走入大学的法科学生提供人文素质教育，使学生成长为一个有理想、有道德、有内涵的法律工作者。这样的任务，在欧美等其他国家需要至少5—6年以上的时间完成，而我国法律教育的本科学制仅为四年。

法科学生应当具有扎实、完整的专业知识和理论体系；稳定的专业思维能力；良好的人文素养和司法伦理修养；全球意识、世界视野和一定程度的国际交流能力和竞争力。从微观的角度考察，高等院校中的法学教育在培养法律人才这个根本任务上担负的社会责任，大致可以分为三个层面：①解决做人的问题，主要有三个方面：首先，开展人生观、价值观和世界观的教育，树立社会主导的价值观和价值取向。其次，应当具有现代理性精神，即怀疑精神、批判精神和探索精神。最后，养成独立的法律人格，而不是培养工具型人才。②解决方法尤其是思维方法问题，以获得自我发展的能力。③解决做事的问题，即满足从事法律职业的基本需要。应当使学生掌握从事法律职业必须具备的基本知识、职业素养和职业技能。这三个方面统一于每个个体之中，不可分离。

2005年2月1日，中青联发〔2005〕3号文件《关于进一步加强和改进大学生社会实践的意见》指出："进一步加强以教学实践、专业实习为主要内容的实践教学。把实践教学作为课堂教学的重要组成部分和巩固理论教学成果的重要环节，使大学生在参与实践教学的过程中，深刻体会蕴涵在每一门课程中反映人类文明成果、弘扬民族精神、体现科学精神、揭示事物本质规律的内容，培养大学生的创新精神和实践能力。"教育部在《关于进一步加强高等学校本科教学工作的若干意见》中也指出，着眼于国家现代化建设和人的全面发展需要，加大教学投入，强化教学管理，深化教学改革，坚持传授知识、培养能力、提高素质协调发展，更加注重能力培养，着力提高大学生的学习能力、实践能力和创新能力，全面推进素质教育。

法学院的教学对本科生还有素质教育的任务。在本科教育阶段，进行实践教学，在具有法律实务经验又有法学理论的教师指导下，让法科学生及早接触社会，参与法律实务工作，为社会特别是社会弱势群体提供法律服务，培养各类专业学生深刻理解特定专业、职业、行业的社会意义，正确把握自身的知识和能力对他人的发展、群体的合作、社会的进步的实际价值，转变目前学生为学习而学习，为考试而学习，缺乏必要的事业心和社会责任感的状态，提高其基本素质和法律素养是十分必要的。

法学教育与法律职业的内在连续性，决定了法学教育应当将法律技能训练作为一项重要的教育目标。各国法律教育发展的历程也说明了法学教育自身也具有实现技能训练的可能性。因此，训练学生的法律职业技能是法学教育所具有的操作性价值之一。所以，法学实践教学在法学教育中起着非常重要的作用，是必不可少的教学环节。

第二节 高校法学实践教学支撑体系的构建

三层次的法学实践教学培养模式需要具体的实施步骤，这就要逐步构建一个法学实践的合理体系，构建这一体系的指导思想是坚持以法学综合能力、素质培养为主线，贯彻以人为本的教育思想，以促进学生创新能力和实践能力为根本，全方位、多视点地构建规范、完善、合理的实践体系。应该以法学本科教学应用性人才培养目标为指导，整合和开发教学资源和手段，搭建知识、能力、素质教育平台。这一法学实践教学体系应该包括：法学实践教学的课程体系、组织体系、师资体系、保障体系、评估体系。

一、构建法学实践教学之课程体系

要改变课堂讲授学时过多、实践学时过少的状况，构建模块式课程结构和弹性学制，必须加强对实践教学的改革，改革的主导思想必须立足国家自主创新对于创新性人才的培养要求，通过对学生知识、能力与创新要素的综合分析研究，构建一个以学生为中心，以满足创新型人才培养的个性化需求（培养目标、专业需求、知识积累、发展兴趣等），有利于学生自我设计、自主学习为目标的跨学科立体化实验教学课程新体系。[①] 因此，对法学教育的实践、实习环节，需要通过统一的协调行动，保障全日制法律教育系列的法学专业学生有接近法律实践操作的机会，形成对法律理论、知识、价值和实务、纪律、操作的贯通。

法学教育的一个重要目的在于对有志于从事法律实务的人进行科学且严格的职业训练，使他们掌握法律的实践技能及操作技巧，能够娴熟地处理社会当中各种错综复杂的矛盾。这就要求转变教学观念，加强实践教学在整个教学体系中的比重，完善实践教学的方式和内容。因此，建构重视实践环节的法学实践教学课程体系，将法学实践纳入学分管理是十分必要的，这样能够强化学生对实践重要性的认识，确保法学专业实践教学活动的质量。

二、构建法学实践教学之组织体系

要扎实有效地开展实践教学工作，还必须有相应的组织保障，否则在整个本科学习期间，因为每个学生的实践环节安排不同，时间又长达7个学期，具体实践过程中涉及的人员和单位比较多，如果没有专门的组织机构进行统筹管理，就不能保证每个学生参与实践教学环节的质量，容易使实践教学活动流于形式。但如果完全由教学管理组织实行全面的行政方式管理，必定要求投入较多的师资，加大管理成本。因此，设立比较合理、适用的实践教学组织机构是非常重要的。

---

① 姜水静.案例引导下的法学实践教学模式的实施方式[J].咸宁学院学报，2011(7).

第一，建立一个专门的实践教学的教研机构，由一到三名专职教师负责全面的实践教学工作的宏观管理，负责整个实践教学的科研、规划、督促检查、学生实践教学学分成绩的统计与认可等事务性工作，协调与实践教学各基地的沟通与联络。

第二，建立完善的校外教学实践基地，由基地的聘任教师负责学生实习、实践期间各方面的教育管理活动。

第三，以学生为主，以志愿者工作团队的形式建立大学生法律援助中心，让学生在该组织中自我管理，承担主要组织管理任务，教师和校外聘任教师则以顾问的形式，对法律援助中的专业问题提供指导和帮助。

第四，对于提高学生实践工作能力的模拟法庭及法律诊所课程，则以教师为主导，实行管理与教学、指导与参与相结合的方式，通过帮助指导学生，达到提高学生能力的目的。

三、构建法学实践教学之师资体系

教师是法学实践教学的指导者，法学实践教学的效果在很大程度上取决于教师的素质，然而教师为了职称、学术地位、学术论文等，往往把大量的精力放在法学理论的研究当中，不太关注法律实践问题，没有法律理论应用于实践的意识，没有具体的法律实践经验。教师缺乏法律运用能力，很难指导学生实践，而从事法律实务的教师，又将主要的精力放在实务工作中，无暇指导学生的实践课程。

2005年2月1日，中青联发〔2005〕3号文件《关于进一步加强和改进大学生社会实践的意见》指出，把大学生社会实践与教师社会实践结合起来，组织高校干部教师参加、指导社会实践。学校党政干部和共青团干部、思想政治理论课和哲学社会科学课教师、辅导员和班主任都要参加大学生社会实践活动。鼓励专业教师参与、指导大学生社会实践。根据文件精神，针对法学实践性教学师资薄弱的现实，应该尽快加强建设，加强实践教学教师的培养，建立师资队伍体系，目前可以采用"请进来，走出去"的办法。

第一，请进来。要通过政策引导，吸引高水平教师从事实践环节教学工作。法学院可以聘请富有经验的法官和律师担任实践教学的指导教师，讲授与实践紧密结合的课程，让法官和律师等指导教师将鲜活的经验传授给学生，使学生接触真实的法律实践。

第二，走出去。法学院应该创造条件，鼓励教师参与实践，在不影响教学科研工作的同时进行兼职，参与法律实务工作，如，代理案件、担任法律顾问等，通过接触实践，提高指导学生实践的能力。同时，法学院通过建立实践基地等场所，让有志于此的专业教师脱产半年到一年进入法院或律师事务所进行实践培训，亲身接触法律实务，体会法律实务工作，对实务中的问题进行认识和思考、探讨和研究，提高运用法律的能力和理论联系实际的能力。当然，对于教师参与实践，应当注意加强管理。

四、构建法学实践教学之保障体系

构建法学实践教学基地、法学实验室，建立实践教学的各项制度，加强教师与学生、学生与学生、学校与社会的沟通，多方筹集资金，为实践教学构建强有力的保障。

（一）法学实践教学基地的建立

实践教学基地建设是实践教学的重要支撑，是理论课教学的延伸，是促进产、学、研结合，加强学校和社会联系，利用社会力量和资源联合办学的重要举措，是确保实践质量和增强学生实践能力、创新能力的重要手段，建设高质量的实践教学基地直接关系到实践教学质量，是培养复合型应用型人才的必备条件。

实践基地要能够提供基本生活、学习、卫生、安全等条件，考虑到节约实习经费，应就近建立实践教学基地。为了规范双方的权利义务，便于规范化的管理，应签订必要的协议书。同时，实践教学基地建立以后要加强联系，巩固双方合作基础，可以考虑每年定期与实践教学基地负责人联系、沟通，召开实践教学基地人员参加的联谊会，组织实践教学基地负责人座谈，听取他们对实践教学基地建设的意见，感谢他们的支持。本着"互惠互利，共同发展"的原则，在完成实践教学任务的同时，帮助基地培养人才，培训业务骨干，提供相应服务；聘请实践教学基地的专家为学生做报告、担任兼职教授，指导学生的毕业论文（设计）和答辩，做学生的导师，以巩固双方合作的基础，这样有利于实践教学基地的长期稳定。

（二）法学实践教学实验室的建立

教育部 2007 年高教一号文件提出，大力加强实验、实践教学改革，重点建设 500 个左右实验教学示范中心，推进高校实验教学内容、方法、手段、队伍、管理及实验教学模式的改革与创新。法学实践教学的实验室主要有模拟法庭、法援中心、多媒体诊所教室等，要加大投入力度，为法学学生提供必要的实践条件。模拟法庭实验室，是模拟法庭教学必备的场所，也是校内法学实践教学的重要基地，国内许多著名大学均建有功能齐全的模拟法庭实验室。模拟法庭实验室一般最小应该容纳一个班的学生，包括必要的实验设备和设施等。大学生法律援助中心也是校内的法学实验室，学校应对法学学生实践课程进行管理，由于需要接待来访者，因此，应当建立固定的场所，提供必要的设施和经费保障。

（三）法学实践教学规章制度的制订

实践教学课程能够顺利地开展起来并长期地进行下去，其管理难度要远远超过课堂教学，如果仅靠教师的工作积极性、学生的能力和热情，将很难保障这项工作的长久开展。因此，需要将其制度化、法制化，以保障其成为一项常规工作，而不是一项短期活动。法学院应针对实践教学的各个环节，进行规章制度的建设，使得法学实践教学在一个制度体系的层面上开展工作，保障其长久性与稳定性。如，为了保证实践教学，法学院应该制订《实践教学安排及要求》《实践教学各模块考核细则》《实践课指导教师职责》《实践教学指导规范》《实践课成绩考核办法》等规章制度，保证教学计划要求的实践教学内容能够完美实施。

（四）法学实践教学沟通系统的建立

由于法学实践教学具有开放性、互动性、分散性、自主性等特点，因此，要建立一套沟通系统，保障教师和学生、学生和学生的交流沟通，而网络技术的运用，促进了优质教学资源的共享和学生的自主学习，是实现这一目标的有效途径。网络教学系统具有灵活、快捷、开放、交互等特点，可突破地域的限制，建立多元交互的学习环境。2007 年，教育部也提出要积极推进网络教育资源开发和共享平台建设。

构造一个方便的交流环境,模拟现实世界的交流环境,是建立法学实践教学网上沟通体系的一个重要的问题。网上的交流环境是多方面的,包括文字交流、语音交流、视频交流等。通过电子邮件,学生能够很容易地从教师那里获得个别化的学习指导和帮助;通过微信,身处异地的学习者可以轻松地跨越时空走到一起,共同分享学习经验和体会,共同探讨或解决学习上遇到的困难和问题,从而培养他们之间相互协作的精神,并增进彼此的了解和友谊;通过网上讨论区域,学生可以探讨疑难、热点、前沿问题,从而激发学生学习积极性和主动性,提高教学效果,弥补法学实践教学教与学时空分离的问题;同时,利用网络进行法学实践教学,获取教学资源,开展教学活动,学生自主地依靠网上资源进行学习,有利于培养学生利用网络进行信息的获取、分析、加工的能力,从而有利于学生信息能力的培养。

(五)法学实践教学评估体系的构建

2005年,教育部颁布的《关于进一步加强高等学校本科教学工作的若干意见》提出了"强化教学管理,确保教学工作正常秩序"、"强化教师教学工作制度,完善教师教学考核机制"、"高等学校要努力探索和建立本校教学质量保证与监控机制"等措施。教学评估作为高校加强教学管理,增强教学质量的自我监控,提高教学质量的重要手段,已越来越多地受到人们的关注。建立科学、规范、有效的实践教学评估体系,是提高教学质量、保证教育可持续发展的现实需要,更是为国家和地方经济发展培养适应生产、建设、服务第一线的应用型高素质人才的需要。因此,积极探索出一套既符合高等教育教学规律,又便于操作的实践教学评估体系,是确保实践教学质量的关键,是实现人才培养目标的基础。

法学实践作为一个系统,必须要有评价,评价是在教学过程中,对教师教学、学生学习的情况进行分析,根据相关的评价体系,把教学过程中发生的情况真实、全面地反馈给系统的各方面,用以发现问题,提高各方面素质,它是教学质量监控系统中的一个重要环节,是提高教学质量的极其重要的因素。没有科学的评价方式很难保证教学的实践性特征,在完整的教学过程中,它是一个不可或缺的环节。通过评估,掌握学生的真实情况,了解学生的切实需要,收集反馈意见,进行分析、综合、评价,根据评价结果,纠正和调整教学方法和教学活动，以达到预期的教学目的。

实践教学的成效最终取决于学生知识的掌握和素质的提高，将实践教学实施过程中学生的表现、得出的结论与实践教学所预期达到的目标和要求进行比较，是评价实践教学成效的重要环节。

第一，评价实践教学本身。对实践教学本身的评价可以从三部分进行评价。首先，教师对实践教学的评价。教师可以根据教学目标对实践教学进行评价。其次，学生对实践教学的评价。学生对教学质量最有发言权，通过制定评价指标，对实践教学的情况进行评价。最后，校外人员对实践教学的评价。实践教学不同于校内的其他课程，学生参与实践与校外接触非常多。在教学质量的评价中，校外专家、同行、实习基地人员、实践过程中的当事人的评价也十分重要，他们的评价从另一个角度反映了实践教学的开展情况。

第二，对实践教学本身评价。可以从对实践教学的开展情况、师资配备数量质量、基地建设、实验室建设、管理体制规章制度、教学投入、教学效果七方面进行评价。

当然，评价并不是目的，通过对评价进行分析，对下一步的实践教学进行全面质量控制，发扬优点，改进不足才是建立评价体系的目标。

1. 评价实践教学活动的参与者

主要考察教师的教学情况和学生的学习情况。

对学生的评价，主要通过学生自我评价、学生间的相互评价、校外人士对学生的评价、教师对学生的评价进行。

（1）学生自我评价：学生是实践教学的直接参与者和自主学习的主体，学生的自我评价是最基础的一步，学生应当给自己做出一个评价，这也是学生自我提高的过程。学生的自我评价可以通过填写事先拟制好的自我评价表，有条件的法学院可以对学生的学习活动进行录音录像，学生对照设定的目标要求进行自我分析、自我评价。

（2）学生间的相互评价：实践教学过程中，往往是学生多人共同参加，各自之间需要分工合作，因而在行动之后，除了学生自我评价外，往往需要其他参加者共同进行评价，一方面指出优缺点，另一方面也是一个共同学习的过程，有极好的教育价值。

（3）校外人士对学生的评价：当事人、法官等外界人士对参与实践的学生的表现所做的评价，是实践教学区别于其他课程评价的重要特征，也是实践教学开放性原则的重要体现。

（4）教师对学生的评价：主要考察通过实践教学活动，学生的法律研修能力是否得到加强，职业道德的困惑能否得以解决或者能够找到一种解决的方法或途径，对法律的学习方法是否有更深一步的了解和在实践中学习到的方法是否应用到其他课程的学习。

诊所教育中，设计了教师对学生的评价过程一般分为三种类型：①日常评价。根据学生在实践教学过程中各个阶段的差异进行不同的评价。②阶段性评价。阶段性评价是教师根据一段时间以来学生的表现，讨论学生的进步与不足，提出下一阶段的指导性建议，阶段性评价在教学中起承上启下的作用，一般至少在学期的1/3或一半时举行一次。③期末评价。期末评价是教师共同讨论，形成统一的意见，由指导教师执笔，对学生做出全面、具体的书面评价并评定等级。

教师对学生的评价可以是口头的，也可以是书面的。教师对学生的评价一定要建立在一定的技术资料基础之上进行客观、公正和真实的评价。教师日记是教师对学生评价的最重要的原始记录，而教师书面评价报告是对学生进行综合评价的正式评价结论。

2. 评价实践教学教师

实践教学教师在法律教育中起着举足轻重的作用，因此，对教师的评价也是评价体系的重要组成部分。通过评价，检验教师是否深刻领会实践教学的教育理念，并自如运用教学法使学生受益。评价的重点包括：教师课程的驾驭能力，是否将教育方法成功运用到教学实践中，学生在指导下有无明显受益，教师的敬业精神与职业道德，教师的教学质量，教师的感召力与教学魅力，教师所确定的教学目标实现的程度，教师的教学特色与效果等。评估评价的内容主要有以下两部分：

（1）对教师的评价：敬业精神及态度、教育理念、知识水平、业务能力、教学内容、教学方法、教学手段、教学特色与效果8个方面。

（2）对学生的评价：学习态度和工作态度、责任心和敬业精神、团队合作、工作效率和工作能力、职业道德5个方面。

实践教学环节中的评价标准不宜绝对化，在实施某个实践教学环节时，不应仅看结果,还应看过程,实践教学的评价标准与课堂教学考试成绩评价标准的最大不同应表现在实践教学对过程与结果同等重视,甚至重视过程更应甚于重视结果。

第三节 高校法学实践教学运行体系的构建

一、构建高校法学教育实践教学体系

传统观念认为,法学并不需要实验室,但法学专业的实践教学要真正融入社会实践中。比如,以校外合作单位、课外实践活动、校园实习等方式进行。但是,根据现代教育理论,法学的实践教学更需要实验室,而且实验室的种类要更加全面与丰富。[1]

(一)模拟法庭实验室的构建

模拟法庭实验室是比较有效的实践教学手段之一,在模拟法庭实验室中,法学专业学生能够将理论知识加以应用和实践。为了提高模拟法庭实验室的教学效果,学校需要建设专门的、完备的模拟法庭,引进法院正式的案件审判活动,以满足学生经常性开展模拟法庭审判活动的需求。

(二)刑事侦查实验室的构建

在刑事侦查实验室中,涵盖了刑事侦查的各主要部分,比如,刑事照相室、心理测试实验室、痕迹物证实验室等等,这些实验室能够方便学生进行侦查技术、提起公诉实务等课程实验学习。

(三)法律援助实验室的构建

为了拓宽学生实践的途径,可以在高校校园内建立法律援助实验室,为社会公众和弱势群体提供法律援助。设置法律援助实验室,需要学校提供专门的场地、设备等硬件设施,打造真实的法律服务场所,使学生能在真正的

---

[1] 韩川.在法学实践教学中发挥庭审观摩作用的思考[J].重庆科技学院学报.社会科学版,2010(9).

法律服务活动中，体验到真实的司法实践。同时，法律援助实验室还可以细分为律师与公证实务、企业经济法律实务等部分，并设置相应的教学实验室。

（四）卷宗阅读实验室的构建

卷宗阅读实验室储存的是真实的司法案例，在卷宗阅读实验室，学生可以真正地了解某一案件从结案到执行的全过程。同时，卷宗阅读实验室也承担着相应的法学实践教学任务，比如，相关法律文书写作、法条记忆、案例分析等活动，都将在此实验室举行。

二、高校法律教育实践教学的方法

在法学专业教学实践中，有各不相同的教学逻辑法则。整体来看，应用比较多的抽象方法，主要有归纳、演绎、分析、对比、综合等，运用这些抽象方法，能提高学生的逻辑思维能力。另外，具体方法有辩论、枚举、实证、设疑、评析等，运用这些方法能促进学生法学专业能力的提升。这些方法共同构成了法学教学基本方法体系。[①] 其中的每一种方法都不是独立的，而是有机联系，相互影响的。在实践教学中，首先，要对不同课程的教学目标、评价方法、反馈机制等，进行清楚明确的界定。其次，教师要采用多种方法，引导学生积极参与到法学专业实践教学中来，形成师生共同学习、互动交流的良好课堂气氛。最后，要加强学生的社会实践教学，通过采取"学生走出去，专家请进来"的方式，打破法学专业实践教学相对封闭的教学模式，使学生能在社会大学校中，主动接受更多理论与实务界专家学者的教育，从而更好地发挥实践教学的作用，促进学生专业素养的提升。

---

① 李小鲁.本科实践教学的现状分析及改革对策——以法学实践教学为例[J].重庆文理学院学报（社会科学版），2007（11）.

第九章 法学学科递进式实践教学

第一节 递进式法学实践教学的含义

一、递进式法学实践教学的定义

（一）递进式

1. 辞源考察

"递进式"从汉语构成角度来看是一个组合名词，"式"是中心名词，"递进"是修饰中心名词的限定语。在中国古代汉语中，"式"的原意是一种关于办事细则和公文程式规定的法律形式，如，《说文》中记载"式，法也"，又如，秦始皇时期的主要法律典籍《封诊式》。现代意义中的"式"，在这里笔者认为是一种语法范畴，是对前缀的一种名词性归纳。

在中国古代汉语中，"递进"的原意是依次而进、顺势而升。如：汉代《舞赋》中记载："合场递进，案次而俟。"宋代《问天医赋》中记载："十巫递进，三医更谒；采金匮之宝藏，绅玉函之秘策。"现代意义中的"递进"与古代含义相差不大，可解释为有层次地、有阶段地向前延伸。

2. 内涵剖析

综上不难看出，"递进式"是表示程度和进行方式的修饰词语，本身不具有明确的指代，只有将其与修饰的中心名词相结合才能分析出具体含义。在这里，"递进式"修饰的中心名词是"法学实践教学"，所以，笔者认为其主要含义是指这一法学实践教学探索的模式是"后一阶段以前一阶段为基础，有层次、有阶段地不断创新深化的模式"。

（二）实践教学

1. 辞源考察

"实践教学"从汉语构成角度来看是一个组合名词，"教学"是中心名词，"实践"是修饰中心名词的限定语。在外国语言中，现代英语"实践"一词为"practice"。原意为"行动、行为及其产生的结果"，在哲学层面上与"识见"相对立。在古汉语体系中，"实践"一词最早出现在《宋史·理宗纪》中，原文为"真见实践，深探圣域"，但实际上早在先秦时期包含实践意义的"行"字就已经开始被广泛应用了。"实践"一词在中国开始为众人所知晓，是在历史唯物主义理论被国人所认同并被逐步确立为社会主流思想之后，尤其是在1978年后，伴随《实践是检验真理的唯一标准》一文的发表，"实践"开始成为中国内地使用频率和知晓程度最高的词语之一。综上所述，实践的辞源意义及早期用法是指与"识见"、"知"相对的实际行动、行为及其结果。

在外国现代英语中，"教学"（teaching and learning or instruction）有着不同的意义。首先，"teach"来源于古英语中的"taecan"一词。"taecan"又是从古条顿语中的"taikjan"一词派生来的，其原始含义是"拿给人看"。它又可以通过条顿语以前的"deik"一词追溯到梵语中的"die"。与"teach"一词有关的还有"token"（符号或象征）一词，"token"来源于古条顿语"taiknom"，其与"taikjan"是同源词。故"teach"的意思就是通过某些符号或象征向某人展示某事物。其次，"leam"来自于中世纪英语"lemen"，意思是"学习"或"教导"。而"lemen"又来源于央格鲁-萨克森语言中的"lemian"一词，词干"lar"是"lore"一词（经验知识）的词根。故"leam"的意思就是"获取知识"。在中世纪英语中，"learn"与"teach"可以互换。最后，"instruct"来源于拉丁语"instruere"，有"积累"、"堆积"的意思。20世纪初期，伴随着"进步教学运动"的发起，"instruction"一词便开始频繁地出现在西方教学体系中，以至于成为基本术语之一。"instruction"的最基本意思是"指导"，最后，衍生发展而译为一种不同于前的教学理念，即改变之前老师与学生之间存在的固有的支配和被支配关系，使学生由被动接受者向主动开拓者转换，使老师由强制灌输者向自由引导者转换。在中国古代汉语中，有关"教"与"学"二字的最早书写形式出现在商代甲骨文中。"教学"两字连用为一词,最早见于《尚书·商书·说命》:"教学半"。《礼记·学记》引用它作为"教学相长"思想的经典根据,特别用来说明"教然后知困","知困然后能自强也"。宋人蔡沈注:"学,教也……始之自学,学也;终之教人,亦学也。"意思是说,一开始自己学,这当然是学;而学了以后去教别人,这也是学。但这些说法都还不是"教学"这个词的通常含义,只指"教"的一方面活动,还未包括教师教、学生学的双边活动。据学者考证,宋代欧阳修在《胡先生墓表》中说:"先生之徒最盛,其在湖州学,学子来去常数百人,各以其经传相传授,其教学之法最备,行之数年,东南之士,莫不以仁义礼乐为学。"其中的"教学"二字才是正式指教师"教"和学生"学"。目前,虽然关于教学的概念表述不一,但其内涵基本一致,援引《中国大百科全书·教学》中的表述即为:"教学,教师的教和学生的学的共同活动。学生在教师有目的、有计划的指导下,积极、主动地掌握系统的文化科学基础知识和基本技能,发展能力,增强体质,并形成一定的思想道德。"

2. 内涵剖析

《现代汉语辞海》中对"实践"的解释是:①(动)实行(自己的主张),履行(自己的诺言);②(名)人们改造自然和改造社会的有意识的活动。笔者认为,实践是人们能动地改造和探索现实世界的一切社会性的客观物质性活动,具有客观物质性、自觉能动性、社会历史性、直接现实性等特点,以生产实践、社会实践、科学实验为三大基本形式。教学永远是教与学相统一的活动。广义的教学包括人类在所有情况下教和学的共同活动,不论是有组织的还是无组织的。狭义的教学是专指学校中教师和学生之间的有组织的教和学活动,我们通常说的教学是指狭义的教学。在教学中,教师和学生各有自己的独立活动,教师的主要活动是教,学生的主要活动是学,两者不能互相取代;但是教和学又是相互依存的,只有教或者学的片面活动不是我们所说的严格意义上的教学活动。任何教学都是为实现一定教学目的而专门组织起来的培养人的活动。

实践教学的出现是与理论教学相对应的,要弄清楚实践教学的基本内涵,除了需要分别弄清楚实践与教学的内涵外,还得弄清楚以下两组关系,即实践与教学之间的关系以及实践教学与理论教学之间的关系。

(1)实践与教学:实践与教学的关系在某种意义上是实践教学所蕴含的

内在关系，要理解实践与教学之间的关系，必须先弄清实践与认识的关系。在实践与认识的相互关系中，首先，实践决定认识，即实践是认识的来源，实践是认识发展的动力，实践是认识的最终目的，实践是检验认识正确与否的唯一标准。其次，认识对事件有反作用，科学理论对实践有巨大的指导作用。在充分理解实践与认识之间的辩证关系后，我们可以明确实践与教学之间的如下关系：教学的直接目的就是认识世界、掌握知识，而认识世界、掌握知识必须通过实践这个手段才能达成，因此，实践是教学的手段和基础；教学的最终目的是在认识世界、掌握知识的基础上更好地进行实践，因此，教学能够反作用于实践。

（2）实践教学与理论教学：实践教学与理论教学之间的关系实质上是教学体系内部相对部分之间的关系。要充分理解这一关系，我们必须首先弄清楚实践与理论间的关系。在这对关系中，实践是理论的基础，是理论探索的缘起与归宿，理论必须与实践的"前世今生"紧密结合，必须为实践服务，经受实践的检验，并跟随实践的脚步向前发展；与此同时，理论对实践具有反作用，即正确理论对实践有指导作用，错误理论对实践有阻碍作用，更有甚者，理论可以超越实践，即理论可以对实践活动、实践经验和实践成果进行批判性反思、规范性矫正和理想性引导。在充分理解实践与理论之间的辩证关系以后，我们就可以明确实践教学与理论教学之间有如下关系：实践教学与理论教学是整个教学活动中具有各自特点和规律的两个分系统，及理论教学旨在通过系统理论知识传授和进行理智训练，从而促使学生的科学文化知识、品性道德素养和综合运用能力得到全面发展；深一层次，实践教学还试图通过对学生实践活动的引导与调控来传承实践知识、形成实践技能、发展实践能力、提高综合素质。与此同时，实践教学与理论教学又处于一定的相互联系中，即理论教学帮助实践教学构建了坚实的理论基础，而实践教学则能评判和考量理论教学的科学化程度，并把问题、意见反馈给理论教学，督促理论教学加以改进和完善，进而更好地为实践教学服务。总而言之，整个教学体系中，实践教学与理论教学并行不悖，两者是相互协调、相辅相成、同等重要的。

综上所述，笔者认为实践教学是一种相对于理论教学独立存在，但又与之相辅相成，旨在通过对学生实践活动（包括生产实践、社会实践、科学实验）

的引导与调控来传承实践知识、形成实践技能、发展实践能力、提高综合素质的教学活动与方式。

（三）内涵构建

基于前述分析，"递进式"是指后一阶段以前一阶段为基础，有层次、有阶段地不断创新深化的模式。"实践教学"是一种相对于理论教学独立存在，但又与之相辅相成，旨在通过对学生实践活动（包括生产实践、社会实践、科学实验）的引导与调控来传承实践知识、形成实践技能、发展实践能力、提高综合素质的教学活动与方式。依据《中华人民共和国高等教育法》（以下简称《高等教育法》）的规定，法学是指研究法、法的现象以及与法相关的专门学问，是关于法律问题的知识和理论体系。因此，递进式法学实践教育是指专设于研究法、法的现象以及与法相关的专门学科中的，与法学理论教学独立存在，但又与之相辅相成，旨在通过有层次、有阶段、不断深化的模式来引导学生进行法学实践教育，从而传承法学实践知识、形成法学实践技能、发展法学实践能力、提高法学综合素质的法学教学活动与方式。明晰递进式法学实践教学的内涵是深入研究递进式法学实践教学问题的必要前提和有力铺垫，在后文中，笔者将基于前述对递进式法学实践教学的内涵展开进一步研究。

二、递进式法学实践教学的特征

（一）总体特征

递进式法学实践教学所针对的是提升学生处置法律实务问题的具体操作能力，具有社会科学性质。这就决定了递进式法律实践教学最基础的组成部分是在理论课堂中更多地融入实际案例或者单独将实际案例分割出来组成独立课堂，这主要是培养学生将理论与实际相结合的基础转化能力。但与此同时，在社会实际中出现的各类法律问题、法律案件又往往不是完全符合实践课程讲授中的类别从属，都会因为所发生的具体时间、地域、当事人的不同而产生这样那样的新属性，因而递进式法学实践教学除了需要在高校课堂中设置实务案例的分析课程以外，还必须开展只能在现实社会中而不能在学术课堂里进行的社会性内容（主要是指以社会中人际关系和法律体系为基础而衍生出来的各种社会机制架构）的具体实践（旨在让学生对社会性内容进行认知、感悟乃至升华）。正如毛泽东同志所言：文科应该以整个社会为课堂，以人际关系与法律体系为基础的社会机制架构整体是数以十亿计的人在同一时间、空间中进行共同活动时自然形成的，绝对无法由少数几个人进行人为制造，也不能在学术课堂上准确复制，如果勉力为之，则只能将相关社会性内容进行机械性的格式化压缩，而其独有特点和核心内容则很有可能被阉割。因此，递进式法学实践教学的社会科学性包括将学术课堂社会化（即将实务案件和实务法律问题融入课堂教学）和与社会完全真实的具体实践两个部分。

（二）具体特征

相较于传统的法学理论教学而言，递进式法学实践教学具有以下具体特征。

1. 综合性

综合性主要体现在两个方面，递进式法学实践教学本身在教学内容与形式上是综合全面的，同时，递进式法学实践教学对学生的培养也是综合全面的。递进式法学实践教学既重视学生针对实务案件、实务法律问题的背景分析能力、裁断处置能力和理论提升能力，也关注学生与经济社会发展相适应的思想观念、学习方法、行为模式和健全人格的培养。

2. 开放性

递进式法学实践教育提供了开放的教学环境、开放的教学队伍、开放的教学形式、开放的教学目标、开放的教学内容和开放的考核评价体系，学生面对的不再是纯理论化、纯模式化的法学历史、学说和结论，而是生动活泼、千变万化的社会实际所折射出的法律现象，学生接受的是与自身生活、学习环境融为一体的实践教学，这种身临其境的开放式教学在很大意义上提升了学生学习的主动性、实用性和认同感，是传统的法学理论教学不可比拟的。此外，递进式法学实践教学的开放性还体现在将整个实践教学管理搞活，即减少对实践教学相关时间、空间、人员、具体内容的限制，尽可能以学生实际需要为基础来灵活安排，因人而异、因地而异、因时而异地满足学生的训练需要。

3. 情境性

递进式法学实践教学主要包括现场教学与模拟教学。在现场教学中，学生会直接深入到与法学学科相关的各类工作场所中去，如，安排学生到法院、检察院、仲裁所、律师事务所等具体工作岗位进行顶岗实习，真实参与社会事务的执行，通过耳听眼观的切身感受形成内化于心的思考和领悟，让现场教学不仅成为转化法学理论知识和运用法学操作技能的有效过程，也成为学生人格品性健全发展的广阔平台。在模拟教学中，递进式法学实践教学尽量将课堂内容贴近实务案件和实务法律问题，创设与社会实际尽量吻合的模拟场景。无论是现场教学还是模拟教学，递进式法学实践教学的情境性均能在一定程度上，有助于学生养成一些重要观念和良好行为习惯以及体验某些理论上难以归纳的实际经验和灵活方法，进而养成适应社会需求的法律运用能力。

4. 主动性

递进式法学实践教学强调学生主观能动性的自由发挥，并保证其有"用武之地"，即在排除某些必须遵循的学术理论规范之外，递进式法学实践教学充分尊重并积极倡导学生将自己的所学所感运用到社会调查报告、学术科研项目、毕业论文上来，在题目、研究形式、研究过程的选择上提出自己的独到见解，这为高校学生主观能动性的发挥提供了广阔天地。递进式法学实践教学要求学生主动参与和体验具体实践，并在参与过程中验证法学理论知识、分析法律实务问题、解决法律实际问题；而教师在其中一般处于辅导地位，并不时时刻刻关注其具体操作，主要进行方向性的引导工作。

5. 创造性

递进式法学实践教学希望营造一个综合多样、独立开放、切合实际的法学实践教学活动环境，它可为高校学生提供大量的创造性活动的机会，为其创造力的生成和深化提供又一崭新平台。如，顶岗实习、社会调查、毕业设计等都不再是盲目的、多次重复的"炒冷饭"过程，而是真真切切地要求学生自主运用基础性法律知识解决具有一定现实意义的具体问题，进而在实践中实现理论体系的提升和发展，使学生的创造性人格、创造性思维、创造性技能得到较好的锻炼和培养。

三、递进式法学实践教学的目标设置

递进式法学实践教学的目标设置，简而言之就是对这一教学模式所期望达到的实际目的的预设，这是整个教学体系搭建中的重要环节之一。递进式法学实践教学的目标决定着从出发到结束的运行轨迹，并运用科学完备的评价体系帮助其在循环往复中渐趋完美，是开创者和体验者自我评价、自我完善的重要依托。因此，在递进式法学实践教学中，唯有制定一套合理完备的教学目标，坚持用教学目标引领方向，量化教学目标标准，将教学板块的设置、操作与教学目标紧密结合，才能真正实现递进式法学实践教学的稳步向前。反言之，如果不认真进行递进式法学实践教学目标的创设，或者哪怕在设置上出现一定偏差，便极有可能功亏一篑。具体来讲，递进式法学实践教学的目标设置主要包含以下两个方面。

（一）递进式法学实践教学总目标的设置

根据反映层次的系统性，法律学科的知识体系可划分为理论知识和实践知识两大板块，具体来说，理论知识是指经过官方教育机构研究整理后的系统化的法学本质规律和经验教训，而实践知识则是通过具体的法学实践得到确证并升华领悟的法学知识。二者在获取途径、存在形式、自身特性上存在明显差异，但又密不可分：法学实践知识是法学理论知识上升为法学素养和法律技能的必经之路，而法学理论知识是获取法学实践知识的基础性要素。

就目前而言，业已形成的高校法学教育模式多是以法学理性主义为基础，因而，将法学理论知识的教授摆在了至高无上的地位，在实际操作中重理论而轻实践，一味遵循由法律理论到法律实践的单向循环。事实上，法学实践教学被当作法学理论教学的从物来对待，是法学理论教学的延伸和补充，没有自身相对独立的、完整的教学体系，甚至没有自己明确的教学目标。鉴于此，法律实践教学的发展必由法学教育观念的革新迈步，要充分认识到法律实践知识必须且只能从实践中获取，妄图以课堂教学来精研实践知识纯属"天方夜谭"，它需要学生长期与法律事务及其背后的人际网络进行交流才能以此为基础抽象提炼出来。之前，高校法学教育中过分强调理论教学，片面重视法学理论知识的掌握，而忽视实践教学，轻视法学实践知识的掌握，结果是导致学生中出现了"高分低能"的现象。因此，法学实践教学在高校法学教育中所占的比重必须加大，需要明确递进式法学实践教学总目标之一是传承法学实践知识。

1. 形成法学实践策略

法学实践过程中，面临的实务问题是与众多社会因素交织存在的，这就决定了它不可能与书本中系统归纳的学术分类完全吻合，需要运用一定的法学实践策略来加以分析和解决。但在实际生活中，法科类学生往往存在极强的"实践惰性"，在处理事务的过程中，生搬硬套，结果往往差强人意。因而，在递进式法学实践教学过程中，要合理设置课程安排，帮助其形成法学实践策略。具体来看，首先，是帮助学生形成准确的目标意识，即能够在具体问题出现的"第一时间"抓住症结所在，并以此为"靶心"引导自身行为；其次，是帮助学生形成理性的选择意识，即将法学理论知识、法学实践技能与问题实际特征三者相融合，合理运用法律条文及其透视下的执法程序，做到全面分析、多样考虑，进而"优中选优"地解决问题。

2. 优化法学实践策略

从实际出发，法律实务问题不仅不会与理论分类完全重合，还会随着空间、时间的迁移而发生变化，这就要求学生必须学会优化法学实践策略，在既定方案的执行中不断进行修正，实现运动中的"优中选优"。具体来看，首先，是培养学生的运动思维能力，即帮助学生在接触法学实践之初就形成"问题不解决，思考不中断"的良好习惯，防止思维上的停滞不前；其次，是培养学生的总结反思能力，即有意识地收集法学实践过程中通过反思得来的知识碎片，并将其与体系化的法学理论知识相结合，升华成为具有普遍参考价值的思维策略，以提升实践效率。

3. 提炼法学实践智慧

所谓智慧是教育的最高目的，真正的教育就是具体知识、技能和经验的本体化过程，帮助人们更加清楚地认知自然属性和社会属性相叠加的自我，并能够在现在和未来发展中，必将做出的诸多转变面前不慌不忙，泰然处之。

在社会高速进步的今天，高校学生应当成长为知识的真正主人，这就必须将其实践智慧的培养摆在极其重要的位置，因为，没有实践智慧就无法深刻理解时代的本质内涵，也就不能明确人之为人在这个世界中的合理定位和天然职责,更不用说用他们的所学所思去干一番有益于社会、有益于人类的事业了。另外,就递进式法学实践教学过程本身而言,其所希望达到的目标是高校学生能够自如地应对多变的社会环境,准确高效地解决并不规范的实务问题,这是有限的课程教学所不能企及的,必须在此过程中,抽象升华为法学实践智慧,以智慧统率思维和行动,方能知行合一。

正如"进步教学运动"发起者杜威所言:"教育上应区分两种人:一种是'拥有许多信息的人',另一种是'睿智的人'。前者拥有一大堆二手知识,这些知识非但无助于其经验、智慧的生长,反而有可能阻滞其基本的冲动,钝化其天然的敏感性;后者则是机智的、消息灵通的,并善于处理他所遇到的各种问题。教育的目标应该是培养睿智的人,这就需要把信息与个体的积极的直接经验结合起来,并把信息应用于个体的直接活动。"法学智慧是由法学知识上升而来,但法学知识永远不会称心如意地自动转化为法学智慧,需要人们能动地"纳入"和"输出",通过无数次法学实践经验的过滤,最终与本体"合二为一"。

递进式法学实践教学的总目标设置是递进式法学实践教学体系形成的重要环节,是为实现复合型法学人才培养所进行的建设性探索,它是由法学实践知识、法学实践理性、法学实践策略和法学实践智慧有机结合组成的,四大要素之间相互影响,缺一不可;法学实践知识是基础,解决方式问题;法学实践理性是内核,解决方向问题;法学实践策略是催化剂,在法学实践理性的制约下解决优化问题;法学实践智慧则是灵魂,当面对复杂新颖的问题时告诉我们怎样"以不变应万变",从而创造性地解决问题。

(二)递进式法律实践教学课程目标的设置

法学实践教学课程不同,具体课程目标、单元目标与课时目标(单元目标与课程目标的逐级具体化)及其设置也就存在差异。基于此,我们并不具体探讨高校每一门具体法学学科实践教学的课程目标、单元目标与课时目标,而只就递进式法学实践教学整体课程目标(含单元目标与课时目标)的来源与确定进行一个理论性剖析。

1. 递进式法学实践教学课程目标的来源

递进式法学实践教学课程目标最基本的来源是主体需求、学科需求和现实需求三大板块。主体需求是指"完整的人"的身心发展的需要，即学习者人格发展的需要。学科需求是指法学学科在内涵上的充实以及在外延上的拓展。而现实需求，如从空间维度看，是指从高校所在地区到一个民族、一个国家乃至整个人类的发展需求；如从时间维度看，不仅指社会当下的现实需要，更重要的是社会变迁趋势下的未来需求。尽管不同学说针对三大基础来源本身关系仍然存在不同认识，当然除上述三大基础来源之外还存在其他来源，但在上述三者是递进式法学实践教学课程目标的基本来源这一点上人们已取得共识。

2. 递进式法学实践教学课程目标的确定主要分为以下四个步骤

（1）确定递进式法学实践教学课程目标的纵向层次。综合主体需求、学科需求、现实需求三者因素，评析递进式法学实践教学目标，纵向确定递进式法学实践课程目标的课时、单元、课程安排。

（2）确定递进式法学实践教学课程目标的领域分类。综合法学教育理念与学科价值指引，在充分考虑课程可行性、连贯性、覆盖范围和发散程度的前提下，建立递进式法学实践教学课程目标的领域分类。

（3）确定递进式法学实践教学课程目标的表现形式。依据递进式法学实践教学的目标取向，确定其"普遍性目标"、"表现性目标"、"创造性目标"的表现形式，并处理好三者之间的相互关系。

（4）确定递进式法学实践教学课程目标。在经历了纵向层次确定、横向领域确定和表现形式确定三个主要步骤以后，递进式法学实践教学课程目标的基本内涵也就随即确立下来了，进而便可具化为内容明确、体系完备的法学实践教学课程目标。

四、扭转实践教学"六无教学"的误区

法学作为培养应用型人才的专业，主要为我国法律事业的发展提供服务，因此，需加强对学生实践能力的重视，构建以实践教学为核心的教学体系，做到理论与实际相结合，活跃学生思维，激发学习兴趣，培养学生解决实际问题的能力，全面提升学生的能力素质。随着依法治国基本方略的确立，我国对法学人才的需求量越来越大，尤其是对有一定实践能力的应用型法学人才的需求。因而近年来，全国各法律学院都开始关注、研究法学实践教学；

但由于课程设置尚处于探索阶段、教师队伍仍在组建过程中等一系列的原因，实践教学并没有走到一个基本符合各方面实际需求的合理阶段，相反还出现了这样那样的问题，阻碍着高校教学模式的进一步创新和完善。这些问题归纳起来主要体现在无引导、无目标、无过渡、无互动、无评价、无反馈六个方面，统称"六无教学"。接下来，笔者就针对这六个方面如何解决展开讨论。

（一）从无引导到宏观把控

导者，引也。引导既是教学的基本环节之一，也是一种教学艺术。好的引导犹如行云流水，春风化雨，润物无声。反之，如果引导不到位或者没有及时引导而空谈法学实践教育的重要性，如"暴发户"一般地将高校学生推上实践教育的平台，那么固然能够看到形式上的一片大好，殊不知没有新意、没有悬念、没有谜底的教学是不可能吸引学生的，更谈不上有效、高效教学。因而，我们需要将法学实践教学从无序的"奔跑场"拉回最初的"起跑线"进行原理性考察，要更加明确地培养学生的理论知识转化技巧与实务问题处置能力的目标，将这一"靶心"作为宏观方向牢牢把控，并将这一主题融入理论教学的课堂中，让学生带着好奇、热情和问题跨入实践教学的"金色大厅"。

（二）从无目标到有的放矢

目标是方向，是思路，没有目标的指引，任何教学都会褪变成为漫无目的的空谈。法学是涉及社会结构方方面面的社会学科，因而递进式法学实践教学的目标和方向也会随着所涉及社会方面的变革而改变，需要将更加明确地培养学生理论知识转化技巧与实务问题处置能力的宏观目标具体化、明晰化，要将学生主修法律学科的突出特点与这一学科在社会实务操作中的具体情况相结合，以学生需要、社会需要为依据细化目标，做到实践教学中有的放矢。

（三）从无过渡到基础课堂

过渡是一种教学智慧，是能够深度剖析知识点相互关系的一种能力，这在递进式法学实践教学中体现得尤为明显，所谓过渡即为递进，即有阶段地形成基础，踏实前进。回归到实际，就是要做好理论课堂的兴趣引导和实践课堂的能力培养两方面，要试着将社会中出现的实际现象和具体案例放入法学理论知识讲学中，建立理论与实际的学术联系，引发学生的兴趣和疑问；进而认真设置与实践相关的课堂教学，以专题为学生讲解，诸如社会调查的基本研究方法、公检法系统的基本办事流程等实践理论知识，帮助学生形成一定的实践操作能力，做好向现场教学的合理过渡。

（四）从无互动到动静结合

互动是应当贯穿教学全过程、实现教师与学生充分交流、做好课堂内容查漏补缺的重要方式，体现在递进式法学实践教学中，就是要做好动静结合。法学实践教学的核心内容是学生的自主实践，在切实做、认真想的过程中实现整体素质的提升，因而，"自主"是这一过程的关键名词；但同时，学生的思维体系和理论结构并不是绝对完善的，在实践教学过程中，很有可能因为各种原因而偏离原有的轨道。所以，作为法学实践教学的主导一方，高校必须建立健全实践教学总结机制，要以教师为主导，在充分保证学生自主性的前提下，有计划地针对实践情况组织归纳总结，及时发现问题并解决问题。

（五）从无评价到实效检测

合理的评价体系是与明确的目标体系相对应的，以确保教学活动切实有效。传统的法学实践教学也有相应的评价机制，但主要是服务于学校内部体系的"失真"评价。递进式法学教学需要以贡献和能力为依据，转变以高校评价为唯一考量标准的内部评价方式，按照现实需要构建法律院校、司法机关、律师行业、法学研究机构和其他社会组织等多方参与的多元评价机制，并配套建立以学生综合素养为导向的学校评价模式和以实际运用能力为核心的学生评价模式，以实现高校教育与国际国内现实需求的全面接轨，引导学生全面发展。

（六）从无反馈到创新提升

如果说评价体系的合理构建主要是针对学校和学生的个人发展，那么，反馈制度的形成则主要是针对法学实践教学体系的创新发展。任何制度的建立和健全总是一个漫长的过程，法学实践教学尤其是这样。因为，首先法学实践教学体系在构建之初，就必然存在各式各样的内在缺陷，这些缺陷只有在具体的运行过程中，才能暴露反馈出来并被逐步解决。而同时更重要的是，法学实践教学是以整个社会作为研究对象的，社会中方方面面时刻处在变化中，一时的完备永远无法满足变化的需要，所以，同样需要这样一种反馈制度将与法学体系运行相关的社会新特征及时传回，做到与时俱进。

第二节 构建递进式实践教学体系

一、实践性教学与讲授性教学的关系

随着教育改革和新课程理念的实施，有关于教学方式的探索开始日益频繁地进入社会大众的视野，而作为中国教育发展史上使用频率最高、使用范围最广、使用时间最长的教学方式，讲授性教学最能满足多样化学生群体的不同需要，最能保证学生课程设置的内容充实性和体系完整性，有利于在最短的时间帮助学生学习知识技能。讲授性教学具体来讲，是指学生通过官方教育机构分类整理的学习材料直接学习人类科学文化发展的结论性知识，而不再重复演练人类认知、提炼有关知识的过程的教学方式。它具有省时高效的突出特点，有利于教师充分发挥学科知识内在结构的区分功能，帮助学生发展形成利用结论性成果的能力和习惯。诚然，这也会直接导致模板化教育现象的产生，但我们不能轻易地把讲授性教学与模板化教育画上等号。伴随多媒体技术越来越多地运用到课堂教学中，我们经常可以见到这样的场景：课堂演变成为多媒体屏幕与授课教师的另类互动，原本可以让学生亲手操作完成从而深刻认知自然规律的，却被逼真的模拟动画演示取代；明明是可以让学生通过文字内容展开丰富想象进而实现自我感悟的，却被统一的多媒体画面"绑架"。从教育的有效性来说，讲授性教学仍然是我们目前最有效的教学和学习方式，因此，教学方式的选择要注重学生学习的有效性，让学生用最短的时间、最快的途径掌握知识和技能。这才是值得每个教育工作者研究和思考的问题。

而相对于讲授性教学而言，实践性教学更加注重学生实际动手能力在课程中的运用以及学生实用技能在课后的提升，其所倡导的自主、合作、探究

的学习方式正是教育改革所必备的,作为众多教育工作者推崇的探究性学习是一种以学生为主体的自我学习方式,它要求学生通过对学习材料或事实的假设、实验和体验,通过分析、思考和推测,自主地建构新知识,探索并发现规律。这种学习方式更重视学生的独立思考,更强调学习的过程,更利于学生的创新精神和实践能力的培养,由此导致一部分教师有意无意地放弃了传统的讲授性教学。

  其实两者并不是互相矛盾冲突的。实践性学习的核心要义是帮助学生独立自主地去寻找具有探究价值的实际问题,并合理运用专业知识技能获取问题的内涵真实。而对于促进学生的实践学习而言,讲授性教学的作用是基础性的,它不仅能够直接教授学生最基础的科学文化知识,更能为学生有目的地探寻问题和有步骤地解决问题提供理论支持和方向指引。这就要求讲授性教学在具体的操作过程中,并不是将所有的结论性知识都直接通过讲授的方式传递给学生,而是在基础性讲授教学的平台上,优中选优地将部分具有探究价值的理论问题和使用技能放手让学生去认知和体会,让学生在投入性地理解知识的同时,学会发现未知、解决未知的途径和方法。比如,通过对事件背景、发展过程、历史结论之间的联系、自然现象与学科研究的关联与实践运用、科学理论与生活实际的相互转化的介绍促进实践性学习的开展。

  同时,另一方面,在具体的实践性教学过程中,可以加深对讲授所学内容的理解,并将其加以运用,以真正做到学以致用。将老师的传授和课本上的知识真正地消化吸收,这比传统的教学考察方法更能够提高学生的兴趣,也更能够提高其专业素养。实践性教学还能够促进学生之间对于讲授所得知识的沟通与交流,从而在知识碰撞的过程中得到智慧的火花。

  由此可以看出,讲授性教学和实践性教学是相辅相成的,而不是对立关系。由于课程体系设置的指向性和学习本体属性的差异性,每一种教学方式都具有其不可替代的价值优势和相对有效的适用范围,因而,我们不能盲目地彻底否定一种教学方式,并妄图以另一种教学方式"完美地"将其替代。即便是实践性教学中,也有讲授性教学的成分,也离不开教师的讲授。我们必须客观公正地评价讲授式教学,既要反对毫无生气的模板式教育,又要走出当前因一味追求所谓"新意"而完全抛弃课堂讲授的盲区。尤其是处在现今国际化大背景下,高端法律人才的培养迫在眉睫,本书所构建的实践教学体系在发挥实践教学特色的同时，也开始注重对讲授教学的重视，既通过对理论的学习，也通过对案例的探究来加深理解；既有配套完善的实践基地，也有到法院进行相应的实习，以期培养出一批高素质的法律人才，为中国特色社会主义法制建设贡献力量。

二、实践性教学与毕业实习、岗前培训的关系

实践性教学的主要内容设置，通常包含模拟教学和现场教学两个部分，法学实践性教学中，模拟教学以具体的实务案件分析和基础的法律实践能力培养为主；而现场教学则主要是安排学生进入法检系统、律师事务所及其他法律相关领域进行岗位实习，其中毕业实习和岗前培训就是这一板块的重要组成部分。据此综合来看，实践性教学与毕业实习、岗前培训的关系可以从以下两个方面进行分析。

首先，毕业实习、岗前培训是因实践性教学的产生而产生的，是为了使学生能够提前进入即将接触的社会领域，在具体的工作岗位上培养其将理论知识转化为专业技能的实际能力而开辟的新空间。其次，实践性教学整体影响着学生实践知识、实践能力和实践品性的养成与发展，也正是这些个人素养的形成才能推动毕业实习、岗前培训预设目标的更好完成。具体来讲，这些在实践性教学中形成的个人素养包含以下三个方面：

1. 传授给学生法学实践知识：传承法学实践知识不但是递进式法学实践教学的出发点和根本途径，更是递进式法学实践教学矢志不渝的基本功能取向。递进式法学实践教学使得法学实践知识的传承突破了时间、空间的局限和个体直接法学实践经验的局限，学生可以在较短时间内耗费较少精力，顺利获得人类社会发展过程中演变传承的大量法学实践知识，为学生法学实践技能与智慧的形成奠定了基础。

2. 培养学生的法学实践能力：法学实践能力是直接影响法学实践活动效率的个性心理特征，是顺利完成法学实践活动的必要条件。法学实践能力既指完成某项具体法律实务问题的现有成就水平，也指个体所具有的法学实践潜能和可能性。通过递进式法学实践教育，学生能够在一定程度上学会应用和迁移法学实践知识，进而形成有助于解决法律实务问题的法学实践能力，并同时具有开发法学理论新知识、创造法学研究新方法的本领。

3. 培育学生的法学实践品性：法学实践品性是指人在法学实践领域除智能以外的其他精神能量的特点和倾向性。它主要包括与法学实践有关的人的思想意识、品德修养、情感态度、理想信念、价值观念、人格特点等。递进式法学实践教学对人的法学实践品性的影响与培育是必然存在的。法学实践知识的掌握、法学实践技能的形成、法学实践能力的提高都伴随着个体对具体法学实践及其过程的内在体验，学生置身于法学实践教学内容中，在精神、心理上必然会受到各种因素的影响。

4. 毕业实习、岗前培训是法律实践教学的重要组成部分和核心反馈点，对法学实践教学体系的创新完善具有重要的指引作用具体来讲，首先，毕业实习、岗前培训属于法律实践教学中的现场教学板块，因其是与法学学生以后所应该从事的社会事务部分完全吻合的，对于学生实用性社会技能的培养具有极强的指导意义，所以是法律实践教学体系中的必备内容。其次，正因为毕业实习、岗前培训的具体内容是安排学生参与到未来即将从事的工作岗位上进行实践锻炼，所以由此反馈回来的信息是与真正的社会评价相一致的，具有极强的参考价值，正确分析这些反馈信息中的优势和缺陷对于法律实践教学与时俱进地调整培养目标和具体内容设置具有重要的指引作用。

三、递进式法学实践教学的课程设置

目前，形式多样的法学实践教学正在我国庞大的高校版图上如火如荼地进行着，关于具体课程的设置主要有采用模拟法庭、审判观摩、专业实习三种形式。模拟法庭是模拟整个案件的庭审过程的实践性教学课程，主要是通过选用现实生活中具有典型性、代表性的案例，让学生分别扮演现实庭审中的各种人物角色，根据相应的程序法和实体法的各种规定进行模拟庭审。审判观摩是由学校主动地、带有教学目的地组织学生到人民法院实地观摩典型案件的具体审判流程的实践性教学课程，帮助学生在身临其境地参与庭审各阶段的过程中，加深对实体法和程序法的认识、理解和掌握。专业实习是指在学校和单位的共同组织安排下，在校学生开始接触并从事一定的司法实际工作，以培养和训练其综合运用法学理论知识的能力，并借以提升其社会知识、工作技能和实践经验的实践性教学课程。

虽然上述多种业已成熟的实践性教学课程在巩固学生的法学理论知识、

培养学生的法学实践能力、深化学生的法律素养和法学理念等方面起到了一定的正面作用，但是，作为实践性教育的主力部队，其在实际操作中，仍然存在一定的缺陷和局限性。以模拟法庭为例，其优点是显而易见的：首先，作为一种团队协作性要求较高的学生活动，模拟法庭可以有效地培养和锻炼学生的组织协调能力；其次，在模拟庭审的过程中，学生可以从不同的角度全面切入、分析、理解案件的具体情况，并思考自己所扮演角色的立场与利益出发点，努力地争取每一个最佳结果，正所谓"在其位，谋其政"。然而突出的优点也不能抹杀缺陷的存在：其一，模拟法庭的完整进行是以学生对实体法和程序法有一定的掌握为基础的，但是，我国的法科学生大多是在大二才开始学程序法，所以，低年级的学生是很难进行模拟法庭这一实践课程教育的，而高年级的学生往往迫于就业、论文与考研的压力而很少能够完整地参与其中；其二，即便参与模拟法庭的学生在基础法学知识技能的掌握方面已经非常完备，但是，若要求其在极短的时间区间内，深入透彻地理解并解决某个复杂的实际问题，也只能"囫囵吞枣"地借鉴他人的理论成果以求自圆其说，如此学习显然不利于学生的长远发展；其三，模拟法庭本身具有较大局限性，其耗时多、角色有限，不能给予学生多次参与的机会，也就不能使学生有效地熟悉庭审实践。综上，传统的实践性教学课程在实际操作中，确实存在诸多问题，针对这些实际问题，笔者认为应当主要就以下两个方面进行改善。

（一）课程设置的三大模块

就课程设置本身来说，应当将递进式法学实践教学的预设目标细化，按基础技能模块、专业技能模块、拓展技能模块三方面进行实践课程的丰富。具体做法如下。

1. 基础技能模块

基础技能模块的设置，旨在培养学生作为社会高层次人才所需掌握的基础技能，具体包括语言表达能力训练、社会调查能力训练、理论写作训练、疑难评析能力训练四大课程。

（1）语言表达能力训练：职业属性决定了法律工作者需要具备较强的语言组织能力和逻辑思维能力，所以，开设语言表达能力训练课程是必要的。

该课程着重调整学生在语言表达方面的体态、语调、语速等关键要素，并在此基础上提升其对语言的剖析能力和辩论技巧，通常以演讲比赛、辩论比赛等形式在本科较低年级开设。

（2）社会调查能力训练：社会调查能力训练是由法学学科的时代性和实际性所决定的，通常按照指导选题、预设提纲、实地调查、总结提升四个步骤依次进行，以期望发掘学生主动寻找理论与现实差距的内在动力，帮助其在社会生活中有所思、有所想，进一步了解法学学科的实际运用环境和显著问题。这一类课程通常安排在本科低年级的寒暑假期间，以便学生能够有足够的时间和空间去发挥其主观能动性。

（3）理论写作能力训练：理论写作能力训练主要是以现有高校普遍采用的学年论文与各类专业习题论文叠加组合的方式体现的，旨在教会学生如何挑选研究方向、拟定论文题目、查找理论依据并按照规范性格式完成一篇优秀的学术论文，形成良好的文字表达能力，为以后能够通过简练的文辞、清晰的层级说明更加复杂的理论问题做好铺垫。这一类课程通常安排在理论课程相对密集的大二、大三阶段。

（4）疑难评析能力训练：疑难评析能力训练主要是以课堂教学与讨论为载体，引导学生对典型疑难案例进行思考探究，由此调动学生的学习热情和动力，并教会学生如何去把握实际问题的主要矛盾和突破口，以求使得学生在解决实际法律问题之前便形成一定的分析解决能力，并掌握一定的科学方法。这一类课程一般分两类在大二、大三期间开设：在理论课程相对较多的本科二年级主要穿插在法学理论课程中来帮助专业知识的消化吸收；在理论知识相对完备的本科三年级便多以专题的案例分析课形式出现，旨在着重培养学生具体分析案件的能力。

2. 专业技能模块

专业技能模块的设置，旨在在深化基础技能的平台上，进一步检验和提升学生对于法学专业知识的掌握程度及处理实际法律事务的能力，基本由审判观摩、模拟庭审、法律咨询和专业实习四个板块组成。

（1）审判观摩：审判观摩笼统来说，就是有目的性地组织学生走进真实的法庭判案现场，亲身用眼去看、用耳去听、用脑去思考、用心去体会，以熟悉各类案件的审判流程，认识双方当事人、审判人员、辩护人员的角色特点和功能作用,进而感知法律法庭的公正公平和法律人职业的神圣重要。课程的具体设置主要由学校根据法学理论课程的设置来搭配安排,通常按照先易后难、先民事后刑事的规律进行。

(2)模拟庭审:模拟庭审与审判观摩是实践教学"组合拳"的两个方面。后者在前,旨在流程与角色的熟悉;前者在后,旨在模拟进行具体法律案件的处理,主要是为了检验学生法律理论知识的扎实程度,并开始培养其将理论与实际相结合的能力。该课程同样需要与法学理论课程设置及审判观摩相结合,组织学生轮流担任案件庭审过程中的各类参与人员,从案件选题出发查找资料并按庭审流程进行审理,并由学生和观摩老师共同完成自评和他评,从而循环提升。

(3)法律咨询:法律咨询是指学生在专业老师的引导下,通过开设面向社会大众的法律咨询平台等方式,对多样的实际法律问题进行义务解答和探寻讨论的实践教学形式。该课程的设置,首先,是帮助学生迈出走向社会的"第一步",让他们"管中窥豹"般地对以后即将应对的实际问题有所了解;其次,这些实际问题的出现有利于将学生引向对理论知识的反思并敦促他们将这些知识实地转化成为解决问题的方法和能力;最后,法律咨询是培养法学学生社会责任感的最有效途径之一。该课程可以依托学校里形式多样的学生组织,以志愿服务的形式实施,遵循老带新的模式,选取知识体系较为完备的大三学生作为中坚力量。

(4)专业实习:就当前而言,专业实习基本已经纳入法学学生的学习计划中,采用的方式也较为一致,以高校和司法事务部门共同策划实施为主导,安排在校学生跟随法律工作者从事具体案件的分析处理,熟悉规范流程,学习实用技能。该课程可以有效实现学生从理论人才到实用人才的合理转化,不论是对于继续留在高校深造的还是即将进入工作岗位的学生都具有十分重要的价值。该课程通常设置在本科大三年级的寒暑假期。

3. 拓展技能模块

拓展技能模块的设置,是在以上两个模块进行到一定程度时,对法科学生知识水平、实践技能和职业素养的合理性拔高,通常运用的方式包含法律援助、毕业实习、毕业论文三类。

(1)法律援助:法律援助是实现法律知识、实用技能、职业素养"三位一体"综合提升的实践课程，具有极高的"性价比"。其通常是以优秀的高年级学生为生力军，在专业老师的参与下，以义务法律援助者的身份为家境贫困或特殊缘由的案件当事人提供援助。这要求实际操作的学生能够将理论知识、法律条文和案件实际有机结合起来，整体完成一个案件由发生到判决的所有法律流程。这是对在校学生学习成果的高精度检验，同时，也是提升学生综合能力的"快车道"。

（2）毕业实习：顾名思义，毕业实习是针对本科毕业学生专项安排的法律事务实习，主要通过诸如在人民法院、人民检察院等司法机关部门进行协助办案或顶岗实习等方式实现，目的在于明确地突击检查和提高学生对处理社会法律事务的流程的熟悉程度和应变处置能力。该课程通常设置在本科毕业年级下学期，但伴随着社会分工的不断细化以及国家开放程度的明显提升，本科学生在就业与升学方面的选择日益多样化，这一课程的实际作用也就相应地被弱化了许多。

（3）毕业论文：毕业论文的写作与答辩是本科学生顺利毕业的最后一道"门槛"，相较于学年论文而言，毕业论文在选题的深度、广度方面都要严格许多，它不仅要求学生能够有重点、有层次地清晰论述法学理论问题，还要求学生能够在掌握的基础上有所创新，能够发现新问题、解决新问题、提炼新理论，是对学生以理论写作能力和科研创新能力为基础的综合素质的专项提升。该课程通常需要本科毕业生用大四一整年的时间来完成，以便其有足够的时间进行研究方向的考虑、研究步骤的谋划，并有针对地进行社会调查、数据统计和理论资料收集，最终完成高质量的学术论文。

（二）相关问题

除课程设置本身以外，还应当注意以下三个问题：

1.建立更加规范完备的实践教学课程体系

针对传统的实践教学课程存在的固有弊端和突出问题，主要从以下几个方面加以完善：

第一，增加实践性教学的资金投入，建立、完善更多的、更好的实践场所和设施。如，按规范的法庭审判模式建立规范化的高校模拟法庭、完善配备，从数量和硬件设施上保障每位法科学生都能有机会参与到实践活动中来，从而得到实际锻炼并有所感悟和提升。

第二，从数量和质量上，完善教师队伍建设。正所谓"名师出高徒"，高校应当严格根据招生数量及课程设置配备专业教师，努力通过精品课堂建设、授课技能比武、专业技能进修等方式提高教师队伍的综合素质，并鼓励教师合理参加部分社会活动，以提升课堂的生动性。

第三，在教学计划和学生成绩评价体系中，加大实践教学活动的得分比例，在学生学习法学理论知识的同时，增强教师和学生对实践性教学课程的重视程度。

2. 广开渠道，善打"组合拳"

客观而言，任何实践教学方式对学生实践能力的培养都会有不同方面的侧重，因而也必然会有固有缺陷和适用局限。所以，合理创造更加形式多样的实践教学方式，对不同群体属性和不同成长阶段的学生采用不同的实践教学方式，以及对某一学生在某一阶段采用组合式的多样实践教学方式来综合提升学生的整体实践能力等都是亟须提上议事日程的。同时，日益增长的学生实践需求量与相对有限的实践资源之间长期存在的本质矛盾，同样要求我们加快拓展实践性教学渠道，以实现实践性教学开拓发展的良性循环。

3. 探索和尝试建立国际法学实践基地

在经济全球化的影响下，国家、国际组织之间的交往越来越密切，涉及的法律问题也越来越多，对于国际法律人才的需求量越来越大，为了适应当今形势的需求，我国一些高校正在和一些重要的国际组织和国际机构建立联系。而我国的实践基地主要限于国内，因此，为了更好地培养卓越的法律人才，提高我国法律人才处理国际事务的综合能力，应紧随商务部与高校联合组建实践教学培训基地以及中国—东盟高端法律人才培养基地建设的背景，探索和尝试建立国际法学实践基地，更好地为学生提供了解和处理国际法律事务的机会和平台。

第十章　法学实践教学形式与更新

近几年来，我国法学教育随着我国法制的发展获得了长足的进步，法学本科教育规模随着"扩招"也有了较大的发展。截至 2017 年底，全国设立法学本科专业的高等院校已达 620 余所，在校的法律专业本科生接近 30 万人。但是学生数量的激增并不等于法学教育的成功。这种表面的繁荣更应该促使我们对我国法学教育深层次的问题作更深入的分析。特别是作为法学教育基础的法学本科教育，现在的情况是，在规模上去的同时，无论是在法学教育的指导理念、培养目标、课程设置等宏观方面，还是在教学模式、方法、内容等微观方面，都没有多少新的突破或改变，许多高校还只是在疲于应付"扩招"所带来的学生规模与硬件设施以及师资之间的矛盾，法学本科教育暴露出许多问题。为了确保法学教育质量，为国家和社会输送更多的、有用的法律人才，在发展规模的同时，我们必须进行法学教育改革的探索。

第一节　实践性教学与法学教育目标反思

一、法学教育目标反思

法学教育改革是多方面的，而课程设置、教学内容、教学方法等改革必须以法学教育目标的改革为前提，明确了法学教育的目标后，课程设置、教学内容、教学方法等改革的必要性和方向也就清楚了。

法学本科教育目标是什么？这个问题是所有法学院系必须思考和确定的问题，也是目前法学教育界争论颇多的问题。这个问题直接决定了"我们要给学生教些什么东西"。

第十章 法学实践教学形式与更新

教育有两项宗旨：传授知识和训练技能。法学教育同样也有两个目的，即法律知识传授和学术研究与职业思维培养和能力训练，这一点历来被中外法学教育界所公认。法学教育不仅是单纯的法律知识传授和学术培养，而且是一种法律职业训练。但是，传统的法律本科教育是以传授系统和科学的法律知识为目的，偏重知识传授和学术研究，却很少考虑社会的实际需求，忽略了法律职业思维培养和处理实际问题能力的训练。这样导致的结果就是大多数法学院系毕业的学生走出校门后，往往面临着无所适从的尴尬，辛辛苦苦学了4年法律，面对具体案件时，却不知道如何着手。应该怎样接待当事人？怎样查阅卷宗？如何调查取证？如何运用证据支持自己的主张？法庭上该说些什么？这些看似简单的问题却变得非常复杂。学习系统的法律知识固然非常重要，但是，法学是一门实践性很强的学科，片面地强调知识的灌输和纯理论的探讨，忽视分析和处理实际法律案件和纠纷的能力的培养，显然有悖于法学教育的宗旨。正因如此，法律实际部门对法学院的毕业生和法学教育的模式颇有微词，认为法学院系的毕业生实践能力大都较差，不能很快地适应实际法律工作，降低了法学专业毕业生在法律实际部门的竞争力。再者，国家从2001年开始全面实行"国家统一司法考试"，规定法官、检察官、律师和公证员等法律职业人员，必须从通过国家司法考试后取得司法职业资格的人员中产生，司法考试就成了法学专业的毕业生不得不去面对的"坎"。我们研究司法考试题可以发现，绝大部分试题均是法律实务类试题，且几乎都以案例分析的形式出现，而现时的法律教学却过分强调理论、轻实践，与司法考试背道而驰。这也是法律应届毕业生司法考试通过率非常低的主要原因。无法通过司法考试，就不能成为法官、检察官或律师，应届毕业生面临的可能就是改行或失业，近几年的法学专业毕业生中从事法律工作的人越来越少已是不争的事实，高校法学院系学生中流行的"毕业就是失业"的说法也不无道理。如果让这种现象继续下去肯定是法学教育的悲哀。

正因为不少法律院系并没有自觉或认真地思考法学教育的培养目标问题，在传统的法学教育培养目标影响之下，直接导致在法学教育实践中，出现教学内容相对陈旧，教学方法僵化单一等情况，在课程设置上，理论性法学所占的比例很大，而以训练学生法律职业技能为目的的实践性课程却很少，甚至没有，在教学内容上，大多数教师在课堂上所讲授的主要是如何注释现有的法律条文，以及论述各门课程的体系和基本理论，甚至有的老师还过多地去纠缠一些复杂、有争议的学术观点，似乎不这样就不是传授"知识"。这样培养出来的学生一到社会上，便会发现在课堂上学到的知识在现实中变得苍白无力。在教学方法上，传统的教学方法主要采用课堂讲授方式。从传授知识的角度来说，可以系统、完整地把法律知识传授给学生，但从训练技能的角度来看，单纯的讲授却不能达到训练学生解决实际问题能力的目的。虽然，一些法学院系也在进行一些改革和尝试，如，采用案例教学方法；开展模拟法庭、法律实习活动；引进"诊所式"法律教育等，但是，在实践中，却因为开展次数有限和参加人员范围有限等原因，而使得这些新兴的教学方法并未发挥其应有的作用。

社会需要应用型法律人才，但是，传统的法学教育模式培养的毕业生法律应用能力却很差。如何才能改变这种重理论、轻实践的教育模式？如何才能弥补我国法学教育中能力训练和培养的不足呢？首先要重新确立法学本科教育的培养目标．法学本科教育应当以培养不仅具有坚实的法律知识，同时要有较强的实际操作能力的法律职业者作为目标。在这种培养目标指导之下，能力的培养应当提到与知识的传授同等甚至比它更高的地位，传授法律知识的同时，注重对学生法律职业能力的训练，让学生学会如何像法官、检察官、律师那样思考问题和处理问题。举手投足都应当表现出法律职业者应有的素质、能力和才智。这样才符合当前我国政治、经济和法制建设的需要。法学本科教育要实现上述目标，实践性法律教学是唯一的选择。

二、实践性法律教学解析

实践性法律教学是在传统法律教学模式上提出的一种新兴的法律教学模式。但它不是单纯的教学方法的改变，而是在新的法学教育观念和培养目标指导之下的法学教学内容和方法的改革。它涉及新的课程设置，新的教学方法的应用，甚至是新的法学本科学制安排。

首先，在法学本科教学计划中，增设实践性法律课程。包括模拟法庭课程、"法律诊所"课程、证据实验课程、律师实务、技巧课程等。在教学中，给学生提供运用法律解决实际问题的机会，将法律条文的理解和运用放在一种真正的事实环境之中，使学生学会如何将法律条文与社会现实结合起来，从而达到培养解决实际案件能力的目的。

第一，模拟法庭课程。模拟法庭活动虽然在许多法学院都在开展，但是，把模拟法庭作为一门课程开设的还不多。模拟法庭对于法律教学的重要性不言而喻，它可以让学生体验法官、检察官和律师不同的角色，学会像法官、检察官和律师那样去思考和行为；学生不光要处理法律问题，还要处理事实问题，不光要考虑程序问题，还要考虑实体问题，学生成为学习的主体，他必须考虑角色的利益，全力以赴地追求最佳结果，这对学生的深远影响是任何课堂讲授所不可能达到的。但是，在实践中，不少法学院把模拟法庭仅仅作为学生的一项课外活动，一年开展一两次，参加学生人数极为有限；学生为了达到表面上好的效果，庭审开始前已经有过几次排练；模拟法庭只不过是学生穿上各种制服演演戏。这些做法实际上没有认识到模拟法庭训练和教学与传统教学方式的根本区别，没有认识到这种教学形式对学生能力、素质和专业技巧训练的重要意义。

模拟法庭应当作为一门课程来开设。模拟法庭的训练也不仅仅局限在法庭上的程序演练，而是一种系统的、全过程的训练。学生必须从教师提供的真实的零散案件材料入手，经历分析实事情况，寻找适用的法律规范，形成自己的辩护或代理意见，书写有关的法律文书，出庭辩护等全部环节。让学生能够了解案件进展的全过程，并通过亲身参与，在一定程度上把握案件的进程和结局。在整个模拟法庭课程的学习过程中，每一位学生均有机会参与并实现"三个角色体验"，即完整地体验法官、检察官、律师三个角色，这对学生法律实际工作能力的培养无疑是有效的。

第二，"法律诊所"课程。"诊所式"法律教育是近几年从美国引进的实践件法律教育模式。"诊所式"法律教育如同医学院学生在诊所实习一样，依靠法律援助组织、维权中心、律师事务所等形式的法律诊所，让学生接触真实当事人和处理真实案件，从实践中学习法律和运用法律。从目前50余所高校法学院试行情况来看，非常受学生的欢迎，效果也很好，可从各校实际出发，在各法学院推广。

第三，证据实验课程。证据对于法律来说是至关重要的，了解和掌握刑事、民事证据的发现、提取和审查的方法和技巧，无论是对于法官、检察官还是律师都是必不可少的。传统法学课程中有证据学、刑事侦查学、物证技术学和法医学等课程涉及证据调查和审查问题，部分法学院还与之相配套建有实验室。因为被认为均是刑事法学，加上一些新兴法学门类的出现，这些传统课程一般被压缩，有的被取消。但是，对法学专业学生进行证据的发现、提取和审查的方法和技巧的培训是不可少的。我们可以对课程设置进行改革，设立把刑事、民事证据合为一门的证据课程，突出其实践性，法学院应当设立证据实验室，开展刑事、民事证据的发现、提取和审查、鉴定实验。通过实验操作培养和训练学生对证据的发现、识别和审查能力。

其次，在法学教学中，改变传统法律教学中的"满堂灌"的落后教学方法，全面推行以训练学生法律综合能力为目的的新兴教学方法，如，案例教学法、讨论式教学法等。实践性法律教学不光体现在实践性法律课程的开设中，对于传统法律课程应当通过试用新的实践性教学方法，以达到丰富教学内容，培养学生实际操作能力的目的。案例教学法就是最好的一种方法。案例教学法能够启迪学生的积极思维，调动学生的主观能动性，提高学生的逻辑推理能力。学生在学习法律过程中，通过对案件的分析和讨论，学会如何运用法律去分析、解决实际的案件，而不是死记法律条文。这样不但可以帮助学生更好地理解和掌握法律理论知识，而且还培养了学生的逻辑思维能力、分析能力和语言表达能力。

最后，还应当改革完善现在的毕业实习制度。毕业前实习是法学专业学生必须完成的学习任务，目的是为了培养学生的法律实践能力。但是从实际效果来看却并不理想，学生通过在司法机关不长时间的实习，学到实际的办案经验不多，相反学到部分司法机关工作人员的不良习气却不少，就其原因来看，首先是部分法学院系和学生没有给实习以足够的重视，如，为了解决课程门类增加所带来的课时压力，就压缩学生实习时间；很少要求学生集中实习，而是让大多数学生自行联系实习单位分散实习，没有法学院老师必要的指导和监督，有些不自觉的或者要复习考研、联系工作的学生就只实习很短时间，甚至根本不实习，而要找一个什么单位出具一份实习证明根本不是一件难事。另外，学生在实习过程中，更多的是作为旁观者去听、去看，协助法官、检察官、律师处理一些杂事，甚至只是帮忙整理和装订卷宗，真正办理案件的机会并不多，实习所想要达到的培养学生实践能力的目的根本无从实现。要改变这种现状，真正发挥实习对培养学生实际操作能力的作用，首先应当对实习足够重视,并对毕业实习进行必要的改革:延长实习时间,甚至可以改变学制,将本科 4 年学制延长到 5 年,第 4 年完全用来在司法机关进行正式的见习;学生实习单位相对集中,法学院要与司法机关共建实习基地,增强实习机关管理、指导实习学生的责任感,并定期派遣法学院老师去相对集中的实习基地进行实习检查,以保证实习质量,实践性法律教学是法学教育的组成部分,它是对传统法律教学模式的一种突破和创新,是把法学教育由一套自我封闭的理论教育向适应 21 世纪社会发展需要的应用型法律人才培养的转型。与传统法律教学相比,实践性法律教学在培养应用型法律人才方面更有其优势和效果:

第一,在教学内容上,变传授理论为主为理论和实践并重、突出实践性。传统的法律教学以传授法学理论为主,所涉及的内容只限于对法律知识的掌握和对法律条文的理解,着重对法律关系的研讨,从学理上分析各种法律现象。这种教学模式可以让学生学习很多法律理设知识,但是,没有给学生提供在实践中学习和运用这些理论的机会,必然导致理论和实践的脱节。一方面没有得到实际运用的理论不会给学生留下多深的影响,另一方面,没有实践经验的学生一到工作岗位就会变得茫然不知所措。实践性法律教学模式则将理论和实践在学生短短的学习时间中有机地结合起来,把以前只能在工作中学习的知识搬到了学校里面,学生在学习期间便有机会通过模拟训练和实际操作,完成"三个角色体验",具有法律职业经历,在毕业后的工作中,不至于无所适从,用人单位录用人才所要求的"工作经验"问题也迎刃而解。

第二,在教学方法上突出互动性,变学生被动学习为主动学习。传统的法律教学是以老师讲授为主,学生在课堂中充当配角,他们的主要任务是听和记,缺少思考和讨论,学习被动而消极。实践性法律教学则将学生重新定位,让学生成为课堂的主体,在教学中,以学生发表自己的看法和主张,自己进行实际操作解决问题为主,老师起引导和指导作用,这不仅仅是一个角色的转换问题,而且是学生的地位和视角的转换。它对学生产生的潜在而深远的影响远远超出传统法学教育模式的作用。好比"当一个人作为乘客坐车时,他不一定会记住行车的路线。但是,当他坐在司机的位置上时,他就必须认路、记路和分析路线"。实践性法律教学一定程度上就把学生置于司机的位置,成为学习的主体。因此,学生必须主动地去学,在学习效果上,与传统教学模式有根本不同。

第三，在课程结构体系上，变按部门法分门别类为各学科融合为一体，传统法学教育模式把法律按照部门法分门别类地进行教学，一位任课老师讲授的仅仅是一门特别划定的部门法，实体法和程序法完全分离，综合性、实践性极强的法律知识被分为相互脱离的板块，学生难以学会对法律的综合运用。而实践性法律课程则以法律综合实践为契机，打破了这种人为的分割，使法律教学更具实战性和真实性。

三、实践性法律教学对现行法律教育模式的冲击和解决思路

如前所述，实践性法律教学是突破现行法律教育模式所进行的创新，必然对现行法律教育模式产生冲击和挑战。这就要求我们用创新的观念和思维去对待现行法律教育模式中的不合理之处，并大胆地予以变革，以保证培养实践性法律人才教育目标的实现。

第一，对法律教学管理体制的冲击，法律教学管理包括教育管理部门对高校法学专业学制、办学条件、课程设置等宏观管理和高校及法学院系对教师教学质量水平和学生学习效果的管理。首先，教育管理部门要逐步改变对高校法学院管理过多、过细的管理方式，逐步赋予高校法学院更大的管理自主权力，如，根据实际情况自主设置实践性课程；自行制定教学考核管理办法等。其次，从高校教务部门及法学院系对教学的管理来看，传统教学管理模式是通过对课程教学大纲和教学计划进行检查、课堂听课、学生考试管理和成绩分析等方式得以实现。教学大纲有基本格式要求；课堂讲授必须按照大纲的规定进行；考试有题型数量、主观题与客观题比例、标准答案的要求。而实践性法律教学中，一些诸如法律诊所课程等实践性法律课程没有教学大纲，没有课堂讲授，甚至没有标准答案，对教学情况进行检查就不能援用传统的方法，必须建立一套新的教学管理体系。

第二，对学生和教师评价机制的冲击。在现有的法学教育模式中，评价学生的唯一标准是考试成绩。这种教学模式下，也确实无法找到除此之外对学生更加客观的评价方法。而实践性法律课程不可能沿用原有的教学评价体系和方法，没有考试，没有标准答案，如何对学生进行考核和评价？

运用案例教学法的课程，若学生平时案例分析能力极强，而期末的理论考试中表现却不理想，又应当对其进行怎样的最终评价？因此，需要我们根据教学目标来创造新的评价方法。这种新的评价方法对教师来说是同样需要的，现有的教学模式中，对教师的评价是看他的工作量的多少、是否有渊博的专业知识、是否在更高级别的刊物上发表论文、学生考试成绩如何等，而在实践性法律教学中，诸如模拟法庭、法律诊所等课程不是以一节节课的方式出现的，教师的工作量又如何计算？教师具有丰富的法律实践知识又是否是高水平的教师？

第三，对教师能力的新要求。传统教育模式要求法学院老师必须具备高深的法律理论知识，而不管有无实践经验，相反，如果老师有兼职做律师业务的，还有可能被认为是不务正业。为了评职称的需要，老师的科研也主要提对法律深层次理论进行研究，而一些法律实践问题的研究成果或教改成果在评职称时也被认为无足轻重。教师自己就缺乏法律运用能力，则很难把法律理论生动而现实地传授给学生。从事法律教育的人，本身不了解法律实务，就不可能培养出了解法律实务、掌握法律实务知识的人才，实践性法律教育模式的课程对老师提出了新的更高的要求，担任实践性法学教育课程的教师，如模拟法庭课程、法律诊所课程的老师除了要具备一般法学老师必备的法律专业知识外，还需要有办案的实际经验；除了在课堂和指导中传授专业知识外，还要讲授专业技巧、实践经验和对学生进行实践能力的培养。

实践性法律教学是对于传统法律教学模式的挑战和冲击，但是，并非要完全取消或取代传统的法律教学模式，特别是其中行之有效的法学理论教育部分，而是在传统教育基础上对其进行改造和完善。在法学理论教学的基础上，加强和完善实践性法律教学，理论教学和实践教学相辅相成，共同完成培养既具有坚实的法律理论知识，又有较强的实际操作能力的法律职业者的法学本科教育目标。

第二节 法学实践教学形式的完善和更新

一、实践教学的内涵和特点

通常讲的实践教学有以下两个不同角度的理解：

一是从其内容的角度，相对于理论教学而言，是指直接以培养学生的实践能力为目的的教学；二是从其形式的角度，相对于课堂教学而言，是特指通过一定的实践工作形式（包括真实的和模拟的）培养学生的实践能力的教学方式。前一种理解比后一种理解的内涵更加广义。本文探讨的法学实践教学的形式是从狭义的角度讲的，即指课堂教学之外的，通过一定的实践工作为载体的，以培养学生的实践工作能力为直接目的的教学方式。实践教学作为一种以培养学生实践工作能力为主的教学方式，具有以下主要特点：首先，实践教学具有实践性。实践教学主要通过课堂外有计划、有组织的一系列实践活动来培养法学学科学生具体应用法律基本知识解决实际问题的能力。其次，实践教学具有教学性。实践教学作为一种教学方式必然具有教学性。它虽然在课堂之外进行，却也必须纳入教学计划之中，并且是在教师的精心安排和指导之下进行，是整个法学教育的一部分。第三，实践教学还具有参与性。实践教学要在学生和教师的积极参与之下进行的，必须以学生亲身参与实践为主，以教师指导为辅，在实际的工作或模拟的实践活动中，让学生学会主动应用所学知识并结合自身能力解决问题，要像著名教育家陶行知先生提出的那样，对学生实行"六大解放"：解放他们的头脑让他们去想，解放他们的双手让他们去做，解放他们的眼睛让他们去看，解放他们的嘴让他们去说，解放他们的时间让他们去做自己喜欢的事，解放他们的空间让其自由发展。

二、实践教学在法学教育中的重要意义

第一，针对我国高校教学长期与实践脱节，过分偏重于理论教学的现象，加强实践教学，培养学生的实践能力和创新能力是当今高校教育教学改革的

主题和重心。在我国传统的法学教育中，通常是以传授系统和科学的法律知识为目的。过分强调知识的灌输和纯理论的探讨，教学方法上注重书本和课堂理论教学，忽视对学生分析和处理实际法律案件和纠纷的能力的培养。由于缺乏实际应用，法学知识变得生硬而抽象。教师台上讲，学生台下记，师生之间在课堂上很难开展讨论或任何形式的交流，学生的主动性和创造性受到极大的压制。实际应用的欠缺，也使得学生对其所学的知识得不到准确的认识和理解，知识掌握难以牢固。正是因为如此，法律实际运用部门对法学院系的毕业生和法学教育的模式颇有微词，因为法学院系的毕业生大都难以很快地胜任实际的法律工作，动手能力较差。正如美国法律哲学家埃德加·博登海默所指出的：如果一个人只是一个法律的工匠，只知道审判程序之规程和精通实在法的专门规则，那么他的确不能成为第一流的法律工作者，在国际法院1300余名雇员中，虽然中国每年都有60多人前往应聘但最终被录用的总共只有3个人。其中主要的原因之一：我国学生普遍缺少法律方法的训练，缺乏推理和论证的能力（我国的判决书只有引证而无论证），面试时大都达不到法官的要求。北大的苏力教授指出：司法职业就是这样的一个领域或职业，从事这种司法职业的人，例如法官，需要有一定的文字阅读和表达能力，从而能够运用书本告知的法律知识，但是一位合格法官的最基本能力是他的基于经验的判断力。用柯克爵士的话来说，司法是一种人为理性，需通过长期直接接触司法实践才可能形成。而这种理性至少到目前为止，许多学者都指出，是无法通过教学传授的方式进行转移的。综上，原有的重理论、轻实践的法学教育模式已经不能适应社会对于法律人才的需要，不利于具有创新和竞争能力的法律人才的涌现，而且法学教育的相对落后已直接影响到法律制度的正常运行和整个法制建设的进程，中国政法大学副校长赵相林教授在题为《中国高等法学教育的现状与发展》的报告中指出：面向21世纪，中国法学教育的改革目标包括六个方面，其中在法学教育培养目标方面，要在专业教育的同时，特别注重对学生的素质教育，培养学生的创新精神和实践能力，此外，为适应经济社会发展对知识和人才的需要，全面实施素质教育，深化教育体制改革，加快教育结构调整，在全社会形成推进素质教育的良好环境，《中共中央关于制定"十一五"规划的建议》中对高校在"十一五"期间的发展要求是："提高高等教育质量，推进高水平大学和重点学科建设，增强高校学生的创新和实践能力。"《建议》明确地将增强大学生的实践能力提高到了一个非常重要的位置，这对我们的教育教学改革具有指导方针的意义。

第二，法学学科本身具有的实践性使得法学实践教学更具必要。首先，法学本身的实践性决定了法学教学不能脱离法律实践。法学是关于法律的本质和规律的科学，实践性是法学的一个显著特点。法学并不是社会科学中一个自主独立的领域，能够被封闭起来或者可以与人类努力的其他分支学科相分离。法律乃是整个社会生活的一部分，它绝不存在于真空之中。所以，法律运行不仅是法律规则的自我运行，而且是法律规则在社会环境中与其他社会现象相互作用的复杂过程。法律是规范各种社会关系的，只有从社会生活实际出发，才能做出比较正确的规范。否则，就会做出错误的规范，从而失去法律应有的作用，甚至会走向反面。法律为什么这样规定而不那样规定，都是依据当时当地的社会生活实际状况决定的。法学家不是在创造法律，而是根据现实社会关系表述法律。只读法学书籍不参加社会实践，是不可能完全懂得法律的。只有既读书又参加社会实践，才能真正懂得各种实体法和程序法的精神实质。其次，法学教育特别是法学本科教育的基本目标是培养从事法律工作的专门人才，这决定了法学教学的最基本的出发点和落脚点应该是学生的法律实践工作能力。

三、我国高校法学实践教学的现状

虽然学术界和社会各界的教育人士对于法学专业实践教学的重要性和必要性早就达成了共识，也将一些实践活动明确地纳入了法学教育计划之中加以实施，然而这些实践活动的开展却并未令我国法学教育理论与实际相脱离的状况得到明显的改观。

第一，目前，我国高校主要采用的实践教学形式有：刑事侦查与物证技术试验、审判观摩、模拟法庭和毕业实习。刑事侦查与物证技术试验包括刑事侦查试验和物证技术试验。前者是指法科学生在老师的指导下，模拟刑事犯罪侦查活动，熟悉侦查程序，掌握侦查技巧的一种实践活动。后者则是通过进行科学试验掌握发现、确定、解读物证的科学技术手段的一种实践教学方式。

审判观摩是由老师选取典型案件组织学生到审判法院实际观摩真实案件审判过程的实践活动。审判观摩是学生旁听法庭真实案件的审理，能使学生亲身体会到法庭的威严，感受庭审各阶段的进程，加深对实体法和程序法的把握。

模拟法庭主要是通过选用真实、典型、有代表性的案例，让学生分别饰演法官、检察官、律师、当事人等身份，依照相关实体法和程序法的规定，模拟整个案件的庭审过程的一种实践性教学方法。作为一种传统的实践教学方式，模拟法庭的优点，首先，是在训练过程中，学生必须像实际的法律工作者那样接手模拟案件，因而必须考虑所处角色的利益，设身处地地分析案件，全力以赴地争取最佳结果。通过角色的投入，引发学生的学习兴趣，加深学生对法律的理解，使学生熟悉审判环节及审判、检察、辩护、代理等各项法律事务要求。其次，作为学生活动，模拟法庭能让学生学习积极组织活动和团结协作的能力。

专业实习是指学生在学校的组织、安排以及实习单位指导老师的指导下，从事一定的司法实际工作以验证所学的理论知识、训练综合运用专业理论知识的能力、了解司法实际，借以掌握一定的实际工作技能和有关的社会知识，积累实践经验的实践性教学活动。由于大多数学校将专业实习主要安排在大学四年级进行，因此，专业实习又被称为毕业实习，专业实习通常实践期限较长，而且是在实际的单位或部门进行具体的一些法律工作，因此，是学生巩固所学理论、获得实践经验、增强工作能力的重要实践性教学环节。

第二，我国高校法学实践教学的现状。刑事侦查与物证技术试验、审判观摩、模拟法庭、专业实习等传统的实践教学方式尽管在巩固和促进学生的法学理论知识，培养学生实践能力方面起到一定的作用，然而在实际运用中却仍然存在诸多问题。

就拿模拟法庭来说，首先，模拟法庭要求的技能是综合运用知识的能力，是复杂的智能技能。教育学的教诲是：智能技能的重要特征是学习任何一种技能之前必先学习更简单的技能。因此，在便用模拟法庭教学方法之前应该有一系列的学习，分析好案例、熟悉实体法、程序法的法律规定，而且承担不同角色的学生应有不同的学习重点。然后，再以模拟法庭审判过程的方法将学生的逻辑思维能力、表达能力、诉讼能力一并展现。在我国的法学教育实践中，模拟法庭教学方法往往很难起到应有的作用。一方面，模拟法庭实践教学方式要求学生具有一定的基础知识及技能，要进行一个完整的模拟法庭程序必须拥有一定的实体法和程序法基础，而程序法多在大学二年级才开始学习，所以，大学低年级的法科学生由于缺乏基本的法学知识，因而要进行模拟法庭审判是非常困难的，也不能起到实际的作用。大四毕业班的学生由于写毕业论文加上找工作的压力，往往无暇参与，模拟法庭实际适用的阶段非常有限。其次，即使学生在参与模拟法庭之前已掌握基本的知识及技能，要勉强在短时间内论证一个复杂的问题，他只能采取快捷方式恶补，这样的方法学习到的法律内容不会久留，因此，对学生没有长远好处。第一次模拟庭审耗时甚多，角色有限，既不能保证学生都有机会参与，也不能给予学生多次练习的机会，总之，模拟法庭作为学生活动有它的优点，但作为技能培育方法却存在着多种缺点。

刑事侦查与物证技术试验、专业实习和法庭观摩也同样存在一些问题。随着高校的扩招，法学专业的学生骤增，给实践教学的组织安排带来了很大的困难。一方面，指导老师和试验室资源的有限性，难以保障每个学生拥有足够的实践机会。另一方面，学生数量过多也使得实习、法庭观摩难以集中安排。由于实习生众多，实习单位对实习生也不够重视，没有具体落实指导老师形成一套具体的指导方案等，实习效果参差不齐。而且，自高校扩招以来，大多数学校程度不同地忽视了这些教学形式的建设，对之缺乏规范的管理，使本来就极为有限的实践教学活动在实际上流于形式，相当一部分学校甚至这些基本的教学环节在形式上都没有健全。

四、完善和更新法学实践教学形式的建议

传统的实践教学形式在实际运用中，尽管存在一系列的问题，但其在增强学生的学习兴趣、培养学生实践能力方面还是能起到一定的作用，所以，为加强对学生实践能力的培养，一方面，需要进一步规范和完善传统的实践教学形式。另一方面，则可以通过拓宽法律实践教学的渠道，丰富法律实践教学的形式来加以实现。

第一，进一步规范和完善传统的实践教学形式。针对传统的实践教学形式存在的问题，可以采用以下方式加以完善：

首先，在教学计划和学生成绩评价体系中，加重实践教学活动设置和评价的比重，在培养学生法学理论知识的同时，增强教师和学生对实践教学的重视程度。

其次，增加实践教学的资金投入，建立、改善实践场所和设施。如，扩建刑事侦查和证据实验室，增加试验设备，按人民法院的审判庭模式建立专门的模拟法庭场所，配备相应的设施，保障学生都能有足够的实践机会来掌握实践的技术和技能、积累实践经验。

再次，根据招生数量配备适当比例的教师，同时提高法学教师的综合素质，建立高素质的师资队伍，鼓励教师多参加一些法律实践活动，正所谓，师高弟子才能强。

第二，拓宽法律实践教学的渠道，丰富法律实践教学的形式。实际上，每一种实践教学方式都有其适用上的局限性和作用上的有限性，其对学生实践能力的培养也有各自不同的侧重点。因此，拓宽法律实践教学的渠道，丰富法律实践教学的形式，对不同阶段和不同基础的学生适用与其相适应的实践教学方法，以及对相同基础的学生适用不同类型的实践教学方法来培养锻炼学生各方面的实践能力，都显得尤为必要。而且，扩大的学生实践需求与有限的实践资源和实践方式，也要求我们必须拓宽法律实践教学的渠道来进行分流，以增加学生的实践机会，可采取的实践活动有社会调查、诊所式法律教育等。

第三节　社会实践与法科学生能力的培养

一、法科学生社会实践的理论基础

社会实践教育和学校课堂教育是高等教育体系的两个基本组成部分。社会实践作为课堂教育必要的延伸和素质教育的重要载体，对于全面提高大学生的思想道德素质和科学文化素质起到了重要的作用，已经成为大学生了解国情、服务社会、增长才干的重要途径。同时，社会实践是对大学生思想政治教育的一门重要课程，是高等教育教学计划的重要组成部分，大学生思想政治教育是政治性、思想性、理论性和实践性都很强的一项系统工程。因此，在加强政治性、思想性、理论性教育的同时，重视和加强社会实践性教学，对实现高等教育培养目标，造就成千上万的社会主义建设者和接班人具有十分重要的意义。

高等院校社会实践的目的，就是使学生将所学的科学理论、专业知识和基本技能，综合运用于社会实践活动之中，在社会实践中，进一步增长知识和才干，在社会实践中，进一步磨炼共产主义思想和增强创新能力，为将来迅速成为一名合格的社会主义建设者和接班人奠定坚实的基础。

二、法科学生参加社会实践的作用

大学生通过接触社会从而获得对社会的直观认识。马克思主义哲学原理告诉我们，实践是人们为了满足一定的需要而进行的能动的改造和探索世界的活动。同时，实践是一种深层次的教育，具有双重功能，即人们在积极能动地改造自然与社会的过程中，同时也改变了自己。

社会实践促进大学生思想观念的发展。实践证明，大学生走进社会参加实践，在与人民群众的接触、了解、交流中亲身体验生活，从活生生的案例中受到教育和启发，使思想得到升华，使社会责任感和使命感得到加强，社会实践使大学生的理论和实践相结合。社会实践使大学生接近社会和自然，获得大量的感性认识和许多有价值的新知识，同时，也使他们能够将自己的理论与实践相结合，将自己的理论知识与接触的实际现象进行对照、比较，在实践中不断动手、动脑、动口，从而培养、锻炼工作能力，并发现不足及时改进和提高。

社会实践是贯彻国家相关政策的重要形式。科技、文体、法律、卫生"四进社区"是加强大学生思想政治教育的好形式，是当代大学生运用知识、施展才华、实践成才的好课堂，已逐步成为适应时代发展潮流、服务精神文明建设和青年学生成长成才需要的品牌教育服务活动，笔者所在学院一直秉承"受教育、长才干、做贡献"的原则，要求学生获得收获的同时，对社会做出其应有的贡献，大学生在参与社会实践的过程中，不仅提高自身素质，同时，积极宣传了党的路线、学校的学术科技成果和信息，并将自己的知识、技能和智慧献给社会。自 2004 年以来，就多次与当地有关部门和其他高校法学院联合行动，组织学生深入社区开展法律宣传和法律咨询等志愿者服务活动，受到了社区居民的普遍欢迎和好评。学生通过社会实践提前了解社会，锻炼了心理承受能力、社会适应能力、人际交往能力、组织管理能力和创造创新能力，为进入社会打下坚实的基础。

社会实践是实施素质教育的重要手段，同时，也是学分制下提高学生综合素质的重要举措。2005年，中宣部、中央文明办、教育部、共青团中央联合下发《关于进一步加强和改进大学生社会实践的意见》[①]指出："大学生参加社会实践，对于感受中国特色社会主义的伟大实践，加深对邓小平理论、'三个代表'重要思想的理解……有极其重要的意义。"

三、法科学生社会实践的主要形式

法科学生社会实践主要包括两个部分：一是教学计划内的实践教学，主要包括刑事侦查与物证技术试验、审判观摩、模拟法庭和专业实习（毕业实习）等，二是教学计划以外的社会实践，内容包括社会考察、社会调查、科技文化服务、勤工助学、志愿服务、社团活动、挂职锻炼等。笔者认为，法科学生的社会实践应以遵循专业实践、调研创新和社会调查相结合，鼓励学生自主创业为主要内容。具体可以分成以下类型：

第一，专业实践。

专业实践是指在教师的专业知识指导下，有计划地组织大学生参与社会活动或大学生自发在社会中，运用专业知识了解、认识并服务于社会的一切操作性的活动和行动，由于高校扩招之后，法学专业的在校学生人数大大增加，无法统一组织学生进行专业实践。因此，采取就近就便、灵活多样的原则，要求学生利用寒暑假回到当地进入与专业相关的单位见习或实习是可行之举。

同时，为了给学生提供更多更好的实践和锻炼的平台，不少高校法学院与当地司法等部门建立了教学实践基地，定期或不定期地安排学生到实践基地进行审判观摩、见习或毕业实习。近年来，笔者所在学院陆续与当地法院、检察院、市总工会法律工作部、司法局、律师事务所和省农民工法律援助站等单份建立合作关系，走出一条教学实践的创新之路，联合举办中学生法制

---

① 中青联发〔2005〕3号

夏令营、农民工法律夜校、普法宣传、送法到工地、模拟法庭等活动，使参与学生得到了很好的锻炼。

第二，实战赛事。

实战赛事，即参加以"挑战杯"为核心的实践创新赛事，开展各类模拟法庭比赛等。"挑战杯"全国大学生课外学术科技作品竞赛是由共青团中央、中国科协、教育部、全国学联和承办高校所在地人民政府联合主办，国内著名高校和新闻媒体单位联合发起的一项具有导向性、示范性和群众性的全国竞赛活动，被誉为中国大学生学术科技的"奥林匹克"盛会，其中，包括"课外学术科技作品竞赛"和"创业计划大赛"，为鼓励学生参赛，我们在学校学生课外学术科技作品竞赛奖励的基础上建立了相关奖励机制，激励学生积极参加"学生课外学术科技作品竞赛"。

第三，社会调查。

社会调查是指大学生运用所学知识，以科学方法论为指导，对有关社会现象和社会问题，深入实际进行调查研究，从而对调查对象的起因、形成和发展趋势做出科学描述与分析的一种社会活动。社会调查能使学生将所学的理论运用于对社会现实问题的调查与分析，用第一手材料验证所学的理论，加深学生对法学理论的理解，并激发学生勇于探讨重大社会现实问题的积极性与创造性。

四、培养法科学生社会实践能力的具体建议

目前，高校学生社会实践普遍还缺乏统一有效的管理，缺少组织性，制度也不健全，缺乏正规的引导体系，学校发挥作用不够充分，导致学生的社会实践活动开展不系统、不规范、不持久等问题出现；指导教师对学生社会实践活动缺乏理论与实践的指导，往往存在与教学内容脱节等现象；社会实践与专业知识结合不够紧密，学生积极性无法完全调动，使学生的社会实践流于形式。同时，高校社会实践资源不足，难以满足所有学生的要求。

因此，我们应注重学生以下两个方面的社会实践基本技能的培养。

第一，社会调查基本技能的培养。

一是调查的可行性论证和统筹安排。法科学生社会调查的前期准备工作是非常重要的，它将直接影响调查工作的效果。这就要求对社会调查进行正

确的选题。务实、创新和可操作是选题的根本要素，社会调查是一项实践性非常强的工作，有着书本理论所无法代替的重要意义。在选题时应考虑：其一，关注社会热点问题，比如，医患纠纷中的权利保障、农村的法治化进程、公共危机中公民的知情权等等；其二，以独特角度切入某已研究过的问题，旨在提出对事物更深刻的见解，比如，"送法下乡"如何操作？其密切结合身边的人和事，服务某项制度改革而进行调查，比如，民族地区司法队伍情况、实施天然林保护工程后某民族地区的经济发展现状、社区法律援助情况等等。准确和富有创意的选题可以培养学生独立思考的能力和学术勇气，避免看待和分析问题时人云亦云。

二是调查的具体方法。学生社会调查最常见的方式是有主题的问卷调查和到相关单位或组织进行访问。问卷调查工作中，问卷的设计需要一定的技巧，问卷应当紧密围绕调查主题，选择既有典型性又有普遍性的人员作为调查对象，问题尽量通俗易懂，选项尽量清晰、穷尽、科学，符合逻辑，还应注意保护被调查者的隐私。

三是调查的总结、成果的形成。学生在做完前期调查工作以后，应该及时地、实事求是地对调查所得的有效资料、数据进行统计和分析，可以通过数字比较、图表说明等方式做出实质性的说明，结合在调查中遇到的专业上"应然"与"实然"的原因、制度与现实运作之间的差距，总结出自己的看法，并提出相关的思考或建议。

第三，司法实践基本技能的培养。

一是法律咨询技能培养。接受法律咨询是法学专业学生最常见的司法实践，也是对学生运用法学知识处理实际案例的检验。在接受咨询的过程中，会涉及对咨询问题进行法律部门分类、对法律概念的通俗化解释、对咨询案例做出大致判断、对咨询者做出恰当的建议等一系列问题，这就要求学生不仅要准确全面地掌握法律的实体和程序，还要求学生应该本着面向群众、服务大众、提高自己的积极态度，认真负责地对待咨询者及其提出的问题，自己无法回答或者解释的问题，应当及时请教有关人员或者如实告知，以避免对当事人造成误导。

二是司法实习应该注意的问题。在公安部门、法院、检察院以及仲裁委员会、律师事务所等单位进行司法实习时，首先，应当培养严肃认真的工作态度，遵守工作纪律；其次，在工作中应该谦虚好学，勤于思考，对专业问题深入分析；最后，要培养人际关系的处理能力，这既有利于工作中团队的合作，也有利于自己能够与别人良好的沟通。学生在司法实习的具体工作中遇到的专业实践疑问，还可以为其下一步的学术研究提供思考的方向。

总之，大学生社会实践是涉及校园内外、师生之间、课堂上下的一项复杂的工作，是涉及宣传动员、组织策划、总结交流、考核评估等的一项系统工程。因此，必须转变观念、提高认识，进一步探索"学分制"之下的社会实践工作思路，加强学生社会实践模式的改革；必须结合院校法学专业的办学特色和实际情况，建立科学的运行体系和社会实践的考核体系，把社会实践活动纳入整体教育计划，制定实践制度规范和配套文件，对社会实践的指导思想、方针原则、目标要求、内容形式、方法途径、成绩考评、指导教师工作量计算、奖励办法等均作出明确细化的制度规范，建立以学生为主体的导师指导制度，充分调动学生的积极性，加强理论与实践的结合，注重教学和学生活动相结合，使更多的学生在社会实践中得到锻炼和提高。

五、法科学生第二课堂活动与实践能力培养

长期以来，我国法学教育目标倾向于培养掌握法学理论知识的法律工作者，因此，法学教育重点在于传授知识，而非培养学生的能力；教育方法上注重书本和课堂理论教学，忽视对学生掌握实际工作技能的训练。学生的主动性和创造性受到极大压抑，他们只知继承和死记硬背，而不懂创造求新，批判地思考法律问题以形成自己的观点，也缺乏认识法律和理解法律的思维能力，毕业后更缺乏实际运用法律的能力。毕业生的动手能力、口头表达能力、文字表达能力以及适应能力与用人单位的要求存在一定的差距，不少毕业生甚至长时间无法胜任工作。法学教育的现状十分严峻。大力加强实践教学，实践育人，实践是大学生成才的重要途径。适应改革开放和经济社会发展对人才培养提出了新的标准和要求，法学教育应以培养"厚基础，宽口径，高素质"的复合型法律人才作为自己的使命。为实现这一目标，我们必须更新教育观念，转变教育方法，强化学生的实践能力的培养。

（一）法科学生实践能力的内涵

法科学生实践能力，是指法科学生针对案件事实，运用法律知识，进行法律分析，适用法律条文，提出司法建议或参与法律诉讼的能力。有人形象地表述为"一枝硬笔、一张铁嘴"，它体现了法律工作者优异的实际工作能力，法科学生的实践能力应包括逻辑思维能力、交流能力、谈判能力、诉讼能力、调研能力和随机应变能力等。

法科学生实践能力的培养，需要加强师德教育，提高教师的教学科研水平，建设高素质的教师队伍；改进课堂教学方法，促进灌输式的课堂讲授式教学方法向启发式、讨论式、研究式等生动活泼的教学方法转变；改进法学专业课程设置，增强实践性课程在整个教学计划中的比重，为学生参加法律实践活动创造更好的条件，而作为第一课堂重要补充的第二课堂活动，又对学生实践能力的培养起着不可或缺的重要作用。

（二）第二课堂活动在法科学生实践能力培养中的特殊作用

第二课堂活动主要是指教学计划安排的课堂教学或专业教学以外的文化娱乐、智能训练、知识竞赛、科技学术、社会实践等活动，它作为大学生生活的重要组织部分，具有丰富性、趣味性、娱乐性、知识性、自主性等特点，不仅为学生提供了丰富的精神食粮，而且有益于大学生多方面素质的提高，特别是对法科学生实践能力的培养更具有重要意义。

第一，第二课堂活动有利于学生专业特长的培养，使具有不同个性的学生能各展所能。而且第二课堂活动可以调动学生个体的能动性，能充分挖掘学生个体的潜力，有利于学生知识与能力的融合与发挥。通过第二课堂活动，不仅能够提高法学专业学生的思想政治文化素质，而且可以培养和提高他们的专业技能和社会适应能力。

第二，第二课堂活动对于法科学生法律素养的提高和专业技能的培养作用明显。法律素养教育是指通过一定的途径和方式，使学生具备法律方面的基本知识、基本技能和基本素养，即法律修养和法治精神。法律素养的提高在很大程度上取决于法律文化、环境的熏陶和亲身实践锻炼。这就需要我们开展丰富多彩的校园特色文化活动来构筑这种法律素养所需的法律文化和法治氛围。

第三，法科学生在校期间应当接受实践性教学内容的训练和培养，教育部高等教育司在1998年颁布的《普通高等学校本科专业目录和专业介绍》中已有规定："主要实践教学环节：包括见习、法律咨询、社会调查、专题辩论、模拟审判、疑案辩论、实习等。"

实践性教学内容的主要目的是培养学生的各种能力，即逻辑思维能力、交流能力、谈判能力、诉讼能力、调研能力和随机应变能力等，而实践能力的培养是一个实践训练和经验积累的过程，是一个不断发展和提高的过程。这些能力的培养不是单靠第一课堂就能解决的，而需要在第二课堂中亲身实践和反复锻炼。第二课堂活动不仅整合第一课堂的知识，更重要的是其活动往往集品德、知识、能力、身心于一体，是大学生亲身的体验，它能够充分调动大学生的主体能动性，在学知识、用知识、锻炼培养能力的同时，对知识进行自我的重新构架，在重新构架中将自我的能力拓展。因此，第二课堂在法科学生能力培养上扮演着重要角色。

（三）培养法科学生实践能力的主要第二课堂活动方式

法科学生的第二课堂活动对于法学专业学生的法律素养、人文素质的培养和提高尤为重要。学院遵循第二课堂与第一课堂教学相结合，教师指导与学生自主活动相结合，教育性与娱乐性、可行性与科学性相结合的原则，树立精品意识，创新活动载体，突出抓有专业特色的第二课堂活动，通过开展"红色五月"、"法学人"、"12·4法制宣传日"等系列校园特色文化活动，开展奉献社会、培养专业技能的社会实践活动，开展培养创新精神和创新能力的课外科技学术活动，开展张扬个性、培养特长的学生社团活动，全面培养学生的专业技能和实践能力，提高学生的综合素质。

一是开展系列法律知识学术报告、专题讲座等活动。如在每一个学期都安排学院内副高职称以上的教师或者在读博士的教师为学生举行学术讲座，邀请校外知名法学专家或公、检、法等部门有丰富法律实务经验的知名人士举办学术讲座，使学生及时了解我国法学理论前沿动态，营造良好的学术氛围，激发学生学习的积极性。

二是开展系列辩论、演讲活动。辩论赛、演讲赛是培养学生的思辨能力、分析能力和口头表达能力的最佳途径，特别是法律疑案辩论赛，还能提高学生知识的应用能力，加上活动形式的生动活泼，所以，深受学生青睐。因此，可以通过学生会、学生社团（学生法学研究会、绿色法律行动组）、班委开展各类辩论赛（包括法律疑案辩论赛）。

三是设立模拟法庭、开展模拟审判。组织学生开展模拟法庭活动，是培养和提高学生能力，特别是实践能力的有效途径。模拟法庭实践能使学生系统地运用所学的法学知识。每一个法律实务中的具体案件都会既涉及实体法，又涉及诉讼法，缺一不可。

平时学生在各部门法学知识的学习中所学到的知识点或进行的案例讨论一般都相对孤立地限制在该部门法的内容之中，学生很难自然而然地将实体法内容与诉讼法内容结合起来，使法学知识系统化。通过模拟法庭实践，学生以亲身角色投入，实践开展庭审中的各项工作，不可避免地既要运用实体法知识，也要运用诉讼法知识，这样，就能使学生逐渐学会系统地运用所学到的法学知识，增强对法律在社会中的功能的正确认识，为形成法律职业信仰和素养打下牢固的基础。

总之，法科学生实践能力的培养是一个复杂的过程，不能一蹴而就。要使第二课堂活动真正发挥作用，应充分发挥年级辅导员和专业教师的指导作用，调动学生干部、学生党员的工作积极性，形成活动的制度化和规范化。同时，不断创新，增强活动的参与性、思想性和专业性。只有这样才能达到第二课堂充分有效地为培养学生实践能力服务的目的。

参考文献

1. 著作类

[1] 郭晓岚. 法学理论与实践问题研究 [M]. 汕头：汕头大学出版社, 2019.

[2] 何姗君. 法社会学 [M]. 北京：高等教育出版社, 2021.

[3] 李其瑞. 法学概论 [M]. 北京：中国民主法制出版社, 2015.

[4] 漆国生, 左传卫. 法学概论 [M]. 武汉：武汉大学出版社, 2017.

2. 期刊类

[1] 阿特纳·安娜玛丽亚, 王文彬, 郭晶. 计划与社会变迁 [J]. 东方学刊, 2023(02)：102-113.

[2] 陈锋, 邓洪涛. 论法律监督的内涵 [J]. 法制与社会, 2012(18)：147, 151.

[3] 丁维群, 罗树中. "法律监督"内涵正解 [J]. 中南大学学报（社会科学版）, 2009, 15(6)：756-763.

[4] 段胤甲. 法的运行视角下煤炭绿色开采探讨 [J]. 煤炭经济研究, 2015, 35(2)：30-32.

[5] 法律监督"三连跳" [J]. 法治与社会, 2012(4)：18-19.

[6] 高其才. 法社会学田野现场观察的思考 [J]. 北华大学学报（社会科学版）, 2023, 24(3)：68-72.

[7] 高其才. 法社会学中国化思考 [J]. 甘肃政法学院学报, 2017(1)：49-55.

[8] 宫进. 论西方法社会学之流变 [J]. 山东审判, 2007, 23(3)：80-82.

[9] 何红丽. 论法社会学的兴起 [J]. 湖北警官学院学报, 2013(7)：36-38.

[10] 何泽锋. 法社会学视野中的民间法 [J]. 沈阳工程学院学报（社会科

学版），2006，2（3）：361-363.

[11] 赫尔曼·康特洛维茨，雷磊. 法律科学与社会学 [J]. 荆楚法学，2022（01）：143-160.

[12] 胡平仁，过洋. 法社会学的民间立场 [J]. 湘潭大学学报（哲学社会科学版），2006，30（1）：59-63.

[13] 胡平仁，鞠成伟. 法社会学视野下的法律与习俗 [J]. 湖北社会科学，2007（3）：147-149.

[14] 胡平仁. 法社会学的百年历程 [J]. 山东大学学报（哲学社会科学版），2007（2）：29-35.

[15] 胡平仁. 法社会学的思维方式 [J]. 法制与社会发展，2006，12（6）：31-37.

[16] 胡悦，刘剑明. 法社会学视阈下的中国行政程序 [J]. 当代法学，2009，23（6）：24-29.

[17] 黄一峰. 法社会学理论渊源初探 [J]. 山东理工大学学报（社会科学版），2014（1）：36-42.

[18] 季卫东. 议论的法社会学：溯源与创新 [J]. 中国法律评论，2020（04）：38-49.

[19] 雷磊. 法教义学之内的社会科学：意义与限度 [J]. 法律科学（西北政法大学学报），2023，41（04）：14-32.

[20] 雷磊. 法社会学与规范性问题的关联方式 力量与限度 [J]. 中外法学，2021，33（06）：1405-1425.

[21] 李萌. 埃利希的法社会学思想 [J]. 法制与经济（中旬刊），2011（7）：124.

[22] 刘畅. 法社会学的中国化——从"枫桥经验"看中国模式 [J]. 法制与社会，2020（20）：176-178.

[23] 刘品新. 论大数据法律监督 [J]. 国家检察官学院学报，2023，31（1）：76-92.

[24] 刘效敬. 法的运行环节在构建和谐社会中的作用 [J]. 中共杭州市委党校学报，2005（3）：35-37.

[25] 泮伟江. 对法律规范的社会学观察——论卢曼早期法社会学思想 [J].

北京航空航天大学学报（社会科学版），2023，36（03）：79-93.

[26] 亓同惠.期望的来源和功能——一个法社会学视角[J].读书，2021（09）：108-115.

[27] 宋维志.新中国法社会学研究70年[J].天府新论，2020（4）：98-109.

[28] 王娟.论我国法制现代化进程中国家法与民间法的互动关系[J].法制博览，2016（19）：294.

[29] 王威.伏尔泰的法社会学先驱思想[J].广东社会科学，2005（2）：182-187.

[30] 魏艳红.庞德的法社会学理论[J].法制博览，2016（11）：114-115.

[31] 吴泽艾.法社会学研究对象刍议[J].法制与社会，2013（11）：1-2.

[32] 谢鹏程.法律监督关系的结构[J].国家检察官学院学报，2010（3）：18-24.

[33] 许怀君.以良法与善治推进国家治理现代化[J].新长征，2019（04）：38-39.

[34] 杨立凡.法律监督的内涵[J].国家检察官学院学报，2009，17（3）：50-55.

[35] 叶建丰."法律监督"重述[J].广西政法管理干部学院学报，2004，19（3）：15-18.

[36] 尤学工.社会变迁与历史思潮、史学思潮的递嬗[J].史学理论研究，2023（02）：25-31.

[37] 袁睿葭.法社会学视角下律师的角色分析[J].秦智，2022（11）：8-10.

[38] 张国妮.论在法的运行中法律概念的界定[J].社科纵横，2012（3）：57-58，66.

[39] 张梦源.卢曼法社会学的现实价值[J].法制与社会，2019（5）：1-2.

[40] 张智辉.法律监督三辨析[J].中国法学，2003（5）：16-24.

[41] 张智辉.论法律监督[J].法学评论，2020，38（3）：57-69.

[42] 赵建军.法社会学的源与流[J].江苏警官学院学报，2007，22（1）：149-155.

[43] 赵柳欣.法的本质研究[J].焦作大学学报，2015，29（4）：87-90.

[44] 赵小培.法社会学下的沉默权[J].法制与经济（中旬刊），2012(1)：31.

[45] 朱景文.回顾与反思:法社会学研究的不同导向[J].法治现代化研究，2020，4(06)：1-9.